STEFAN TOMIK

UNTER ENGELN UND WASSERDIEBEN

TAUSEND KILOMETER AUF DEM ISRAEL NATIONAL TRAIL

1. Auflage 2015
© 2015 DuMont Reiseverlag, Ostfildern
Alle Rechte vorbehalten
Gestaltung: Herburg Weiland, München
Titelfoto: Stefan Tomik
Klappenkarte und Illustrationen: Amelie Persson
Printed in Spain
ISBN 978-3-7701-8271-8

www.dumontreise.de

INHALT

Der Negev

Wasser in die Wüste	10
Ein Land schottet sich ab	20
Ein Engel kommt selten allein	30
Aprikosen in den Dreck	41
Meditieren im Militärgebiet	52
Wenn Gott Gäste schickt	64
Der Himmel zieht den Vorhang zu	72
Flashmobs für den Glauben	80
Regen in der Wüste	86
Nachhilfestunde in Politik	97
Bibeltouristen am Kraterrand	107
Wasserdiebe auf frischer Tat	119

Das Zentrum

Schweine auf heiligem Boden	132
Aufstieg ins Judentum	144
Ein Schokopudding bewegt das Land	157
Als Hezy religiös wurde	168
Im Niemandsland	178
Kameras im Kuhstall	192
Fünfmal ruft der Muezzin	205

Der Norden

Eine verschworene Gemeinschaft	218
Schabbat Schalom!	231
Angriff im Morgengrauen	243
Von Täufern und Verkäufern	254
Eine feministisch-orthodoxe Hochzeit	265
Der Regen tanzt Rock 'n' Roll	274
Der Geschmack des Krieges	284
Wer Helden sucht, stellt keine Fragen	294
Literatur	304
Weitere Informationen	304
Dank	305
Anmerkung	305

הַנֶּגֶב

DER NEGEV

Wasser in die Wüste

Es war schon früher Morgen, und ich konnte immer noch nicht schlafen. Bis in die Nacht hatte ich meine Wanderung durch die Negev-Wüste geplant, Etappen vermessen und Versorgungspunkte auf der Karte markiert. Ich konnte an nichts anderes denken. An sechs Stellen wollte ich noch vor Beginn meiner Wanderung Wasserflaschen vergraben. Es war Frühjahr, es wurde immer heißer, und ich brauchte voraussichtlich sechs Liter Wasser am Tag – mindestens. Manchmal würde ich tagelang unterwegs sein, ohne Trinkwasser nachfüllen zu können. Aber mehr als acht Liter konnte ich unmöglich auf einmal schleppen. Ich hatte ja auch noch das Essen und die Zeltausrüstung zu tragen, und das bei Temperaturen von weit mehr als dreißig, manchmal an die vierzig Grad. So wollte ich dem Rat israelischer Bekannter folgen und überall dort Wasserdepots anlegen, wo mein Weg eine

Straße kreuzte. Diese Stellen konnte ich vorher mit einem Mietwagen anfahren. Aber was würde ich tun, wenn meine Depots entdeckt und die Wasserflaschen gestohlen würden? Von solchen Fällen hatte ich gehört. Und war ich den Bedingungen im Negev überhaupt gewachsen?

Es würde nicht mein erster Aufenthalt in der Wüste werden. 1998 war ich im Wadi Rum in Jordanien gewesen. In Aqaba hatten mein Bruder und ich einen Führer aufgegabelt. Abdullah fuhr uns in seinem klapprigen, verbeulten Land Rover. Der Wagen grub sich ächzend durch den tiefen Pulversand. Immer wieder kreuzten Beduinen unseren Weg. Sie saßen in modernen Geländewagen und interessierten sich sehr für uns. Immer hielten sie an, ließen die Fensterscheibe herunter und sprachen mit Abdullah. Sie wollten ihn überreden, die Nacht mit uns in einem ihrer Camps zu verbringen. Wahrscheinlich witterten sie ein gutes Geschäft mit den zwei Deutschen. Aber wir wollten draußen campieren, weit weg vom Rest der Welt. Abdullah war auf die Beduinen nicht besonders gut zu sprechen. Warum das so war, konnte ich damals nicht herausfinden, ich sprach kein Arabisch und er nicht genug Englisch. Oder er wollte es nicht erzählen. Jedenfalls hatte Abdullah immer einen Revolver im Wagen liegen, eingewickelt in ein dreckiges Tuch. Der Revolver hatte ordentlich Wumm. Wenn man ihn abfeuerte, machte er einen Höllenkrach.

Später war ich zweimal im Death Valley. Es liegt in Kalifornien, fast hundert Meter unter dem Meeresspiegel. Weil mächtige Gebirge das Tal zur Westküste vom Regen abschirmen, ist es einer der trockensten Orte der Vereinigten Staaten. Ich hatte einen Geländewagen gemietet und erkundete allein die steinigen Pisten im nordwestlichen Teil des Nationalparks, in den sich Touristen selten verirren. Nachts schlug ich mein Zelt an einsamen Plätzen auf. Im Nachhinein muss ich sagen: Ich hatte verdammtes Glück. Zwar war der Wagen höhergelegt und verfügte auch über Allradantrieb, aber die Autoreifen waren für die scharfen Steinkanten, über die sie rollten, eigentlich nicht gemacht. Nur durch Zufall blieb ich nicht mit einer Reifenpanne liegen.

Das alles war womöglich nur ein Vorgeschmack gewesen, eine Anzahlung auf meine große Wüstentour. Jetzt wollte ich wochenlang durch den Negev wandern, ohne Geländewagen, ohne Klimaanlage, aber mit bis zu zwanzig Kilo Gepäck auf dem Rücken. Was würde mich erwarten? Sollte ich diese Tour wirklich allein unternehmen?

Am Morgen holte ich meinen Mietwagen ab, es war ein weißer Fiat Panda. Ich fuhr von Tel Aviv nach Süden. Israel stellte sich mir als Hightech-Land vor. Der Wagen ließ sich nur mit einem fünfstelligen Code starten, den die Autovermietung mir per SMS auf mein Handy schickte. Im Mietvertrag musste ich mich damit einverstanden erklären, dass der Wagen jederzeit mittels eines GPS-Senders geortet werden dürfte. Die Autobahnmaut wurde automatisch abgerechnet. Es gab keine Vignette, keine Kassenhäuschen und keine Warteschlangen. Nur ein Schild kündigte an, dass der folgende Abschnitt der Autobahn 6 mautpflichtig war. Kameras lasen die Kennzeichen der vorbeifahrenden Fahrzeuge, und so wusste wohl irgendein Computer in irgendeiner Leitstelle, wer wann welchen Abschnitt befahren hatte. Die Rechnung erreichte mich einige Zeit später in einer E-Mail der Autovermietung.

Mit jedem weiteren Kilometer in Richtung Süden wurde die Landschaft brauner, sandiger, trockener. Am Straßenrand sah ich Schafherden, ihre Schäfer waren in dunkle Kutten gehüllt. Kurz vor Arad, der letzten Stadt vor der Wüste, lief ein Kamel über die Fahrbahn, die Vorderläufe zusammengebunden. Alle Autos mussten anhalten.

Am Stadtrand fand ich eine Shoppingmall. Ein Wachmann stand am Eingang und schaute in jede Tasche und jeden Rucksack, den man hineintrug. Ich ging in den Supermarkt in der Mall und füllte einen Einkaufswagen bis zum Rand mit Wasserflaschen. Dann fragte ich mich zu einem Gartenmarkt durch und kaufte die stabilste Schaufel, die ich finden konnte. Meinem Vorhaben stand jetzt nichts mehr im Weg.

Als ich kurz hinter Arad auf die 258 nach Süden bog, öffnete sich die Landschaft und gab den Blick über viele Kilometer frei. Vor mir breitete sich die Negev-Wüste aus. Bis zum Horizont Sand und Steine. Und nirgends Schatten. Bei Be'er Ef'eh bog ich von der asphaltierten Straße links ab und hielt am Anfang einer Piste. Ich hatte hier ein kleines Dorf vermutet oder zumindest ein paar Häuser. Stattdessen sah ich nur Strommasten und Büsche. Be'er Ef'eh war eine Straßenkreuzung im Nirgendwo. Hier würde ich später auf der Wanderung übernachten. Das sah jedenfalls mein Plan vor. Und hier wollte ich das erste Wasserdepot anlegen.

Noch bevor ich die Schaufel in den Boden rammen konnte, sah ich zwei Wanderer über eine Düne steigen. Die beiden schleppten schwere Rucksäcke, so, wie ich es bald auch tun würde. Sie kamen auf mich zu. Es waren zwei junge Israelis, die sich als Tal und Assaf vorstellten. Sie waren im Süden aufgebrochen, in Eilat, und hatten die Passage durch die Negev-Wüste fast hinter sich. Auch Tal und Assaf folgten dem Israel National Trail. Er würde sie in den kommenden Wochen noch an Jerusalem vorbei, durch Tel Aviv und am Mittelmeer entlang nach Norden führen, später durch das Karmel-Gebirge und am See Genezareth vorbei bis zum Kibbuz Dan kurz vor der Grenze zum Libanon.

Sand und Staub hingen in Assafs Kleidung, die schweißnassen Haare klebten ihm an der Stirn. Sein Blick war müde, ausgelaugt. Ich solle aufpassen, sagte er, die Beduinen klauten das Wasser. Auch Tal und er hätten Depots angelegt, und die Hälfte davon sei leer gewesen. Hier in Be'er Ef'eh hätten sie von drei Flaschen nur noch eine gefunden, sagte Assaf. Die Nachtlager würden regelmäßig abgesucht.

Ich schenkte den beiden eine Zwei-Liter-Flasche Wasser, noch hatte ich ja genug davon, und ließ sie weiterziehen. Von Beduinen war weit und breit nichts zu sehen, und ich wunderte mich: Warum sollte jemand Wasser stehlen, das im Supermarkt nur einen Schekel je Liter kostete? Das waren bloß zweiundzwanzig Cent. Dafür lohnte sich doch die ganze Sucherei nicht. Hatten Tal und Assaf sich vielleicht geirrt? Hatten sie ihre Wasserflaschen so gut versteckt, dass sie die eigenen Depots nicht mehr wiederfanden?

Ich suchte einen Platz etwas abseits der Straßenkreuzung, von dem ich glaubte, dass er vor neugierigen Blicken geschützt war. Dort hob ich ein Loch aus, legte drei Wasserflaschen hinein und schüttete es zu. Ich trat ein paar Schritte zurück und betrachtete mein Werk. Jeder Idiot sah meine Fußabdrücke und die Spuren der Schaufelei. Mit Regen, der die Spuren tilgen würde, war nicht zu rechnen. Ich hob ein paar Schaufeln feinen Sand hoch und ließ ihn hinunterrieseln, um meine Spuren zu verwischen. Es half nicht viel. Also probierte ich, den Boden mit den Händen glattzustreichen. Aber was ich auch tat, die Spuren ließen sich nicht beseitigen. Eher wurde alles noch schlimmer.

Um sicherzugehen, dass ich die Stelle auch in vier Wochen noch wiederfinden würde, machte ich ein Foto, notierte eine Beschreibung des Ortes in meinem Notizbuch und nahm auch noch die GPS-Koordinaten auf. Die schiere Sorge trieb mich zu äußerster Sorgfalt. Es wäre zu blöd, wenn ich später hier herumirrte, durstig und erschöpft, nur wenige Meter von meinem Depot entfernt und doch nicht in der Lage, den Schatz zu heben.

Dann stieg ich wieder ins Auto und fuhr weiter nach Süden. Die Straße war hervorragend asphaltiert, aber leer. Nur ab und zu sah ich einen Lkw, der von einer Mineralienmine kam. Israel ist nicht besonders reich an Bodenschätzen, aber in diesem Teil des Negev gibt es Phosphate. An der Böschung lagen zerfetzte Reifen. Ich schaltete die Klimaanlage eine Stufe höher und

WASSER IN DIE WÜSTE

drückte das Gaspedal durch. Mit hundertzehn glitt ich durch die Wüste.

Das zweite Wasserdepot legte ich bei Mezad Tamar in einem alten Lkw-Reifen an, der neben einer Schotterpiste im Sand steckte. Auf dem Weg hierher war mir eine neue Idee gekommen: Wenn ich meine Spuren schon nicht verwischen konnte, wollte ich wenigstens ein paar falsche Fährten legen. Also buddelte ich ein bisschen in der Umgebung meines Verstecks herum, warf hier und da ein kleines Häufchen Sand auf. Die Wasserdiebe, wer auch immer sie sein mochten, sollten es zumindest nicht leicht haben. Vielleicht würde sie ja ein erster Misserfolg abschrecken, und sie gäben ihre Suche auf.

Das Thermometer zeigte vierunddreißig Grad. Die Landstraße 206 führte durch ein Militärgebiet. »Fotografieren verboten« stand auf einem Schild. Es war so groß, dass man es vermutlich noch aus dem Weltraum lesen konnte. Ein Schild reihte sich ans nächste. Nicht die Straße verlassen! Nicht anhalten! Achtung, Schießübungen!

Für das dritte Depot fuhr ich auf einer schmalen Stichstraße bis an den Rand des Hamakhtesh Hakatan, des Kleinen Kraters. Es war ein schöner, gleichmäßig geformter Trichter, angeblich fünf mal sieben Kilometer groß. Aber das konnte man bloßen Auges kaum ermessen. Ich wählte eine Stelle zwischen zwei auffälligen Büschen und hieb mit der Schaufel in den Boden. Schon die kurze Buddelei trieb mir den Schweiß auf die Stirn, mein Hemd klebte am Körper. Als ich die Flaschen vergraben und mich wieder in den klimatisierten Innenraum des Wagens gerettet hatte, kam mir eine Schulklasse entgegen, die einen Ausflug machte. Drei junge Witzbolde flehten mich durch das Fahrerfenster an: »Nimm uns mit! Bring uns raus aus dieser Hitze! Bitte!«

Ich fuhr auf der Stichstraße zurück und noch weiter nach Süden. Bei Sde Boker gabelte ich eine Anhalterin auf, ihr Name war Lea. Ich schätzte sie auf Ende vierzig. Lea war in Süddeutschland aufgewachsen und schon in jungen Jahren nach Israel gekommen. An ihre alte Heimat erinnerte sie sich nicht gern. Sie zog es vor, mit mir Englisch zu sprechen, obwohl sie Deutsch keineswegs verlernt hatte.

Lea klagte bitterlich über die ihrer Meinung nach voreingenommenen europäischen Zeitungen und Sender. »Gaza, Gaza, Gaza – ich kann es nicht mehr hören«, sagte sie. »Und wer denkt an Israel, wenn sie uns mal wieder mit Raketen beschießen? Unsere Kinder sind schon schwer traumatisiert. Aber die Europäer machen trotzdem immer nur Israel verantwortlich.«

Leas Rundumschlag gegen die Medien fand ich überzogen. Das lag vielleicht daran, dass ich selbst Journalist bin und weiß, wie schnell man sich den Vorwurf einfängt, einseitig zu berichten. Oft wird dieser Vorwurf dann sowohl von der einen als auch von der anderen Seite erhoben. Aber ich hörte Lea aufmerksam zu. Ich wollte erfahren, was die Israelis denken. Nicht die Politiker, sondern einfache Menschen. Ich war nicht gekommen, um über Krieg und Frieden zu dozieren. Was wusste ich schon vom Leben mit dem Krieg?

»Unsere Soldaten sind die besten der Welt«, sagte Lea. »Sie kämpfen mit dem Herzen, nicht mit dem Gewehr. Sie bringen sich in Lebensgefahr, weil ihr Kommandant zivile Opfer vermeiden will. Die Palästinenser dagegen beschießen unsere Städte wahllos.«

»Zum Glück gibt es den Iron Dome«, sagte ich. Iron Dome – Eisenkuppel – heißt das mobile israelische Raketenabwehrsystem.

»Glück?« Lea klang empört. »Das ist doch kein Glück! Den Iron Dome haben wir erfunden, und das auch erst vor wenigen Jahren. Ohne den Iron Dome könnte Israel heute überhaupt nicht mehr existieren.«

Irgendwann unterbrach Lea sich selbst und hielt inne. Dann fragte sie: »Bist du aus religiösen Gründen nach Israel gekommen?«

WASSER IN DIE WÜSTE   17

Ich verneinte und berichtete von zwei israelischen Bekannten, die mir vom National Trail erzählt hatten.

Lea ließ nicht locker: »Und deine Freunde, sind das etwa missionarische Christen?«

Wieder verneinte ich.

»Jeder kommt aus einem Grund nach Israel«, sagte Lea schließlich. »Manche entdecken die Religion erst, wenn sie hier sind. Du wärst nicht der Erste, der nur zu Besuch kommt und dann für immer bleibt.«

In Mizpe Ramon setzte ich Lea ab. Danach schlängelte sich die Straße in den Ramon-Krater hinab. Manche Kurven waren so eng, dass ich in den ersten Gang zurückschalten musste. Knapp sechzig Kilometer später, im Nahal Zihor, einem ausgetrockneten Flussbett, bremste ich den Wagen und rollte rechts ran. Hier fand ich einen Betonblock, auf dem stand: »Achtung, Gefechtszone! Betreten verboten!« Direkt daneben stach ich meine Schaufel in den Boden – und stieß auf Wasserflaschen. Anscheinend hatten andere Wanderer sie hier vergraben. Na gut, dachte ich, so originell war meine Standortwahl also nicht. Ich schüttete das Loch wieder zu und hob etwas weiter ein neues aus. Am Ende des Tages hatte ich achtunddreißig Liter Wasser im Wüstensand versenkt. Eilat erreichte ich in der Dunkelheit.

Israel verjüngt sich nach Süden wie ein Trichter. An dessen Spitze liegt, eingekeilt zwischen Ägypten und Jordanien, Eilat. Es ist der einzige Zugang zum Roten Meer. Eilat ist keine schöne Stadt und gibt sich auch keine sonderliche Mühe, das zu verbergen. Die Landebahn des kleinen Flughafens liegt nahe dem Einkaufszentrum am Strand, und ankommende Maschinen donnern im Tiefflug über den Parkplatz. Die Landebahn teilt Eilat in zwei Hälften: Westlich liegt der eigentliche Ort, östlich die Touristenmeile mit Hotels und Strandbars. Vor Eilat liegen ein paar Korallenriffe, es gibt ein gutes Dutzend Tauchschulen und ein Unterwasserobservatorium. Die Sonne scheint an dreihundertsechzig Tagen im Jahr, es regnet praktisch nie. Klar, dass Eilat zu Israels Partystadt geworden ist. Einmal sagte mir ein Israeli, nach Eilat zu fahren sei wie Urlaub im Ausland zu machen.

Als Israel 1982 den letzten Teil der besetzten Sinai-Halbinsel an Ägypten zurückgab, rückte die Grenze wieder nahe an die Stadt heran. Daraufhin galt Eilat vielen als potenziell unsicher, die Touristen blieben fort. Um Besucher zu locken und die Wirtschaft anzukurbeln, wurde Eilat 1985 zur zollfreien Zone erklärt. Das brachte Steuervorteile mit sich. Wer hinein oder hinaus will, muss heute einen Checkpoint durchfahren, an dem Soldaten die Fahrzeuge kontrollieren. Mich winkten sie einfach durch.

Im Shelter Hostel hatten sich schon andere Wanderer eingefunden. Eine Fünfergruppe und ein Zweierteam wollten wie ich am nächsten Morgen ihre Tour auf dem Israel National Trail beginnen. Alle Wanderer waren junge Israelis Anfang, Mitte zwanzig. Dar und Nirit, ein Pärchen aus der Fünfergruppe, beratschlagten mit besorgten Gesichtern, wie sie ihre Rucksäcke erleichtern konnten. Seiner wog dreiundzwanzig, ihrer immerhin achtzehn Kilogramm. Die zierliche Nirit, selbst gerade einmal fünfundvierzig Kilogramm schwer, lief mit mehr als einem Drittel ihres Körpergewichts auf dem Rücken im Hof des Shelter Hostel auf und ab und verzog das Gesicht. Die beiden packten Shampooflaschen, Kekse und einige andere Snacks aus. Eine große Plastiktüte davon blieb zurück. Das waren vielleicht zwei Kilo. Viel brachte es nicht.

Das Hostel war an diesem Tag überbucht, und so musste ich mit einigen Wanderern draußen schlafen. Das machte jedoch nichts, denn drinnen war es eng und stickig, und draußen erwartete uns bei achtzehn Grad eine milde Nacht. Matratzen fanden wir in einer Holzhütte, und Schlafsäcke hatten wir ohnehin dabei.

Noch vor Sonnenaufgang wurde ich durch die anderen Wanderer geweckt. Es herrschte Aufbruchstimmung, niemand wollte in der Hitze des späten Vormittags starten. Ich musste allerdings noch den Mietwagen zurückgeben und deshalb warten, bis das Büro öffnete. Anschließend genoss ich in einem Café um die Ecke noch einen guten Cappuccino – wie der Fixer den letzten Schuss vor dem Entzug. Als ich schließlich ein Taxi heranwinkte und es in Richtung ägyptischer Grenze dirigierte, war es schon fast neun Uhr. Zehn Minuten später stand ich am südlichen Ende des Israel National Trail. Kein Schild und keine Tafel kündeten von den Taten, die hier begonnen oder vollendet wurden. Die Sonne saß mir im Nacken, es waren jetzt schon vierundzwanzig Grad.

Ein Land schottet sich ab

Ich folgte der Markierung des Trails: drei Längsstreifen in Orange, Blau und Weiß. Der weiße Streifen war etwas nach oben versetzt. Das zeigte mir, dass ich nach Norden lief. Aber daran gab es bei strahlendem Sonnenschein sowieso keinen Zweifel. Der Weg zwang mich auf den Berg Zefahot. Das waren bloß zweihundertachtzig Höhenmeter, aber der Schweiß lief schon an mir hinab, den Nacken hinunter, in den Spalt zwischen Rücken und Rucksack. Es dauerte nur Minuten, und das T-Shirt war nass.

Vom Gipfel bot sich mir ein fantastischer Blick auf den südlichen Teil der Arava-Senke, die sich vom Roten Meer über zweihundert Kilometer bis zum Toten Meer erstreckt. Das Arava-Tal, so beeindruckend es von oben aussieht, ist selbst nur ein kleiner Teil des syrisch-afrikanischen Grabenbruchs. Er misst sechstausend Kilometer und zieht sich von Mosambik bis Syrien. In diesem Tal also, in dem die Kontinentalplatten auseinanderdriften, lag zu meinen Füßen faul und glatt das Rote Meer. Auf der anderen Seite konnte ich Jordanien und Saudi-Arabien sehen und im Südwesten die ägyptische Sinai-Halbinsel. Aber ich musste weiter, ich war ja spät dran.

Es folgte ein steiler Abstieg, vielleicht hundert Höhenmeter, und kurz darauf schon der nächste Aufstieg. Keine Wolke stand mir bei im Kampf gegen die Sonne. Schweiß lief mir in die Augen, das brannte wie Hölle. In der Mittagshitze konnte ich nicht mehr, rollte die Isomatte aus und zwängte mich in einen schmalen Streifen Schatten an einer Felswand. Zweimal musste ich umziehen, weil die Sonne weitergewandert war. Früher oder später fand sie mich in jedem Versteck. Die Sonne kennt keine Gnade.

Es war totenstill. In der Ferne lag eine Baustelle. Dort glänzten die Stahlträger des neuen Grenzzauns zu Ägypten. Nichts war davon zu sehen, dass dahinter ein praktisch rechtloser Raum begann, in dem der ägyptische Staat nicht viel zu melden hatte und in dem Dschihadisten und Terroristen nach der Macht griffen. Seit dem Sturz des ägyptischen Präsidenten Hosni Mubarak hat sich die Situation noch verschärft. Hunderte ägyptische Sicherheitskräfte wurden bei Anschlägen auf dem Sinai getötet. Und immer wieder einmal erreicht der Terror Israel. Im August 2011 beschossen Eindringlinge auf der Landstraße 12 bei Ein Netafim, nur ein paar Kilometer nordwestlich von Eilat, mehrere Fahrzeuge. Die Israelis darin wollten zum Baden ans Rote Meer. Acht von ihnen wurden getötet.

Die Regierung hatte schon zuvor beschlossen, einen neuen Grenzzaun zu bauen, vom Gazastreifen bis zum Roten Meer, über eine Länge von zweihundertvierzig Kilometern. Nach dem Zwischenfall bei Ein Netafim beschleunigte sie das Bauprojekt. Jetzt war der neue Stahlgitterzaun fast fertig: fünf Meter hoch und mit messerscharfem NATO-Stacheldraht behängt. Im oberen Teil knickten die senkrechten Stahlträger zur ägyptischen Seite ab.

Der Zaun soll nicht nur Terroristen fernhalten, sondern auch Schmuggler und afrikanische Flüchtlinge. Wobei die israelische Regierung statt von Flüchtlingen lieber von »Eindringlingen« spricht. Tausende derer, die es bis zu dieser Grenze geschafft haben, sind dafür durch die Hölle gegangen. Viele von ihnen kommen aus dem Sudan, die meisten aber aus Eritrea. Sie fliehen vor einer Diktatur, in der noch nie gewählt wurde und in der Bürger keine Rechte haben. In der Männer und Frauen bis zum Alter von fünfzig Jahren im Militär dienen müssen. Und in der, wer sich gegen seine Einberufung wehrt, mit Folter, Arbeitslager, lebenslanger Haft oder dem Tod rechnen kann. Von der wirtschaftlichen Hoffnungslosigkeit ganz zu schweigen. Da wirken Erfolgsgeschichten von einem Landsmann, der in Israel einen Job gefunden hat und Geld nach Hause schickt, geradezu wie eine Einladung.

Die meisten eritreischen Flüchtlinge schlagen sich zunächst in ein sudanesisches Flüchtlingslager durch, wo sie sich Schlepperbanden anvertrauen, die ihnen versprechen, sie in eine bessere Welt zu bringen. Manche werden aus diesen Lagern sogar gegen ihren Willen verschleppt. Alle geraten sie in ein Netzwerk von Menschenschmugglern, werden von einer Bande an die nächste verkauft und landen in einem Folterlager im ägyptischen Sinai, wo sie von Beduinen erpresst und misshandelt werden. Man weiß das von Überlebenden, die es bis nach Israel geschafft haben oder zumindest nach Kairo, dem Fünfzehn-Millionen-Moloch, in dem sie versuchen, die Tortur zu vergessen und ein neues Leben anzufangen.

Im Sinai werden die Flüchtlinge von Beduinen aufgehängt, mit Kabeln und Stangen geschlagen. Ihre Peiniger halten ihnen Feuerzeuge an den Nacken oder übergießen sie mit kochendem Wasser. Sie wollen Lösegeld erpressen. Die Flüchtlinge müssen

EIN LAND SCHOTTET SICH AB

ihre Verwandten anrufen, und während sie mit ihnen sprechen, werden sie gefoltert. Das soll den Druck auf ihre Familie erhöhen, schnell das Geld aufzutreiben. Die geforderten Summen sind innerhalb weniger Jahre auf bis zu dreißigtausend Dollar gestiegen. Es kann Wochen oder Monate dauern, bis die Familien das Lösegeld aufbringen können und die Peiniger ihre Opfer freilassen. Kann die Familie nicht zahlen, werden die Flüchtlinge versklavt oder getötet. Dieses Schicksal ereilt nach Schätzungen mehr als die Hälfte der Opfer.

Wer es dennoch bis an die israelische Grenze schafft, ohne sich zu verirren oder zu verdursten und ohne von der ägyptischen Polizei festgenommen oder erschossen zu werden, der hatte bis vor Kurzem noch eine Chance, den alten Stacheldrahtzaun zu überwinden. Itai, ein junger Soldat, erzählte mir später auf meiner Reise von seinem Dienst an der Grenze: »Hinter dem Zaun begann der Wilde Westen, die Anarchie. Wenn wir auf Patrouille waren, sahen wir immer wieder Trauben von Flüchtlingen. Sie waren in einem unglaublichen Zustand, entkräftet und abgemagert. Sie schwebten zwischen Leben und Tod.«

Insgesamt dürften sich heute etwa sechzigtausend afrikanische Flüchtlinge in Israel aufhalten. Eine Mehrheit von ihnen hat es nach Tel Aviv verschlagen. Im Süden der Stadt, rings um den Zentralen Busbahnhof, leben sie in heruntergekommenen Wohnungen und Hütten. Die meisten halten sich mit Gelegenheitsjobs auf Baustellen oder Schwarzarbeit in Restaurantküchen über Wasser. Die Afrikaner haben den Charakter des Stadtviertels völlig verändert. Die Kriminalitätsrate ist gestiegen, die eingesessene Bevölkerung aufgebracht. Die Regierung will die Fremden lieber heute als morgen loswerden und eine weitere Einwanderung auf Teufel komm raus verhindern. Der neue Zaun hat sich dabei schon nach kurzer Zeit als äußerst effektiv erwiesen. Die Zahl der afrikanischen Flüchtlinge, die jetzt noch an der ägyptischen Grenze aufgegriffen werden, geht gegen null.

Um kurz nach drei raffte ich meine Sachen zusammen, zog den Sonnenhut gerade und lief weiter. Es ging wieder auf und ab, bis ich an den Gishron Cliffs stand. Der Ausblick war umwerfend, vor meinen Füßen öffnete sich eine große Schlucht. Ich kletterte hinab in ein ausgetrocknetes Flussbett, Nahal Gishron. Zu beiden Seiten schoben sich Felswände näher an mich heran. Das war willkommen, denn sie spendeten ein bisschen Schatten. Die Wände bestanden aus hartem Granit, es gab mehrere Kletterpassagen. An einer Stelle war eine vielleicht acht Meter hohe Metallleiter in den Fels gedübelt worden; ohne die wäre ich hier nicht hochgekommen.

Mein Rucksack begann zu drücken: erst auf den Hüften, und als ich den Hüftgurt ein wenig lockerte, auf den Schultern. In der Schlucht stand die heiße Luft still. Ich trank und trank und trank. Die ganze Zeit schleppte ich mich bergauf, der Anstieg schien kein Ende zu nehmen. Tausend Höhenmeter musste ich überwinden, und das allein am ersten Tag.

Ein weißes Schild mit roter Schrift ignorierte ich. Hebräisch konnte ich nicht lesen, und eine englische Übersetzung gab es nicht. Später erfuhr ich, dass dieser Abschnitt des Israel National Trail gesperrt war, wohl wegen der prekären Sicherheitslage. Ein Netafim, der Ort des Anschlags von 2011, ist nicht weit entfernt.

In der Negev-Wüste hatte man entlang des Trails Nachtlager angelegt. Dabei ist die Bezeichnung *night camp* reichlich übertrieben. Diese Lager bestehen aus einem Schild und einer mehr oder weniger ebenen Fläche. Das war's. Es gibt weder einen Wasserhahn noch ein Klo und schon gar keine Dusche. Ich stellte mich darauf ein, dass solche Nachtlager in den nächsten drei Wochen mein Zuhause sein würden.

Als ich das erste Camp erreichte, fand ich meine vier Flaschen Wasser dort, wo ich sie kurz zuvor versteckt hatte. Ich nahm zwei, drei Hände voll, um mir wenigstens den gröbsten Dreck aus dem Gesicht zu waschen. Das Wasser lief mir über den Mund, es schmeckte nach Salz, nach viel Salz.

EIN LAND SCHOTTET SICH AB 25

Die Fünfergruppe war vor mir angekommen und hatte schon die Isomatten ausgerollt. Auf einer von ihnen fläzte sich Hen und unterhielt sich mit Hila. Dar und Nirit bereiteten ihr Abendessen zu, und Michael las ein Buch über die Gründerväter des Zionismus. Das waren Herzl, Pinsker, Jabotinsky und all die anderen Männer, die den Weg zu einem jüdischen Staat bereiteten: Israel. Ich staunte, dass es in Michaels Rucksack Platz gab für so einen dicken Wälzer. Ich staunte überhaupt, wie viel Gepäck die Israelis mitschleppten. Einen schweren Kaffeekessel zum Beispiel oder einen massiven Eisentopf aus Muttis Küche. Der allein wog ein Vielfaches von meinem Titan-Campinggeschirr.

Wir setzten uns bei Tee und Keksen zusammen. Die fünf hatten ihren Militärdienst gerade erst beendet und jetzt viel Zeit, aber noch keinen Schimmer, was sie mit ihrem Leben anfangen sollten. Also entschieden sie sich, erst einmal den Israel National Trail zu wandern, den Shvil Israel, wie er hier heißt. Oder einfach: Shvil. Der Pfad. Und *shvilistim* werden die genannt, die den ganzen Pfad wandern. Also wir.

Bald nachdem die Sonne hinter den Horizont geplumpst war, verschwanden wir in unseren Schlafsäcken. Ich weiß nicht mehr, woher der Wind so plötzlich kam. Wo er war, zog es unangenehm. Um mich vor ihm zu schützen, stellte ich mein Zelt auf. In der Nacht wurde ich mehrmals wach, weil meine Kehle ausgetrocknet war. Wie ein Schwamm sog ich das Wasser aus meiner Trinkflasche. Der Wind blies von Osten und drückte das Zelt zusammen. Draußen tanzten Sandkörner im Lichtkegel der Stirnlampe.

Für den kommenden Tag schloss ich mich der Fünfergruppe an. Wir starteten spät. Der Wind hatte nicht nachgelassen, blies jetzt von vorn und warf uns Sand und Dreck ins Gesicht. Wir stiegen in eine weitere Schlucht hinab, Nahal Netafim, und mussten uns durch enge Felsspalten drücken. Der Platz reichte nur für einen

Wanderer oder dessen Rucksack. Also nahmen wir die Rucksäcke ab und reichten sie einander an. Wir kamen nur langsam vorwärts. Gegen neun Uhr, es war noch kühl und die beste Wanderzeit des Tages, wollten die anderen rasten und frühstücken. Sie planten eine Übernachtung im Shehoret Canyon, das war ein kurzer Tag. Ich aber wollte heute noch nach Be'er Ora, um meinen Wasservorrat aufzufüllen, und in diesem Tempo würde das unmöglich sein. Ich verabschiedete mich und lief allein weiter.

Den Shehoret Canyon erreichte ich schon nach zweieinhalb Stunden. Ein Baum stand einsam in der Wüste. In seinem Schatten wollte ich der Mittagshitze entkommen und ein Schläfchen halten, aber eine Fliegenbande schmiedete ein Komplott gegen mich. Sobald ich es mir auf der Isomatte gemütlich gemacht hatte, flogen die Biester ihre Manöver, landeten in meinem Gesicht oder krabbelten über meine Arme. Ich zog den Sonnenhut ins Gesicht und steckte die Arme unter den Fleecepullover, aber die Fliegen landeten einfach auf meinem Ohr. Sie fanden immer eine unbedeckte Stelle Haut, mochte sie auch noch so klein sein. Wir kämpften um jeden Zentimeter, von Schlaf konnte keine Rede sein.

Um drei am Nachmittag, als die gröbste Hitze überstanden war, wanderte ich weiter. Nach einem beschwerlichen Aufstieg musste ich mehrere steile Passagen im Abstieg überwinden. Hohe Felsabsätze lagen vor mir, meine Augen suchten angestrengt nach einem Weg, der mich heil da hinunterbringen würde. An jeder Felsstufe warf ich zuerst meine Trekkingstöcke voraus, damit ich die Hände frei hatte, und kletterte hinterher. Mit dem schweren Rucksack war das eine einzige Schufterei. Ich war allein weit und breit, seit dem Vormittag hatte ich keine Wanderer mehr gesehen. Die Zeit verging viel zu schnell, und gegen fünf Uhr wurde mir klar, dass ich es vor der Dunkelheit nicht ins nächste Nachtlager schaffen würde.

Ich hatte mich verschätzt. Natürlich schob ich die Schuld gleich auf den Wanderführer, der mir die Schwierigkeit dieser Tagesetappe unterschlagen hatte. Aber das war eine Ausrede. Ich hatte schlecht geplant. Ich war mit den Gegebenheiten der Wüste noch nicht vertraut.

Gegen halb sieben suchte ich mir ein Plätzchen für die Nacht. Ich rollte meinen Schlafsack auf einem ebenen Felsabsatz aus und verzichtete aufs Zelt, der Wind hielt still, es war angenehm warm. An meinen Füßen hatten sich schon nach zwei Wandertagen riesige Blasen gebildet. Die Schuhe waren neu, und ich hatte keine Zeit gehabt, sie einzulaufen. Schließlich hatte ich mir eingeredet, ich könnte das einfach in den ersten Tagen der Wanderung tun. Weiß der Himmel, wie ich darauf gekommen war. Vielleicht hatte ich mich von der Werbung blenden lassen, die da behauptete: »Reinschlüpfen, wohlfühlen, loswandern.« Jetzt hatte ich ein Problem. Den angeblichen Pfadfindertrick auszuprobieren, die nagelneuen Schuhe im eigenen Urin einzuweichen, um das Leder zu dehnen, das brachte ich nicht übers Herz.

Ich nahm das Taschenmesser, desinfizierte die Klinge über dem Gaskocher und stach die Blasen auf. Ich quetschte die weiße Flüssigkeit heraus und ließ die Wunden an der Luft trocknen. Die Sonne verschwand, und der Mond ließ sich nicht blicken. Mit der Stirnlampe leuchtete ich die Umgebung nach Skorpionen ab, fand aber keine. Ich ließ mich auf den Boden sinken und bedeckte mich locker mit dem Schlafsack. Über mir zeigte sich die Milchstraße viel freizügiger, als sie es zu Hause je wagen würde.

Am nächsten Morgen verpennte ich. Als ich endlich wach wurde, war es schon kurz nach acht. Um mich herum war es immer noch unheimlich still. Keine Vögel zwitscherten. Sogar die Fliegen schliefen noch. Ich polsterte meine geschundenen Zehen mit Pflastern, zwängte sie in die Wanderstiefel zurück und machte mich auf. Da ich noch genug Wasser hatte, ließ ich die Abzweigung zu dem kleinen Ort Be'er Ora rechts liegen und lief direkt nach Timna durch. Der weitere Weg war sandig, flach und anspruchslos.

Im heutigen Nationalpark Timna hatten sich Wind und Wasser jahrtausendelang ausgetobt, hatten den weichen Sandstein malträtiert, sodass Säulen, Bögen und Höhlen entstanden waren und auch Steine, die wie Riesenpilze aussehen. Das passiert, wenn die untere Schicht Sandstein weicher ist als die obere. Dann kann die Erosion unten schneller wirken und den Stiel des ›Pilzes‹ freilegen, über dem ein Hut aus härterem Stein stehen bleibt.

Die Landschaft war in gedämpfte Farben getaucht, in alle nur vorstellbaren Schattierungen von Beige, Gelb, Braun und Ocker. Manche Gipfel hatten die Form von Zuckerhüten, nur trugen sie aschgraue Kuppen. Und dann waren da noch Spuren von Rot und Violett und ein Schuss Grün. Das lag am Kupfer. Schon viertausend Jahre vor unserer Zeitrechnung bauten die Ägypter in Timna Kupfererz ab, mit simplen Steinwerkzeugen. Die Minen gehören zu den ältesten der Welt. Ihre Stollen, nicht höher als Kriechgänge, waren ebenso noch zu sehen wie Überreste der antiken Stadt Horvat Timna.

Deren Tempel hatte einst als zentrale Kultstätte der Ägypter im ganzen Arava-Tal gedient. An einer bestimmt zwanzig Meter hohen Felswand hatten sie einen Altar aus dem Gestein gemeißelt und eine Nische. In ihr befand sich eine Statue der ägyptischen Göttin Hathor. Hathor hatte eine unglaubliche Karriere hingelegt: Nach ihrem Aufstieg zu einer allumfassenden Muttergottheit war sie zugleich Totengöttin und Göttin der Liebe, des Friedens, der Schönheit, des Tanzes, der Kunst und der Musik. Und hier, in Timna, wachte sie auch noch über die Minenarbeiter.

Der Aufstieg auf den Berg Timna versprach eine prächtige Aussicht – und hielt sein Versprechen. Aber er zehrte an meinen Kräften. Noch einmal zweihundert Höhenmeter. Drei Tage lang war ich jetzt in der Wüste unterwegs. Ich schwitzte und stank. Meine Füße wollten rasten, ich wollte duschen. Aber wo? Ich brauchte einen Engel, einen wie Yoel. Ich fand seinen Namen auf einer Liste von *trail angels,* hilfsbereiten Menschen entlang des Israel National Trail, die *shvilistim* unterstützen. Yoel wohnte in Elifaz, einem winzigen Kibbuz nahe Timna. Ich rief ihn auf dem Handy an und fragte, ob ich heute bei ihm übernachten könne. Kein Problem, sagte Yoel. Er melde mich schon mal zum Abendessen im Kibbuz an.

Ein Engel kommt selten allein

Aus der Richtung, aus der ich kam, führte nur eine Schotterpiste nach Elifaz, sie war nicht markiert und verlor sich immer wieder in der Landschaft. Aber der Ort war schon von Weitem sichtbar, man konnte sich nicht verlaufen. Schließlich stand ich vor einem zweieinhalb Meter hohen Maschendrahtzaun, auf dem eine Stacheldrahtrolle thronte. Der ganze Kibbuz war eingezäunt. Auf der anderen Seite kam ein Wachmann in Schwarz auf mich zu, er trug eine Pistole im Halfter und hielt einen Schäferhund an der Leine. Offenbar hatte er mich schon von Weitem gesehen. Es stellte sich heraus, dass er mich erwartet hatte.

Es gab ein Tor, das mit einer schweren Kette und einem Vorhängeschloss gesichert war. Allerdings hatte auch der Wachmann keinen Schlüssel dafür. Es handelte sich nämlich nicht um den eigentlichen Eingang zum Kibbuz, der lag auf der anderen Seite, zur

Straße hin. Ich musste zuerst den Rucksack und dann mich selbst durch einen Spalt im Tor zwängen. Dann ging ich in die Richtung, die mir der Wachmann wies.

Yoel kam mir entgegen. Er war klein, hatte eine Glatze und einen flauschigen, rötlichen Bart. Seine helle Haut war von der Sonne gerötet. Er wohnte in einem schmucklosen, weißen Flachbau aus Beton. Sein Heim war wie die anderen Häuser im Kibbuz und doch anders. Yoel hatte den Eingang mit tibetischen Gebetsfahnen verziert. Vor der Tür stand eine Tisch-Bank-Kombination aus Holz, wie man sie von Rastplätzen kennt, darauf eine fast leere Flasche Rum, ein voller Aschenbecher und einige Packungen Tabak. Von drinnen her dröhnte hebräische Rockmusik. Mehrere Langhaarige mit offenen Hemden hingen vor dem Haus ab, einer fläzte sich in einer Hängematte, ein anderer machte auf dem Rasen Yogaübungen. Ein Dritter hockte am Tisch und rauchte, ein Vierter kam mir fast nackt entgegen, als ich das Haus betrat. Es war halb sieben am Abend, und Itai war gerade aufgestanden. Er streckte mir zur Begrüßung die Hand entgegen.

Ich war in eine Männer-WG geraten. Fünf Freunde, alle Mitte zwanzig, waren zusammen hergezogen, vor nicht einmal zwei Monaten. Sie kamen aus dem Jordan-Tal im Norden Israels und hatten hier in der Wüste Arbeit gefunden, montierten jetzt Solaranlagen. Auf den Baustellen führten deutsche Ingenieure das Kommando, und sudanesische Arbeiter gaben die Handlanger. Meine fünf Monteure standen in der Hierarchie irgendwo dazwischen. In ihrer Freizeit genossen sie das Leben in der Wüste, tranken, rauchten und kifften mit Blick auf Sand und Berge. Hier fühlten sie sich frei.

Sie lebten zwar im Kibbuz, aber sie gehörten nicht wirklich dazu. Sie waren keine Mitglieder, sie waren Untermieter. Ihre Firma hatte für sie das Haus gemietet und stellte ihnen auch einen Wagen und den Sprit. Ein guter Deal, fanden sie, denn für Miete und Auto geht in Israel schon mehr als die Hälfte eines Gehalts drauf.

Es war Freitagabend, und mit dem Sonnenuntergang hatte der Schabbat begonnen, sozusagen der jüdische Sonntag. Jeden Freitag waren die fünf zum Abendessen in den Speisesaal des Kibbuz eingeladen, und Yoel hatte arrangiert, dass ich mitkommen durfte. Der Saal war schmucklos und funktionell eingerichtet. Wir kamen spät, an allen Tischen wurde schon gegessen, zwischen ihnen spielten Kinder. Meine fünf Freunde drängten direkt ans Büfett und luden sich die Teller voll, ich hinterher. Es gab Hühnchen, Fisch, Reis, Kartoffeln, Salat und ein weiches Hefeteigbrot mit Sesam, von dem wir uns Stücke abrissen. Es schmeckte köstlich. Nicht dass ich in der Wüste hätte hungern müssen. Aber so ein Büfett war doch was ganz anderes als die karge Kost der letzten Tage: Fertiggerichte aus Tüten und Müsli mit Wasser.

Nach dem Essen versammelte sich die Kibbuzgemeinde draußen zu Kaffee und Keksen. Es war eine warme Nacht, alle waren entspannt. Ich fragte Yoel, warum Elifaz umzäunt sei und bewacht werde. »Wegen der Gewächshäuser«, sagte er. »Darin wird medizinisches Marihuana angebaut.« Die großen Gewächshäuser wurden in der Dunkelheit hell beleuchtet und strahlten in den Nachthimmel. Viele Kibbuzim in der Negev-Wüste seien in der Biotechnologie tätig, erzählte Yoel. »Dieser hier verkauft das Gramm Marihuana für sieben Schekel an die Regierung. Auf der Straße muss man dafür achtzig bis hundert Schekel zahlen«, wusste er – woher auch immer. Yoels Augen funkelten. »Es ist schon hart«, sagte er. »Du siehst die Milch jeden Tag, aber du darfst nicht davon trinken.« Ob er den Wachmann denn nicht persönlich kenne, fragte ich. »Keine Chance«, sagte Yoel.

Ich hatte gedacht, die fünf Monteure würden im Kibbuz misstrauisch beäugt, weil sie so anders waren als die regulären Bewohner. Aber das Gegenteil traf zu. Die Nachbarin von gegenüber gesellte sich auf eine Zigarette zu uns, eine andere hatte am Nachmittag schon Kuchen gebracht. Später am Abend kamen drei Teenager aus dem Kibbuz und setzten sich zu uns an den Holztisch vor Yoels Haus. Es ging völlig ungezwungen zu. Und dass der einzige Laden im Ort schon geschlossen hatte, machte auch nichts. Die Männer-WG hatte einen guten Draht zur Besitzerin, und so konnten wir uns noch mit genügend Bierbüchsen für den Abend eindecken.

In Elifaz fühlten sich die fünf sehr wohl, es gab nur ein Problem: Hier lebten keine Frauen in ihrem Alter, jedenfalls keine unverheirateten. Deshalb, so flachste einer, werde Elifaz auch Elcatraz genannt, nach Alcatraz, der Gefängnisinsel in der Bucht vor San Francisco.

Kurz vor Mitternacht schmiedeten meine Gastgeber den Plan, noch zu einer Party in einen anderen Kibbuz zu fahren, der ganz in der Nähe auf einem Hügel lag und in dem etliche Freiwillige aus Europa arbeiteten. Es war also mit vielen Frauen zu rechnen. Da gehe immer was, erfuhr ich. Erschöpft von den Strapazen der letzten Tage schlug ich die Einladung aus, ließ die fünf ziehen und legte mich auf eine dünnen Matratze im Wohnzimmer, die am Tag als Sofa-Ersatz diente. Ich schlief sofort ein.

Die Wohnung hatte zwei Schlafzimmer, die sich die Monteure teilten, und ein ebenfalls gefliestes Gemeinschaftszimmer mit offener Küche, das direkt an die Haustür anschloss. Es gab nur ein Bad, in dem man sich auch nicht verlaufen konnte. Alles in allem waren es vielleicht fünfzig Quadratmeter. Ich bewunderte die Gastfreundschaft, die es brauchte, um diese mit fünf Bewohnern schon überbelegte Wohnung auch noch mit fremden Wanderern zu teilen.

Ich wurde als Erster wach. In den beiden Schlafzimmern herrschte noch Ruhe. Ich setzte mich vor der Tür auf die Holzbank, genoss die milde Morgensonne und schrieb mein Reisetagebuch.

Kurz vor Mittag regte sich etwas im Haus, Itai trat ins Licht und zündete sich die erste Zigarette des Tages an. Ich weiß nicht mehr, wie alles begann, aber ich fand mich schnell in eine skurrile Diskussion verwickelt.

Itai wunderte sich, dass die Menschen, von denen die Bibel spricht, mehrere Hundert Jahre alt werden, die Menschen heute aber selten mehr als hundert, wenn überhaupt. Itai vermutete dahinter ein Komplott. Warum, so fragte er, werde denn überall Fluor ins Trinkwasser gemischt? Das sei doch hochgiftig.

Ich verstehe nicht viel von Chemie, wandte aber ein, dass auch in Staaten, in denen das Trinkwasser nicht mit Fluor versetzt werde, die Menschen nicht länger lebten, in Deutschland zum Beispiel. Itai bezweifelte, dass Trinkwasser bei uns nicht fluorisiert wird, aber das ließ sich leicht klären. Wikipedia war auf meiner Seite.

»Das ist ja nicht das Einzige«, sagte Itai dann. »Die Menschen wohnen jetzt alle in Betonhäusern. Das ist eine unkalkulierbare Gefahr für die Gesundheit. Vielleicht rührt die niedrige Lebenserwartung ja daher.«

Ich hielt dagegen: »Auch Menschen, die in Zelten, Iglus oder Höhlen wohnen, werden nicht älter. Im Gegenteil: Die Lebenserwartung ist in den vergangenen Generationen doch ständig gestiegen, und das vor allem in den entwickelten Gesellschaften.«

Während wir diskutierten, gesellten sich die anderen Mitbewohner nach und nach zu uns. Sie schienen von Itais steilen Thesen nicht im Geringsten überrascht zu sein. Der eine oder der andere warf ein Argument ein, das dessen Position stützen sollte. Ich halte nichts von Verschwörungstheorien, aber ich mochte die fünf trotzdem. Sie diskutierten leidenschaftlich, hatten Spaß dabei und drängten niemandem ihre Meinung auf.

Ein bisschen verrückt waren sie auch. Von mir wollten sie unbedingt deutsche Schimpfwörter lernen. Mit den deutschen Ingenieuren auf den Baustellen herrschte wohl ein herzlich rauer Umgangston. Nur so konnte ich mir ihren Bedarf erklären, Flüche und Beleidigungen für alle Fälle vorrätig zu halten. Ich bot Schattenparker, Warmduscher und Weichei an, um ihr Repertoire zu erweitern. Jedes Wort wiederholten sie mehrmals und mit steigendem Genuss. Aber die Monteure verlangten nach Härterem. Sie freuten sich diebisch und malten sich wohl schon die verdutzten Gesichter der Deutschen aus.

Ich wollte einen Ruhetag einlegen, um meinen Körper langsam an die langen Wanderetappen, den schweren Rucksack und die Hitze zu gewöhnen. Meine Reise hatte gerade erst begonnen, und vor mir lagen noch mehr als neunhundert Kilometer. Also willigte ich ein, als die anderen vorschlugen, zum Baden in den nahe gelegenen Kibbuz Ketura zu fahren. Auch er war mit einem hohen Zaun und Stacheldraht gesichert. Über die volle Breite der Zufahrtsstraße erstreckte sich ein gelbes Stahltor. Um hineinzukommen, mussten wir den Wächter des Kibbuz auf seinem Handy anrufen. Wie von Geisterhand schob sich das Tor beiseite und gab die Einfahrt frei.

Auf einer großzügigen Rasenfläche rings um den Pool tummelten sich schon an die dreißig Badegäste, es war eine bunte Truppe: jüdische Israelis, israelische Palästinenser, Jordanier, Amerikaner und Europäer. Einige Mädchen trugen trotz der Hitze lange Kleider und Kopftuch, andere nur einen Bikini. Am Pool hörte ich Hebräisch genauso wie Arabisch und Englisch und manchmal sogar Französisch. Das ist das Besondere an diesem Kibbuz, dass hier am Arava-Institut für Umweltstudien jedes Semester bis zu vierzig Studenten aus aller Welt beginnen, gemeinsam an Lösungen für die Umweltprobleme des Nahen Ostens zu arbeiten. Die trockene Landschaft soll fruchtbar gemacht, die Ausdehnung der Wüste gestoppt, die Energieversorgung nachhaltig werden. Israels erste kommerzielle Solarfarm ist neben diesem Kibbuz entstanden, und auf der anderen Seite der Schnellstraße 90 baute man gerade die größte Solarfarm des Landes. Sie wird achtmal so groß sein wie die bisherige. Mit der Energie aus diesem und anderen Feldern soll das Arava-Tal nicht nur autark werden, es soll auch Strom in andere Regionen exportieren. Das Ziel ist hoch gesteckt: zehn Prozent des israelischen Bedarfs mit Sonnenstrom aus der Wüste zu decken.

Das Arava-Institut wurde 1996 gegründet und soll zugleich eine Art Friedensprojekt sein. »Die Natur kennt keine Grenzen« – das ist sein inoffizielles Motto. Für die Auswahl der Studenten gibt es Quoten: Ein Drittel sollen Juden sein, ein Drittel Araber aus Israel, den besetzten Gebieten oder Nachbarstaaten und ein Drittel internationale Studenten. Alle Seminare werden auf Englisch abgehalten. Die Studenten wohnen zusammen auf dem Campus, teilen Zimmer, Küche und Computerarbeitsplätze. Aber das sei manchmal schwieriger als gedacht, erfuhr ich von David Lehrer, dem Geschäftsführer des Instituts. Sein Büro lag nur zweihundert Meter vom Pool entfernt in einem Flachbau mit Lehmwänden. In Davids Zimmer hingen Schwarz-Weiß-Bilder von Mahatma Gandhi, Martin Luther King und Mutter Teresa.

»Als wir das Programm begannen, dachten wir, wir bringen einfach Juden und Araber zusammen in einen Raum und unterrichten sie in Umweltfragen, weil das etwas ist, worüber wir uns alle einig sind«, erzählte David. »Alles andere könnte man beim Abendessen besprechen. Aber wir merkten, dass da etwas vor sich ging, über das wir reden mussten. Es kam immer wieder zu Streit. Einmal wurde eine Musikanlage zu Boden geworfen, weil es eine Meinungsverschiedenheit darüber gab, welche Musik gespielt werden sollte. Also erfanden wir das ›Peace-building and Environmental Leadership Seminar‹. Es findet einmal in der Woche statt, alle müssen daran teilnehmen. Es ist wichtig, dass sie da über Dinge reden, über die sie sonst nicht reden wollen: Geschichte, Politik, Krieg, Besatzung, Terrorismus. Alles, was die Seele bewegt. Wir sind im Nahen Osten, also verlaufen diese Sitzungen nicht

gerade ruhig. Sie enden oft damit, dass Studenten einander anschreien oder wütend aus dem Raum stampfen. Aber wir sind hier
auch in der Wüste, mitten im Nirgendwo, also gibt es keinen anderen Platz als den Campus und die Wohngemeinschaft, in der
Juden und Araber zusammenleben. Wir hoffen, dass sie eines lernen: Selbst wenn sie nicht einer Meinung sind, sollten sie einen
Weg finden, miteinander klarzukommen.«

»Wie kommen diese Seminare denn bei den Studenten an?«,
wollte ich wissen.

»Viele beklagen sich erst einmal. Sie sagen, sie seien nicht für
diese Seminare hierhergekommen, sondern weil sie sich mit Um-
weltthemen beschäftigen wollten. Dann sagen wir ihnen: Ihr
könnt nicht in Frieden mit der Umwelt leben, wenn ihr nicht im
Frieden mit euren Nachbarn lebt. Und am Ende des Semesters
kommen dieselben Studenten und sagen, dass das Peace-building-
Seminar das wichtigste gewesen sei, das sie bei uns besucht hätten.«

Wenn man wie ich tagelang durch den Negev wandert, könn-
te man denken, dass Wasser die knappste Ressource im Nahen
Osten wäre. Aber die knappste Ressource ist Vertrauen. Ich erfuhr, dass nicht einmal die israelische und die palästinensische
Umweltbehörde miteinander reden. David brachte ein Beispiel:
»Unser Zentrum für Wassermanagement untersucht den Hebron, der aus dem Westjordanland kommt, in den israelischen
Besor fließt und dann durch den Gazastreifen ins Mittelmeer.
Der Hebron sollte eigentlich nur in der Regenzeit fließen, aber
weil so viel Abwasser eingeleitet wird, fließt er das ganze Jahr hindurch. Er ist wirklich eine Kloake. Das größte Problem ist, dass
die palästinensische Autonomiebehörde für Gewässer auf ihrer
Seite verantwortlich ist und die israelische Behörde für die auf ihrer und dass beide nicht miteinander sprechen. Wir dagegen können unsere Studenten als Beobachter auf beiden Seiten einsetzen,
sodass wir die Daten zusammenpuzzeln und ein Modell entwi-

ckeln können, das uns zeigt, wo welche Abwässer eingeleitet werden. Mit uns sprechen die Behörden ohne Weiteres.«

»Und wo gelangt der meiste Dreck in den Fluss?«, fragte ich.

David lächelte, musste aber nicht lange nach einer Antwort suchen. »Es steht außer Frage, woher der meiste Dreck kommt: aus dem Osten.« Also aus dem palästinensischen Westjordanland, das von Israel aus gesehen im Osten liegt. »Hat der Fluss die Grenze passiert, wird die Verschmutzung auf der israelischen Seite noch verstärkt. Entlang des Stroms gibt es viele Beduinensiedlungen, die keine Kanalisation haben. Da wird alles einfach in den Fluss gekippt.«

Auf der Rückfahrt wurde es eng im Auto. Eyal, einer der fünf Monteure, hatte ein Mädchen kennengelernt, eine arabische Israelin aus der Gegend um Haifa. Die beiden hatten schon gestern auf der Party angebandelt, und am Pool hatten sie sich heute wiedergetroffen, wohl nicht ganz zufällig. Jetzt begleitete uns Eyals neue Errungenschaft zurück nach Elifaz, wo wir gemeinsam zu Abend essen wollten. Aber kurz nach der Ankunft, es war schon dunkel, verschwanden die beiden erst einmal.

Aus einem Ruhetag wurden zwei. Denn der Wetterbericht sagte achtunddreißig Grad voraus, und wer wollte bei dieser Hitze schon aufbrechen?

In der Wohngemeinschaft war es mittlerweile voll geworden. Noch am späten Abend waren weitere *shvilistim* angekommen, erst eine Vierergruppe, dann ein großer Blonder und ein Dunkelhaariger, der mir auffiel, weil er eine Pistole trug. Sie wurde von seinem T-Shirt verdeckt, aber man konnte sehen, wie sich der Griff darunter abzeichnete. Wenn Idan sich bückte, verzog sich sein T-Shirt, und die Pistole in ihrem Halfter lugte heraus.

Idan hatte sich den Fuß verletzt. Er hatte ein Metallgitter übersehen und war hineingelaufen. Die Wunde musste im Krankenhaus genäht werden. Jetzt trug er einen Verband und Sandalen und wagte es nicht, seine Wanderschuhe wieder anzuziehen. Es war ungewiss, ob er in den kommenden Tagen überhaupt weiterwandern konnte.

»Warum trägst du eine Pistole?«, fragte ich rundheraus.

Die habe er gekauft, sagte Idan, weil in seinem Stadtviertel oft eingebrochen werde. Jetzt habe er sie nicht zu Hause lassen wollen, »damit sie nicht in falsche Hände kommt«. Außerdem: »So eine Pistole ist immer von Vorteil. Weiter nördlich werden wir durch Beduinengebiet wandern, und die Beduinen klauen alles Mögliche.« Idan mahnte mich zu besonderer Vorsicht. Wenn er auf dem Shvil zeltete, schlief er mit der Pistole unter seinem Kopfkissen.

Idan war dreiundzwanzig und hatte erst vor Kurzem den Militärdienst beendet. Der Dienst war keine Last für ihn gewesen, er hatte ihn gerne geleistet, sah darin eine physische und mentale Herausforderung. »Wenn du in der israelischen Armee bist, dann weißt du, wofür du kämpfst«, sagte er. »Wir sind eine reine Verteidigungsarmee, wir gehen jedenfalls nicht in irgendwelche Auslandseinsätze. Die amerikanischen Soldaten drehen ja manchmal durch, weil sie irgendwo in Afghanistan oder im Irak kämpfen und gar nicht wissen, warum.«

Idan war längere Zeit an der libanesischen Grenze stationiert gewesen. »Du kannst dort die Spannung spüren«, sagte er. »Sie liegt in der Luft, auch wenn es gerade mal wieder ruhig ist. Jede Minute kann sich die Situation ändern. Und du weißt: Wenn wir hier nicht stehen, dann dauert es nur Stunden, bis irgendwelche Terroristen ins Land kommen, um uns in die Luft zu jagen.« Idan sprach bestimmt und eindringlich. Seine Stimme duldete keinen Widerspruch. Er fand: »Es gibt eine große Diskrepanz zwischen den Leuten, die im Norden wohnen, und denen, die in Tel Aviv am Strand sitzen, Latte macchiato trinken und nicht mitbekommen, was in unserem Land wirklich abgeht.«

Idan und die fünf Alternativen in Elifaz, das passte einfach nicht zusammen, und es dauerte auch nicht lange, bis Idan und Itai eine heftige Diskussion begannen. Man könnte auch Streit dazu sagen. Er entzündete sich an den israelischen Kontrollpunkten im besetzten Westjordanland. Itai fand, dass sich die Soldaten gegenüber den Palästinensern dort wie Nazis benähmen. Das brachte Idan natürlich in Rage. Die Diskussion wurde schnell so hitzig, dass die beiden vom Englischen ins Hebräische wechselten. Aber ich verstand trotzdem, wie der Fall hier lag: Idan war überzeugter Patriot und Soldat; Itai hingegen hatte es gerade einen Monat in der Armee ausgehalten, bis er einen Weg fand, um sich dem Militärdienst zu entziehen. Hier trafen Welten aufeinander. Die erbittertsten Diskussionen über israelische Politik, das lernte ich an diesem Abend, führen Israelis untereinander.

Aprikosen in den Dreck

Drei Tage nach meiner Ankunft in Elifaz verließ ich die Wohngemeinschaft im Morgengrauen. Ich zwängte mich wieder durch das Tor im Zaun, um den Weg abzukürzen. Ich war in Eile. Die Sonne lauerte schon am Horizont, und ich hatte eine lange Etappe vor mir.

Nach nicht einmal einer Stunde überholte ich einen Amerikaner aus Colorado, den ersten Ausländer, den ich auf dem Shvil Israel traf. Er wurde von einem einheimischen Führer begleitet. Der Amerikaner schnaufte und schien arg unter seinem großen Rucksack zu leiden. Er wirkte verbissen, war wortkarg, und es schien mir, als sei meine Anwesenheit nicht erwünscht. »Hör mal«, sagte er, nachdem wir uns kurz unterhalten hatten, »es ist ein bisschen schwierig, gleichzeitig zu laufen und zu reden.« Ich verstand, verabschiedete mich und ging davon. Ich hatte zwei

Tage geruht und einen schnellen Schritt drauf. Schon nach dem ersten Anstieg waren die beiden nicht mehr zu sehen.

Kurz vor Mittag war die Hitze kaum noch auszuhalten. Die Sonne schleuderte ihre Strahlen herab, und ich fragte mich schon, ob ich genug Wasser für diese Etappe dabeihätte. Nur vier Liter hatte ich mitgenommen, da ich am Abend in einem kleinen Ort ankommen wollte, wo es wieder Wasser geben würde. Je mehr ich hätte tragen müssen, desto langsamer wäre ich vorangekommen. Der Weg führte über ein Hochplateau mit traumhafter Aussicht ins Arava-Tal. Aber nirgendwo gab es Schatten, sosehr ich ihn auch herbeisehnte. Also lief ich die achtundzwanzig Kilometer nach Shaharut, ohne auch nur eine Pause zu machen. Wo hätte ich auch sitzen sollen?

Shaharut sah ich schon von Weitem, obwohl es ein winziger Ort ist, der nur aus ein paar Häusern besteht. Er liegt mitten in der Wüste auf einem Hügel und ist mit dem Rest der Welt nur durch eine schmale Straße verbunden, die sich windet wie eine Nabelschnur. Schon am frühen Nachmittag stand ich kurz vor dem Ortseingang an einem Schild, und nur durch Zufall wusste ich von einer Website, was auf dem Schild in Hebräisch geschrieben stand: Das Nachtlager im Ort war geschlossen. Es gab allerdings vier Telefonnummern von *trail angels*. Bei dreien sprachen Anrufbeantworter zu mir, bei der vierten Nummer hatte ich Glück.

Amichai und seine Frau Revital nahmen mich bei sich auf. Revital zeigte mir die Unterkunft. Es war eine Hütte mit Holzfußboden, die nur ein paar Schritte vom Haus entfernt lag. Drinnen gab es ein Bad, eine Sitzecke mit Sofa und sogar einen Fernseher. Die Hütte diente der Familie als Gästezimmer. Die Fenster waren gegen die Hitze draußen mit bunten Patchwork-Tüchern verhängt, ein weißer Vorhang schirmte das Doppelbett vom Rest des Raumes ab. Von der Veranda hatte man einen guten Blick auf den Trail. Es war eine sehr schöne Unterkunft, und das fand ich nicht

APRIKOSEN IN DEN DRECK   43

nur, weil ich erschöpft war, duschen wollte und mich nach Schatten sehnte.

Ich fragte Revital, was die Nacht in diesem Apartment kosten solle.

»Nichts«, sagte sie, als wäre das selbstverständlich.

Der starke Wind hatte viel Sand aufgewirbelt. Am Nachmittag wurde die Sicht so schlecht, wie ich es noch nicht erlebt hatte. Die Sonne stand wie eine Scheibe am Himmel, man konnte ihr ins Gesicht schauen, ohne sich die Augen zu verbrennen. Es war helllichter Tag, aber das Licht war seltsam gedämpft, wie bei einer partiellen Sonnenfinsternis. Ich legte mich aufs Sofa und schlief sofort ein. Lautes Klopfen an der Tür weckte mich.

Draußen standen Idan, der Mann mit der Pistole, und sein blonder Kumpel Ran. Wegen Idans Fußverletzung waren die beiden aus Elifaz mit dem Bus hierhergefahren. Und weil es so wenige Straßen und Buslinien gibt, hatten sie einen großen Bogen machen und mehrmals umsteigen müssen. Sie waren den ganzen Tag unterwegs gewesen und verwundert, mich hier zu treffen. Ran staunte, dass ich für die ganze Wüstenetappe nur sieben Stunden gebraucht hatte. »Du wärest ein guter Soldat«, sagte er. In seinen Augen war das bestimmt ein starkes Kompliment.

Revital und Amichai waren großartige Gastgeber. Sie ließen uns nicht nur bei sich übernachten, sie luden uns auch zum Essen ein. Wir saßen auf der Terrasse, als sich die Dunkelheit über die Wüste senkte. Revital servierte *shakshuka,* ein Gericht aus Tomaten, Chili, Eiern und Kümmel, das in Israel sehr beliebt ist, auch als herzhaftes Frühstück. Das Paar lebte seit achtzehn Jahren in Shaharut. Die beiden hatten zwei Söhne und eine Tochter. Amichai war Handwerker, er arbeitete im Metallbau und kannte jede Menge deutsche Fachbegriffe wie Flansch oder Flaschenzug. Und er schwärmte von der Wüste. Wenn er frühmorgens zur Arbeit fuhr, konnte er Tiere beobachten, Füchse,

Steinböcke, Hyänen. Seine Augen funkelten, als er davon erzählte. Kein Zweifel: Amichai hatte in Shaharut sein Glück gefunden.

Weil der Ort mitten in der Wüste liegt, ist er ein natürlicher Anziehungspunkt für *shvilistim*. Es gibt weder ein Geschäft noch einen Gasthof, aber Shaharut ist die einzige Möglichkeit weit und breit, sich mit Trinkwasser zu versorgen. Die Zahl der Wanderer blieb lange Zeit überschaubar, nur alle paar Monate kam mal einer. Vor vier oder fünf Jahren aber, so erinnerte sich Amichai, wurden es immer mehr, sie fragten nach Wasser und Übernachtungsmöglichkeiten. Die Einwohner von Shaharut beratschlagten, wie sie mit den vielen Gästen umgehen sollten. Schließlich errichteten sie im Zentrum des Ortes neben dem Sportplatz eine Raststätte mit Dach und Wasserhahn. Man rechnete mit vier, vielleicht fünf Wanderern, die gleichzeitig dort übernachten würden. Es kamen bis zu zwanzig. Dem kleinen Ort wuchs die Sache schnell wieder über den Kopf.

Toiletten gab es nicht, sodass sich die Wanderer in der Umgebung des Rastplatzes erleichterten. Abends, wenn es kühl wurde, wollten sie ein Lagerfeuer machen und begannen, Holz zu sammeln. Dazu muss man wissen, dass es in Shaharut keine Zäune gibt. So ist gar nicht klar, wo öffentliches Gelände aufhört und privates anfängt. Also trugen die Wanderer munter das Holz von Privatgrundstücken zusammen und verheizten es. Die Stimmung im Dorf kippte, es gab schon wieder eine Krisensitzung. Manche Einwohner wollten den Shvil verlegen lassen – je weiter weg von Shaharut, desto besser. Aber es gab auch welche, die anboten, Wanderer bei sich aufzunehmen. Leute wie Amichai und Revital. So wurde für den Ort das Campingverbot erlassen, vier Familien wurden zu *trail angels,* und in etwa einem Kilometer Entfernung errichtete ein Geschäftsmann ein Zeltlager, in dem durchreisende Wandergruppen gegen eine geringe Gebühr im Beduinenzelt schlafen können.

APRIKOSEN IN DEN DRECK

In der Nacht war es spürbar kälter geworden. Das verhieß Gutes: Die Hitze würde mich in den kommenden Tagen nicht mehr ganz so ungnädig foltern. Um halb sieben griff ich die Trekkingstöcke und kehrte Shaharut den Rücken. Schon nach ein paar Minuten traf ich die Fünfergruppe vom ersten Tag meiner Tour wieder, jedenfalls drei von ihr: Hen, Dar und Nirit. Sie hatten in dem Beduinenzelt übernachtet. Aber wo waren die anderen beiden? Ich erfuhr, dass Michael mit dem Fuß umgeknickt war und zum Arzt musste. Und Hila hatte die Wanderung abgebrochen, weil ihrem Vater eine schwere Operation bevorstand. Da wollte sie zu Hause sein. Ob die beiden später wiederkehren und den Trail noch zu Ende wandern würden, war ungewiss.

Die verbliebenen drei wollten die nächsten Tagesetappen trampen, denn der Trail würde nun über vierzig Kilometer mehr oder weniger dicht an einer Straße entlangführen, und das sei doch langweilig, sagten sie. Weicheier, dachte ich mir. Sobald es mal keinen Spaß macht, knicken sie ein. Ich verabschiedete mich und lief allein weiter in die Wüste hinein. Von Weitem sah ich, wie ein Pick-up hielt und die drei mit ihren Rucksäcken auf die Ladefläche stiegen. Es dauerte keine halbe Minute, und die Wüste hatte sie verschluckt.

Der Trail schlängelte sich über Klippen, und die Natur legte mir scharfkantiges Geröll in den Weg. Soweit ich blicken konnte: Steine. So stellte ich mir die Mondoberfläche vor. Die Sonne stand noch tief und ließ meinen Schatten über den steinigen Boden tanzen.

Nach einer guten Stunde spuckte mich der Weg tatsächlich auf der Straße aus. Auf der anderen Seite lag in einiger Entfernung eine Militärbasis. Unter lautem Geknatter stiegen zwei Hubschrauber auf, der eine flog vorweg, der andere hinterher. Erst verschwanden sie im Tiefflug in einem Tal, dann kamen sie mit nach oben gereckter Nase woanders wieder hervor, schraubten sich weiter bis hinter den Horizont und zurück zur Basis. Den ganzen Tag ging das so. Mehrere Militärbasen in dieser Region waren der Grund dafür, dass der Israel National Trail auf den nächsten paar Dutzend Kilometern weitgehend parallel zur Straße geführt wurde. Rechts und links lag Sperrgebiet.

Der Himmel über mir war blau, aber zum Horizont hin blich er aus und verlor sich im Dunst. Eine Stunde lief ich nun schon an der Landstraße entlang. Die Fahrbahnmarkierungen glänzten gelb in der Sonne. Der Asphalt war neu, glatt und dunkel. Über ihm geriet die Luft in Verzückung und flimmerte. An manchen Stellen deckten Sandverwehungen einen Teil der Fahrbahn zu.

Ab und an rollte ein Militärkonvoi vorbei, ansonsten war es: langweilig. Auch dem Shvil Israel gefiel es gar nicht, dass er sich mit dem Seitenstreifen einer popeligen Landstraße begnügen sollte. Er bäumte sich auf, schlug bei den Karzai-Sanddünen noch einen Haken und sprang die Dünen hoch. Die Klasse einer Mädchenschule tobte durch den feinen weißen Wüstensand, die Kinder trugen lange, bunte, züchtige Kleider. Doch dann verließ den Shvil der Mut, und er schmiegte sich wieder an die Straße, wurde eins mit ihr.

Die Straße lief direkt auf den Horizont zu wie auf einen alten Bekannten. Meine Füße schmerzten wegen der vielen Blasen bei jedem Schritt. Außerdem meldete sich die linke Achillessehne. Dem Sein folgte das Bewusstsein. Musste ich wirklich stumpf an der Straße entlanglaufen?, fragte ich mich. Ich rechnete: Acht Kilometer lagen bis zum Tagesziel noch vor mir, das würde knapp zwei Stunden dauern. Warum sollte ich auf diesem Abschnitt eigentlich nicht trampen wie praktisch alle Israelis? Jeden verdammten Meter des Trails auf Teufel komm raus laufen zu müssen, und sei er auch noch so dröge, das erschien mir plötzlich typisch deutsch. Was musste ich mir oder irgendwem anders denn beweisen?

Es war Viertel vor zwölf, als ich meine innere Diskussion beendete und mich am Straßenrand in Stellung brachte. Verkehr konnte man das, was sich hier abspielte, wirklich nicht nennen: Alle paar Minuten kam mal ein Auto vorbei. Dann war ich wieder allein mit heißem Asphalt und flimmernder Luft. Aber schon nach einer Viertelstunde hielt ein weißer Range Rover mit Sandblechen an der Seite und Gepäck auf dem Dach. Drinnen saß eine Familie aus Frankreich, die den Geländewagen samt Fahrer gebucht und ihren Urlaub um eine kurze Wüstensafari bereichert hatte. Das Paar stellte mir neugierige Fragen und staunte, dass ich es zu Fuß von Eilat bis hierher geschafft hatte. Der Fahrer kannte den Israel National Trail.

»Und?«, fragte er. »Gibst du auf?«

»Noch nicht, ich mache nur eine Pause.«

An der nächsten Tankstelle fuhr er rechts ran. Ich bedankte mich und schulterte den Rucksack. Nur noch ein paar Hundert Meter entfernt lag mein nächstes Ziel: Neot Semadar. Verglichen mit Elifaz war dieser Kibbuz viel weitläufiger. Ich wanderte an Feldern und einem ausgedehnten Maschinenpark vorbei. Neot Semadar ist in Israel für Bio-Landbau bekannt, für Datteln, die auch nach Europa exportiert werden, für Wein, feinen Ziegenkäse und Kunsthandwerk. Der Kibbuz betreibt auch eine Solarfarm, ein Restaurant und einen Bioladen. Außerdem mischt er in der Baubranche mit und empfängt Touristen.

Shvilistim wie ich können in Neot Semadar unter der Woche kostenlos übernachten. Dafür wird von ihnen erwartet, dass sie ein bisschen bei der Arbeit helfen, auf dem Feld, in der Küche oder bei Fahrdiensten. *Fair enough.* Den Tagesablauf und die Regeln im Kibbuz erklärte mir Aron. Um Viertel vor sechs in der Früh gebe es eine freiwillige Morgenmeditation im Gemeinschaftsraum, danach werde gearbeitet bis zum Frühstück um halb neun, danach bis zum Mittagessen um halb zwei und dann noch einmal am Nachmittag. Fleisch gebe es nicht, und beim Essen sei zu schweigen.

Von dem Schweigegelübde hatte ich schon gehört, als mir andere Israelis von Neot Semadar und dessen Geschichte erzählten. Ende der Siebzigerjahre hatte sich in Jerusalem eine Gruppe um Josef Safra zusammengefunden. Safra glaubte zu beobachten, dass viele Menschen mit ihrer Umwelt nicht im Reinen wären, während sie ein Leben führten, das unentwegt um sich selbst kreiste. Er wollte eine Revolution auslösen, er nannte sie die »Zionistische Revolution des Individuums«. Als Ort dafür hatte sich Safra die Negev-Wüste ausgeguckt. In Neot Semadar sollte eine Gemeinschaft entstehen, in der die Menschen zugleich über sich selbst sinnieren und sich mit anderen austauschen konnten – eine Schule für die Selbsterkenntnis. Wie aber Schweigen und Austausch zusammenpassen, das wollte mir nicht einleuchten.

Ich war gerade rechtzeitig zum Mittagessen angekommen und schlich mit allen anderen in den Speisesaal. Die Tische bildeten ein großes Hufeisen, das sich von einem Ende her rasch füllte. Es gab einfaches Essen: Brot, Käse, Salat. Mein Gegenüber griff mit den bloßen Händen auf die Platte. Für den Nachschub aus der Küche waren Helfer eingeteilt, sie trugen unentwegt Tabletts hinein, alles schien gut organisiert. Es blieb tatsächlich merkwürdig still beim Essen, nur ab und zu wurde irgendwo mal kurz geflüstert.

Nach dem Mahl ließ ich mich mit anderen *shvilistim* zur Feldarbeit einteilen. Ich traf drei vertraute Gesichter wieder: Hen, Dar und Nirit. Sie waren ja getrampt und deshalb schon seit dem Morgen in Neot Semadar. Sara hieß die Frau, die uns erklärte, was wir zu tun hatten. Sie trug eine Kappe, kurze Hosen und eine Gürteltasche, in der eine Gartenschere steckte. Sara war vielleicht Mitte dreißig, eine jüdische Amerikanerin aus New York, und sie sprach fließend Hebräisch. Sie hatte sich entschieden, ins Gelobte Land überzusiedeln, und lebte nun schon seit eineinhalb Jahren in diesem Kibbuz. Überdies war sie kurz angebunden. In einem verbeulten weißen Pick-up fuhr sie uns zu einer Obstplantage.

APRIKOSEN IN DEN DRECK

Auf dem Feld, vor dem wir hielten, wuchsen Aprikosen, Nektarinen und Äpfel, die Bäume standen in Reih und Glied, im exakt gleichen Abstand zueinander. Sara erklärte uns, dass die Tora verbiete, Früchte von Bäumen zu essen, die noch keine drei Jahre alt seien. Diese hier waren erst vor zwei Jahren gepflanzt worden. Also sollten wir die Aprikosen von den Bäumen entfernen. Das hätte den Vorteil, dass die Pflanzen in Zukunft besser gediehen. Ich fragte, was wir mit den Früchten tun sollten. »Wirf sie einfach auf den Boden«, sagte Sara. Dann fuhr sie davon, wir machten uns an die Arbeit.

Als wir vielleicht zehn Minuten lang kleine grüne Aprikosen gepflückt und in den Dreck geworfen hatten, kam ein anderer Gärtner des Kibbuz von einem benachbarten Feld zu uns herüber und stellte sich als Ophir vor. Wenn wir ein paar Früchte am Baum vergessen würden, sagte Ophir, sei das nicht so schlimm. »Macht diese Arbeit nicht so genau.« Ich war irritiert: Erst hatten wir eine Aufgabe bekommen, und dann sollten wir sie nicht ernst nehmen? Was sollte das denn?

»Nicht alle von uns glauben, dass das eine gute Sache ist«, erklärte Ophir. »Aber so sind die Vorschriften. Wir würden die Aprikosen gerne verwenden, zumindest für uns im Kibbuz. Wir könnten Marmelade daraus machen. Aber das Landwirtschaftsministerium erteilt uns keine Genehmigung dafür. Die beschäftigen einen Rabbi, der uns jederzeit kontrollieren kann.«

Wenn der Rabbi sähe, dass die Früchte der jungen Aprikosenbäume verwendet werden, könnte er die Zertifizierung des Anbaus als koscher widerrufen. Dann hätte der Kibbuz ein Problem: Er könnte seine Produkte kaum noch auf dem israelischen Markt verkaufen. Also ernteten und vernichteten wir weiter, wenngleich ein bisschen gnädiger gegenüber diesen jungen Früchtchen. Gegen halb fünf war Feierabend. Sara holte uns ab und fuhr uns zurück in die Siedlung. Einunddreißig Bäume waren gerupft, Hunderte Aprikosen weggeworfen worden. Der Tora war Genüge getan, und der Rabbi würde zufrieden sein.

Ich konnte jetzt meine Unterkunft beziehen. Wir *shvilistim* wurden im Kindergarten untergebracht, der ab dem späten Nachmittag leer steht. Am Morgen würden wir vor sechs Uhr unsere Sachen zusammenpacken müssen, um Platz zu machen für die Kinder. Das war der Deal. Wir platzierten unsere Isomatten zwischen Spielzeug und Minimöbeln. Augenscheinlich hatte die Kita ein Ungezieferproblem. Für Nirit war es der reinste Horror: Sie ekelte sich vor Spinnen und Käfern und allem, was sonst noch so über den Boden kroch. Jeder Käfer, der sich zeigte, brachte sie zum Schreien. Schließlich musste ihr Freund Dar das Moskitonetz, das er für Wüstennächte im Rucksack trug, im Kinderhort aufspannen.

Pünktlich um Viertel vor sechs stand ich im Speisesaal, aber der lag noch im Dunkeln. Ich dachte schon, ich hätte mich in der Uhrzeit geirrt. Dann kam ein junger großer Kerl aus der Küche und trug mehrere Teekannen herbei.

»Ich komme zur Morgenmeditation«, sagte ich. »Die findet doch hier statt, oder?«

Der Mann lachte kurz auf. »Morgenmeditation? Wer hat dir das denn erzählt? Wir sitzen hier zusammen und trinken Tee. Das ist alles.«

Nach und nach kamen die Bewohner von Neot Semadar und einige Freiwillige aus Europa, die eine Zeit lang dort arbeiteten, weil sie die Kibbuz-Bewegung unterstützen wollten. Sie schenkten sich ein Glas Tee ein, setzten sich und – schwiegen schon wieder. Alle waren in sich gekehrt, vielleicht meditierten sie, vielleicht nicht, wer weiß das schon. Ich aber konnte nicht nichts denken und fing aus Langeweile an zu zählen. Ich kam auf einundfünfzig mehr oder weniger meditierende Menschen, während draußen die Sonne aufging.

APRIKOSEN IN DEN DRECK

Um sieben Minuten nach sechs, ich hatte den Uhrzeiger schon länger im Blick, sagte jemand etwas auf Hebräisch, ein Wort nur, und alle standen auf und gingen ans Werk. Manche dorthin, wo sie schon lange arbeiteten und das taten, worin sie besonders qualifiziert waren. Andere wechselten immer mal wieder ihre Tätigkeit. Sie arbeiteten in der Landwirtschaft, waren dann wieder Küchenhelfer und später vielleicht Bauarbeiter auf einer der Baustellen. Irgendetwas gab es immer zu tun, aber krumm machte sich anscheinend keiner. Nie fehlte die Zeit für einen Tee und ein Schwätzchen. Das war das Schöne am Leben im Kibbuz.

Ich half wieder ein bisschen bei der Feldarbeit und griff noch ein Frühstück ab. Danach sah ich mich im Kibbuz um. Mir fiel auf, dass alle Gebäude schnörkellos und funktional gestaltet waren, innen wie außen. Nirgendwo war Kunst zu sehen. Im Art Center in der Mitte des Areals tobten sie sich dagegen aus. Wegen seines hohen Turms und der pastellfarbenen bunten Dächer und Wände konnte ich es gar nicht übersehen. Säulen, Geländer, Treppen – alles geschwungen und bis zum Geht-nicht-mehr verziert. Das Art Center sah aus, als hätte Gaudí einen über den Durst getrunken, bevor er nächtens zur Farbe griff und die Pläne zeichnete. Aber Gaudí war natürlich nie hier. Die Bewohner von Neot Semadar hatten das Gebäude selbst geplant und gebaut, dreizehn Jahre hatte das gedauert. Das Art Center ist zum Touristenmagneten geworden, was vielleicht nicht ganz unbeabsichtigt war, jedenfalls kommt es gelegen. Denn der Kibbuz profitiert vom Verkauf der Handwerkskunst, die hier entsteht: kleine Möbel, Schmuck, Souvenirs. Wie die meisten anderen Kibbuzim kämpft auch Neot Semadar um das wirtschaftliche Überleben.

Meditieren im Militärgebiet

Ich verließ den Kibbuz und lief zurück zur Kreuzung mit der Tankstelle, der einzigen weit und breit. Es war wieder so ein Tag, an dem der Shvil scheinbar endlos an der Straße entlangführte. Und da ich schon einmal mit dem Trampen begonnen hatte, wollte ich es auch heute so halten. Ich platzierte mich an einer Bushaltestelle und streckte hoffnungsvoll einen Arm schräg nach unten zur Straße aus, wie es in Israel üblich ist. Aber die ersten Autos brausten vorbei. Viel los war nicht. Auf der Landstraße 12 fuhren vor allem Militärfahrzeuge, die natürlich keine Anhalter mitnahmen. Und auf der 40 waren vor allem Touristen in Mietwagen Richtung Eilat unterwegs, also nach Süden. Ich musste aber in den Norden.

Es war Mittag, die Sonne brannte wieder, und ich versteckte mich unter dem Metalldach der Haltestelle. Ich wäre auch mit

MEDITIEREN IM MILITÄRGEBIET 53

dem Bus gefahren, aber es kam keiner, und ein Fahrplan hing nicht aus. Wenn ich in der Ferne ein Auto sah, zeigte ich mich rechtzeitig an der Straße. Die Fahrer sollten sehen, dass ich harmlos war und sie nichts zu befürchten hatten. Trotzdem stoppte niemand. Lastwagen, Pick-ups und sogar leere Kleinbusse fuhren vorbei.

Ich war frustriert. Ich stand jetzt fast eine Stunde wie bestellt und nicht abgeholt in der Mittagshitze. Lag das an mir? Sah ich schon verwahrlost aus? Ich gönnte mir ein Eis aus dem Laden an der Tankstelle auf der anderen Straßenseite. Es war der Laden, in dem der Kibbuz Neot Semadar seine feinen, teuren Produkte verkaufte. Das Schokoladeneis schmeckte fantastisch, besserte meine Stimmung aber nur für kurze Zeit. Nach einer weiteren glücklosen Viertelstunde an der Bushaltestelle ging ich nochmals in den Laden und kaufte, wohl eher aus Frust denn aus Hunger, ein Sandwich mit Ziegenkäse. Ich hatte gerade einmal abgebissen, als ich draußen den Bus sah – von hinten. Ich begann zu rennen, mit dem schweren Rucksack in der einen und dem Sandwich in der anderen Hand, aber es war aussichtslos. Der Bus war weg. Ich verschwendete eine weitere Stunde und nahm den nächsten.

Was ich auf der Fahrt sah, hatte etwas ganz und gar Unwirkliches. Links von der Straße lag eine weitere Militärbasis, und rechts öffnete sich ein riesiges Übungsgelände. Zwei Dutzend Gefechtspanzer standen da im Sand, zwischen ihnen und einigen Zelten wuselten Soldaten herum. Betongebäude waren in die Wüste gesetzt worden, die offenbar nur dazu dienten, den Häuserkampf zu trainieren. Das Gelände war nicht umzäunt, aber Schilder in kurzen Abständen verboten, von der Straße abzuweichen. Andere Schilder warnten vor Panzern, die die Straße queren, und den Staubwolken, die sie hinterlassen. Man hätte das Ganze für einen Abenteuerpark halten können, wäre nicht der Bus, in dem ich saß, voller Soldaten gewesen. Junge Kerle in olivgrünen Uniformen, gerade volljährig, manche noch mit Pickeln im Gesicht, trugen dunkle Sonnenbrillen auf dem Kopf, ihr Smartphone in einer Gürteltasche und ihr Gewehr auf dem Schoß. Praktisch alle Israelis kennen die Militärbasen in dieser Gegend. Viele von ihnen haben selbst dort gedient.

Ich erreichte mein nächstes Ziel, den Wüsten-Ashram in Shitim, am frühen Nachmittag. Das Gelände war groß und ungepflegt. Ein paar flache Betonhäuser und ein Beduinenzelt waren in die Landschaft gestellt worden, dazwischen hatte man Matten mit Polstern ausgelegt. Eine Gefriertruhe außer Betrieb stand ebenso dumm herum wie ein alter dreckiger Bürostuhl und ein Computer, der nicht funktionierte. In der Rezeption hatte ich die Hausordnung zu unterschreiben: keine Drogen, keine Waffen, keine Gewalt – meinetwegen! – und kein Fleisch. Davon hatte man mir erzählt. Die Leute im Ashram seien radikale Vegetarier, hatte ich gehört, sie duldeten kein Fleisch auf ihrem Gelände, auch Thunfischkonserven seien verboten. Ich hatte befürchtet, man würde meinen Rucksack inspizieren, und dabei wäre womöglich die Tüte mit der Fleischklößchensuppe zum Vorschein gekommen, die ich als Reserve mit mir trug, und konfisziert worden. Aber so radikal waren sie dann doch nicht.

Ich buchte eine Übernachtung im Beduinenzelt und drei Mahlzeiten. Inklusive war eine »geführte Meditation nach Osho«, wie der Mann an der Anmeldung sagte. Ich verstand nur Bahnhof. Wohin wollten die mich führen? »Osho hat eine eigene Methode entwickelt, mit der du über Bewegungen das Energiezentrum deines Körpers erreichen kannst«, sagte der Mann und zeigte auf ein Poster an der Wand, auf dem Osho zu sehen war. Der Typ auf dem Bild hatte einen langen, hellen Rauschebart und trug eine weiße Strickmütze. Er sah aus wie Osama bin Laden. Erst später wurde mir klar, dass es sich bei Osho um denselben Mann handelte, der in den Siebziger- und Achtzigerjahren als Bhagwan aufgetreten war und Jünger in aller Welt hatte, auch in Deutschland.

MEDITIEREN IM MILITÄRGEBIET

Das Abendessen bestand im Wesentlichen aus lauwarmer Pasta und Kartoffelsalat. Es war wahlweise vegan oder vegetarisch. Von den Wänden des Speisesaals blätterte die Farbe, in den Ecken sammelte sich der Dreck, ohne gestört zu werden. Ich hockte inmitten einer Gruppe von Hippies auf dünnen Matten um ein paar flache Holztischchen. Die anderen kannten einander und lagen sich dauernd in den Armen. Die Frauen hatten lange Locken, die Männer kurzes Haar oder kahl rasierte Schädel. Ich war müde und froh, dass niemand versuchte, mir ein Gespräch aufzuzwingen.

Zeitig kroch ich an diesem Abend in meinen Schlafsack. Draußen flogen Hubschrauber durch die Dunkelheit, in der Ferne hörte man ab und zu Granaten explodieren. Der Ashram, ausweislich der Hausordnung frei von Waffen und Gewalt, liegt ja inmitten eines riesigen Militärübungsplatzes.

Um sieben Uhr am Morgen fand ich mich im Meditationsraum ein, einem weißen Flachbau mit verhangenen Fenstern. Unser Führer verspätete sich, schien ein bisschen verkatert und hatte seinen Plan geändert. Er wolle eine Sprechmeditation mit uns machen, also nix mit Osho. Die Hippies vom Abendessen und ich setzten uns im Schneidersitz auf blaue Kissen und sollten erst einmal eine Viertelstunde lang schweigen. Dann kam die erste Sprechphase: fünfzehn Minuten, in denen wir mit geschlossenen Augen einfach draufloslabern sollten. Es sei völlig egal, sagte unser Meister, was wir sprächen. Es müsse keinen Sinn ergeben, wir sollten es einfach fließen lassen. Manches könne man eben nicht in Worte fassen, und auch das müsse mal heraus. Wir dürften schreien oder weinen oder einfach Blablabla brabbeln.

Das kollektive Gelaber begann verhalten und wurde mit der Zeit lauter, eruptiver. Die Frau vor mir lachte hysterisch, ein Mann zu meiner Linken schimpfte vor sich hin, der Typ hinter mir verfiel in eine Art Hundegebell. Die fünfzehn Minuten dehnten sich ins Unendliche. Als ich zwischendurch einmal die Augen öffnete, konnte ich den Meister nicht mehr sehen. Vielleicht war er eine rauchen gegangen, vielleicht langweilte ihn das Geplapper so wie mich. Mir fiel der Spruch ein, der im Speisesaal an einer Pinnwand hing und der wohl so etwas wie das Motto dieses Aschrams beschreiben sollte: »Werde nicht erwachsen – es ist eine Falle!«

Schließlich nahte der Höhepunkt der Meditation. In der nächsten Viertelstunde sollten wir die sinnfreie Laberei durch Bewegungen begleiten. Wir standen mit geschlossenen Augen im Raum und machten irgendwas. Ich schummelte und blinzelte und sah eine Frau auf der Stelle hüpfen. Ein Mann trommelte mit den Händen an die Wand, einer schlug auf den Boden ein. Ich wusste mit meinen Armen und Beinen nichts Besseres anzufangen, als mich ein bisschen zu dehnen und zu strecken. Wenn es nach mir gegangen wäre, hätte es eine einfache Morgengymnastik auch getan.

Die Meditation schloss mit einer weiteren Viertelstunde Stille. Ich lag auf dem Rücken und dachte darüber nach, was es wohl zum Frühstück geben würde.

Am Büfett wurde über die Morgenmeditation gesprochen. Die anderen waren begeistert. Sie wohnten über Wochen oder Monate in diesem Ashram, arbeiteten sechs Stunden und meditierten mindestens zweimal am Tag. Für Unterkunft, drei Mahlzeiten und das meditative Rahmenprogramm zahlten sie sechzig Schekel, gut dreizehn Euro. Eine Frau sagte zu einer anderen: »Wenn das heute meine erste Meditation gewesen wäre, hätte ich es wohl furchtbar gefunden. Ich hätte gar nicht gewusst, wie ich mich hätte ausdrücken sollen.« Wahrscheinlich war es das: Ich hatte die notwendige Erleuchtungsstufe einfach noch nicht erreicht.

Auch die Dreiergruppe hatte im Wüsten-Ashram übernachtet. Hen, Dar und Nirit hatten sich allerdings sowohl das Büfett als

MEDITIEREN IM MILITÄRGEBIET 57

auch die Meditation entgehen lassen. Oder erspart – je nachdem. Sie planten, in den kommenden Tagen dieselben Etappen zu wandern wie ich, und so schloss ich mich ihnen an. Von den dreien lernte ich auch meine ersten Wörter Hebräisch: *yalla* (auf geht's!) und *sababa* (okay, einverstanden, kein Problem). Ach nein, das ist ja Arabisch. Aber alle Israelis verwenden es, ständig, überall. Wie sie überhaupt jede Menge Wörter aus anderen Sprachen übernehmen. Das hat damit zu tun, dass Hebräisch zwar als Sprache der Tora in allen Synagogen der Welt überlebt hat, im Alltag aber lange praktisch tot war.

Die jüdische Gemeinschaft in Palästina war immer eine Gemeinschaft von Einwanderern aus aller Welt, der am Anfang eine gemeinsame Sprache fehlte, ein integratives Moment. Das sollte Hebräisch werden. Seit der zweiten großen Einwanderungswelle, der Zweiten Alija, Anfang des 20. Jahrhunderts, nahm die hebräische Bewegung so richtig Fahrt auf. Allerdings kannte das biblische Hebräisch bloß ein paar Tausend Wörter, und mit denen konnte man noch nicht einmal eine Fahrkarte bestellen. Das sollte sich in wenigen Jahrzehnten komplett ändern – eine unglaubliche kulturelle Leistung.

Fehlende Wörter wurden einfach aus anderen Sprachen kopiert, auch aus dem Deutschen, viele vielleicht über den Umweg des Jiddischen, der Sprache der aschkenasischen (mittel-, nord- und osteuropäischen) Juden. Hen, Dar, Nirit und ich fanden eine ganze Reihe hebräischer Begriffe, die mir sehr vertraut vorkamen: Zimmer, Rezept, Plattfuß, Schalter, Spachtel, Boiler, Isolierband, Schwung, schnorren. Mit Wischer ist der Scheibenwischer gemeint. Der Installator ist ein Installateur und der Dibel ein Dübel. Es sind auffallend viele handwerkliche Begriffe, die da wohl von den Deutschen kommen. Wie bei uns gebraucht werden auch die Redewendungen »Zwei linke Hände haben«, »Gegen eine Wand rennen« und »Hier liegt der Hund begraben«. Manchmal wird ein deutsches Wort in neuer Bedeutung verwendet. Das Zeichen @ zum Beispiel heißt in Israel Strudel – das trifft es. Und schließlich lernte ich ein Wort kennen, das für diese Reise von großer Bedeutung war: Schlucker. Das war nicht etwa ein Alkoholiker, sondern der Wasserbeutel, der in unseren Rucksäcken steckte und von dem ein Trinkschlauch mit einem Mundstück daran nach außen geführt wurde. So konnten wir unterwegs trinken, ohne jedes Mal den Rucksack absetzen und eine Wasserflasche hervorkramen zu müssen. Für eine Wüstenwanderung eine ungemein praktische Erfindung.

Es galt nur noch ein paar Kilometer auf der Landstraße zu überwinden, dann würde der Israel National Trail wieder in die Wüste hineinführen. Dieses letzte Stück Straße wollten wir noch trampen – übrigens auch ein hebräisches Wort. Zu meiner Überraschung hielt schon nach fünfzehn Minuten ein Kombi. Lag das nun daran, dass wir eine Frau dabeihatten? Wie auch immer. Wir quetschten das Gepäck in den Kofferraum. Unser Fahrer hieß Emir, war achtunddreißig Jahre alt und selbst ein begeisterter Wanderer. Er hatte Amerika, Frankreich und die Türkei zu Fuß bereist. Als er meinen Rucksack sah, geriet er völlig aus dem Häuschen: »Ein echter Cerro Torre! Das erste Modell von Lowe, das wir in Israel kaufen konnten. Ich liebe diesen Rucksack!« Zärtlich tätschelte er den Cordurastoff.

»Zweiundzwanzig Jahre alt«, sagte ich stolz.

»Made in Ireland«, sagte Emir.

»Unzerstörbar«, sagte ich. Wir verstanden uns.

Emir stoppte den Wagen am Zihor Night Camp. Schon von Weitem sah ich den mir vertrauten Betonblock mit der Aufschrift: »Achtung, Gefechtszone! Betreten verboten!« Mit den Wanderschuhen scharrte ich den Sand beiseite und fand meine Wasserflaschen dort, wo ich sie vor einer Woche verbuddelt hatte.

Die anderen hatten weniger Glück. Ihre Wasserflaschen hatten sie zweihundert Meter weiter im Gebüsch versteckt und fan-

WASSERVERSTECK IM NAHAL ZIHOR

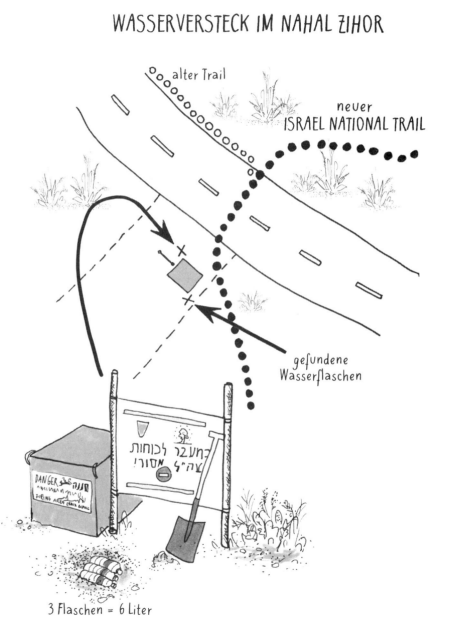

den sie nicht mehr, jedenfalls nicht alle. Ich konnte mir allerdings nicht vorstellen, dass das Wasser gestohlen worden sein sollte. Zumindest hielt ich es für möglich, dass die drei in dem unübersichtlichen Gestrüpp nicht jedes ihrer Verstecke wiederfanden. Nun waren sie in einer misslichen Lage, denn sie waren ohne Wasser hergekommen. Ich dagegen hatte noch am Morgen im Ashram meinen Schlucker befüllt, ich konnte also noch Wasser abgeben. Zusammengenommen reichte unser Vorrat für die nächsten vierundzwanzig Stunden. Morgen Abend, das sah der Plan vor, würden wir am Barak Night Camp wieder ein Wasserdepot erreichen.

In Zihor gabelt sich der Shvil: Ein Bein, es ist die alte Route, läuft an der Straße entlang nach Norden, direkt auf Mizpe Ramon zu. Das andere Bein ist die neue Route, sie macht einen weiteren Schlenker durch die Wüste zurück ins Arava-Tal und von dort im Halbkreis nach Mizpe. Als der Trail 1995 eröffnet wurde, war er 960 Kilometer lang. Davon verlief er gut hundert Kilometer direkt neben einer Landstraße. Erst nachdem das Militär zugestimmt hatte, konnte ein Teil davon tiefer in die Wüste verlegt werden. Das verlängerte den Shvil auf 1009 Kilometer. Die neue Route quert zwei äußerst reizvolle Schluchten: den Vardit und den Barak Canyon. Die wollten wir uns keinesfalls entgehen lassen.

Wir wanderten in den Nahal Zihor hinein. Man sah an den Büschen und dem Gestrüpp, dass dieses Flussbett im Winter feuchter sein muss als andere Täler weiter südlich. Der Nahal Zihor verengte sich langsam wie ein Flaschenhals, zu beiden Seiten war er von Felswänden eingefasst. Der Boden war hart wie Beton. In ihm steckten spitze Steine, die durch die Schuhsohlen drückten. Wir liefen etwa fünf Kilometer, bis sich das Tal wieder weitete und in den Nahal Paran mündete. An dieser Stelle übernachteten wir und hatten so eine bessere Ausgangsposition für die anstrengende Etappe, die vor uns lag.

MEDITIEREN IM MILITÄRGEBIET

Der Vardit Canyon war das erste Hindernis des nächsten Tages. Die Felswände rückten immer enger zusammen, je weiter wir in die Schlucht einstiegen. Sie ragten rechts und links bis zu siebzig Meter in die Höhe, spendeten reichlich Schatten und schirmten den Canyon gegen alle Geräusche ab. Es war unheimlich still, wie in einer verlassenen Kathedrale.

Auf einmal ging es nicht mehr weiter. Wir standen vor einem Wasserloch, in dem sich eine hellgrüne Suppe mit schwarzen Einsprengseln gesammelt hatte. Rechts und links war kein Vorbeikommen, die Wände strebten senkrecht nach oben. Das Wasser war so trübe, dass wir nicht sehen konnten, wie tief es war. Dar setzte den Rucksack ab, trat vorsichtig an den Rand des Loches heran und stach mit seinem Trekkingstock hinein. Er hielt ihn am ausgestreckten Arm, und der Stock verschwand vollständig darin. Das Loch war also zu tief, um es zu durchwaten. In einer anderen Jahreszeit wäre das vielleicht möglich gewesen, jetzt aber hätten wir schwimmen müssen und ein Seil spannen, um die vier Rucksäcke nacheinander herüberzuziehen. Ein Seil hatte keiner von uns dabei.

Solange wir auch beratschlagten, es blieb uns nur eine Möglichkeit: Rückzug und ein Umweg. Wir kletterten wieder aus dem Canyon und umgingen das Wasserloch auf einem schmalen Pfad, der den Berg in Serpentinen hochführte. An einer Stelle war eine Stahlleiter angebracht. Die weiß-grünen Wegmarkierungen waren noch ganz frisch.

Die Wüste präsentierte sich hier als rötlich-braune Steinwüste. Bis zum Horizont gab es nur Steinberge und nichts, an dem das Auge hätte hängen bleiben können. Wir wanderten vielleicht fünf Kilometer auf dem Plateau, dann lag der Abstieg durch den Barak Canyon vor uns. Die steilsten Kletterpassagen waren wieder mit Seilen und Strickleitern aus Draht gesichert. Das Gestein darunter war so weich, dass sich das Metall der Querstreben in den Fels eindrückte. Durch die Bewegung der Strickleitern war er dort fein säuberlich ausgefräst worden.

Immerhin stand im Barak Canyon kein Wasser. Aber die Schwerkraft zog an unseren Rucksäcken und ließ die Kletterei mühsam werden. Ein paar Tagesausflügler kamen uns von unten entgegen. Sie waren eine zehn Kilometer lange Sandpiste von der asphaltierten Straße bis hierher mit ihren Geländewagen gefahren und hatten die Fahrzeuge am unteren Ende der Schlucht geparkt. Ein Paar mit einem großen Hund wollte die Leitern hinauf, den Hund auf dem Arm, aber das Tier sperrte sich mit aller Kraft. An der zweiten Leiter drehten die drei um.

Bis zum Nachtlager mussten wir noch zweieinhalb Stunden Sandpiste laufen. Der Weg zog sich, jeder hing seinen Gedanken nach. Nirit beeindruckte mich. Sie hatte es von uns allen am schwersten. Sie trug mehr als ein Drittel ihres Körpergewichts auf dem Rücken, aber sie beklagte sich nicht. Sie machte die kürzesten Schritte, aber sie hielt mit uns mit. Sie hatte Angst vor den Kletterstellen, aber sie überwand sie. Nirit hatte eine zierliche Gestalt, aber einen zähen Willen.

Am Barak Night Camp grub ich meine drei Wasserflaschen aus und trug sie zum Zelt. Ich hatte sie hinter dem Pfeiler einer Stromleitung verbuddelt. Und weil der Boden so steinig und hart war, hatte ich nicht tief graben können. Die Flaschen waren trotzdem noch da.

Die anderen hatten am Barak Night Camp nichts versteckt, sondern wollten den Dienst eines Tourveranstalters in Anspruch nehmen, der nicht nur Geländewagenausflüge im Programm hatte, sondern auch versprach, Wasser in die Wüste zu liefern. Haim Berger hat entlang des Israel National Trail eine Reihe von Verstecken angelegt, die seine Assistenten regelmäßig füllen. Mit einem Geländewagen können sie natürlich noch viel weiter in die Wüste vordringen als ich mit meinem Fiat Panda. Wasser liefern Haim und seine Leute nur gegen Vorkasse. Erst wenn das Geld auf seinem Konto eingegangen ist, verschickt er die Wegbe-

MEDITIEREN IM MILITÄRGEBIET   63

schreibung zu seinem Versteck per SMS. Die Sache hat allerdings
einen Haken: Die deponierten Wasserflaschen sind teuer. Acht
Liter Wasser, der Bedarf eines sehr heißen Wandertages, kosten
hundertsechzig Schekel, also fünfunddreißig Euro. Und an diesem Tag im Barak Night Camp gab es noch ein anderes Problem:
Haims Versteck war leer.

Wenn Gott Gäste schickt

Ich kenne kein anderes Land, in dem das Mobilfunknetz so gut ausgebaut ist wie in Israel. Selbst an vielen Stellen in der Wüste kann man telefonieren, wenn man den nächstgelegenen Hügel erklimmt. Genau das machte Nirit jetzt. Sie stand auf dem Gipfel, als würde sie gleich die zehn Gebote empfangen. Dabei versuchte sie bloß, mit Haim Berger zu sprechen. Der hatte seinen Kunden eine Garantie gegeben: Wenn sie in einem seiner Verstecke kein Wasser vorfänden, käme er mit seinem Geländewagen und brächte welches. Aber Haim Berger war nicht erreichbar. Seine Assistentin versprach einen Rückruf.

Zum Glück entschärfte sich die Situation. Denn im Nachtlager fanden wir noch mehrere Wasserflaschen, die andere Wanderer dort zurückgelassen hatten. So half man einander: Hatte einer zu viel Wasser, weil das Wetter dann doch nicht so heiß war wie erwartet, legte er es an einem Nachtlager gut sichtbar aus. Wir würden später noch häufig davon profitieren und auch selbst Wasser für andere zurücklegen. An diesem Abend fanden wir genug, um unser Abendessen zu kochen und alle Schlucker für den nächsten Tag zu füllen.

Das Barak Night Camp liegt nur etwa einen Kilometer von der Schnellstraße 90 entfernt, der zentralen Nord-Süd-Verbindung durch das Arava-Tal. Man hörte die Straße nicht, weil sie hinter Sandhügeln verläuft und die Wüste allen Lärm schluckte. Aber am Wochenende war in Nachtlagern wie diesen mit Ausflüglern zu rechnen. So kam es. Als wir gegessen hatten, fuhr auf der steinigen Piste ein schwarzer Peugeot heran, fünf junge Frauen Mitte zwanzig stiegen aus. Sie wuchteten Holzscheite aus dem Kofferraum und einen massiven Eisentopf. Den hängten sie mit einer Kette an ein Dreibein und legten darunter eine Feuerstelle an. Die Frauen hatten ihren Wehrdienst gerade erst hinter sich und doch schon Bedarf sich wiederzusehen. Einundzwanzig Monate gemeinsamer Dienst hatten sie zusammengeschweißt wie Schwestern.

In den gusseisernen Kochkessel der fünf Freundinnen wanderte alles Mögliche hinein, ein Rezept gab es nicht. Kartoffeln, Möhren, Sojasoße, Chili, Hähnchenschenkel und Kohl fanden ihren Weg in den Topf. Und oben drauf noch eine große Flasche Cola. Das Ganze nennt sich *poyke* und ist ein in Israel sehr beliebtes Eintopfgericht, das aus allem besteht, was gerade zur Hand oder vom Vortag noch übrig geblieben ist. Auch *poyke* ist keine israelische Erfindung, es kommt aus Südafrika. Wir hatten zwar schon gegessen, aber auch keinen Skrupel, noch einmal zuzulangen, als wir dazu eingeladen wurden. *Shvilistim* sind immer hungrig. Und so saßen wir eine Weile mit am Lagerfeuer und genossen, wie sich das Schwarz der Nacht über die Wüste ausbreitete.

Es war schon stockdunkel, als wir aus der verträumten Lagerfeuerstimmung gerissen wurden. Sechs Geländewagen kamen und tauchten den Zeltplatz in helles Scheinwerferlicht. Eine Gruppe von Offroad-Freunden hatte das Barak Night Camp als Lagerplatz für diese Nacht auserkoren. Die Wagen wendeten mehrmals, setzten vor und zurück, bis sie wirklich jeden Winkel des an sich ziemlich kleinen Platzes mindestens einmal ausgeleuchtet hatten. Ihre Fahrer suchten nach dem perfekten Standplatz für ihre Zelte und waren zu bequem, um dafür auszusteigen. Schließlich kamen sie zwischen den fünf Frauen und meinem Zelt zum Stehen. Holzpaletten wurden vom Dach gewuchtet und zertrümmert. Dann wurden die Bretter zu einem riesigen Lagerfeuer aufgeschichtet, das die Dimension eines Scheiterhaufens erreichte. Nach und nach kam ein immenser Vorrat an alkoholischen Getränken zum Vorschein. Es war erstaunlich, was die Kühlboxen so alles hergaben. Die Offroad-Jungs richteten sich auf eine lange Nacht ein, so viel stand fest.

Und dann tauchten auch noch fünf weitere *shvilistim* mit Stirnlampen aus der Dunkelheit auf. Ihnen war es am Tag zu heiß gewesen, und so hatten sie beschlossen, in die Nacht hineinzuwandern. Es waren religiöse Wanderer, und sie trugen eine riesige Israel-Flagge bei sich, weiß mit blauem Davidstern. Jetzt errichteten auch sie noch ihr Zelt auf dem Platz, und zwar zwischen meinem Zelt und den Fahrzeugen der Offroader. So wurde es ganz schön eng in der Wüste. Und laut. Wir wollten schlafen, aber die Mädels spielten Gitarre, die Religiösen sangen Lieder, und die Jeep-Fans drehten das Autoradio auf.

In dem Trubel war eine SMS auf Nirits Handy untergegangen. Haim Berger hatte sich zurückgemeldet und fragte, ob er noch kommen müsse. Aber jetzt brauchten wir ihn nicht mehr.

Die nächste Etappe hatte nichts, aber auch gar nichts Spektakuläres an sich. Weder gab es besondere Anstiege noch größere Gefälle. Der Trail verlief auf vierundzwanzig Kilometern überwiegend über breite, ausgefahrene Sandpisten. Am Morgen stürmten Hen,

WENN GOTT GÄSTE SCHICKT

Dar und Nirit los, als wären sie auf der Flucht. Ich dagegen ließ
mich zurückfallen, um nach meinem eigenen Rhythmus zu laufen.
Ich hatte die anderen bald eingeholt und hinter mir gelassen,
denn sie brauchten immer wieder Pausen, um auszuruhen oder
Kleidung zu wechseln. Durch die Wüste zu gehen, stundenlang,
gleichmäßig, allein – das war meine Art der Meditation. Das
machte mich glücklich und löste die Gedanken. Dafür brauchte
ich keinen Ashram und keinen spirituellen Führer.

Im Schatten eines Felsvorsprungs wartete ich zur Mittagszeit auf die anderen. Wie üblich machten wir eine Pause, bis die
Sonne wieder tiefer stand. Gemeinsam liefen wir am Nachmittag weiter. Zwanzig Kilometer nach dem Start der Tagesetappe
erreichten wir die Überreste von Moa, einer Stadt der Nabatäer, Nomaden, die im 1. Jahrtausend vor unserer Zeitrechnung
von der Arabischen Halbinsel in diese Gegend einwanderten.
Die Nabatäer verdingten sich als Karawanenhändler – und verdienten nicht schlecht. Moa lag auf der Weihrauchstraße, einer Handelsroute vom Süden der Arabischen Halbinsel über die
Felsenstadt Petra im heutigen Jordanien bis nach Gaza am Mittelmeer. Moa war damals ein wichtiger Zwischenhalt auf dieser
Reise.

Tzofar, unser Tagesziel, ist ein Moschav. Das ist ein Dorf, das
wie eine landwirtschaftliche Genossenschaft organisiert wird und
in dem die Bauern mehr oder weniger intensiv zusammenarbei-
ten. Mehr als hundert Farmer leben in Tzofar. Den Grund, auf
dem sie ihr Gemüse anbauen, haben sie vom Staat gepachtet.

Nirit hatte uns bei Eliyahu angemeldet, einem religiösen *trail
angel*. Es war aber Schabbat, und es wäre unhöflich gewesen, vor
Sonnenuntergang bei ihm aufzukreuzen. Der Schabbat beginnt
am Freitagabend, wenn die ersten drei Sterne am Himmel zu sehen sind, und endet mit dem Sonnenuntergang am Samstagabend.
Er nimmt im Judentum eine zentrale Rolle ein. Der Schabbat ist
ein besonders wichtiger Feiertag.

Gläubige Juden dürfen am Schabbat nicht arbeiten. Allerdings ist das auch wieder viel komplizierter, als es scheint. Denn verboten ist auch, was wir keineswegs als Arbeit empfinden würden. Verboten ist jede Aktivität, die einen direkten Eingriff in den Lauf der Welt darstellt. Ein Streichholz anzuzünden etwa. Oder einen Schalter zu betätigen, Auto zu fahren. Im Kern geht es um die Frage, ob die Tätigkeit eine physikalische Veränderung bewirkt. Wird ein Schalter umgelegt, fließen Elektronen. Wird ein Auto gestartet, entsteht ein Zündfunke. Außerdem wird Benzin verbrannt. Aber Juden sind erfinderisch, und zumindest die liberalen unter ihnen haben etliche Wege gefunden, die strengen Verbote am Schabbat elegant zu umgehen. Einen davon lernte ich noch an diesem Abend kennen.

Wir hatten in Tzofar auf einer Bank den Sonnenuntergang abgewartet. Dann fragten wir uns zu Eliyahus Haus durch. Es war nicht schwer zu finden, denn jeder kannte ihn. Eliyahu hatte einen ungebändigten, zerzausten, grauweißen Bart, er trug ein langes weißes Gewand und eine Kippa, die kleine runde Kappe, die mit einer flachen Metallklammer ans Haar gesteckt wird und den Hinterkopf bedeckt. Eliyahu war so etwas wie eine Institution weit über Tzofar hinaus, wegen seiner Gastfreundschaft. Er hatte auf seinem Grundstück mehrere traditionelle Zelte aufgestellt, in denen Gäste ein- und ausgingen. Als wir ankamen, reiste gerade eine Familie aus Neot Semadar ab. An zwei großen Holztischen im Garten unter einem Zeltdach saßen weitere Besucher beim Essen. In einem gemauerten Häuschen war eine Küche untergebracht. Dort stand auf einer Warmhalteplatte eine herzhafte Mahlzeit, die gerne an Schabbat gegessen wird, eben weil man sie so gut warmhalten kann: *Hamin* oder *cholent* besteht eigentlich aus Rindfleisch, Kartoffeln, Zwiebeln, Bohnen, Eiern und einer Menge an Gewürzen. Aber weil Eliyahu Vegetarier war, ließ er das Fleisch weg. Den *hamin* hatte er vor dem Schabbat zubereitet, er stand jetzt seit vierundzwanzig Stunden auf der elektrischen

Wärmeplatte, die ununterbrochen wärmte. Das hatte den Vorteil, dass am Schabbat niemand einen Schalter betätigen musste. So war den religiösen Gesetzen Genüge getan.

Eliyahus Grundstück war zugleich eine Tierfarm. In einem Gehege neben dem Küchenhäuschen hielt er Hühner, ein Schaf und Ziegen. In einem Verschlag lebten weiße Tauben, in einem viel zu kleinen Käfig hauste ein Papagei. Ein Pony und ein Kamel teilten sich eine umzäunte Fläche, über die ein halb transparentes Zeltdach gespannt war, das Schatten stiftete. Zwischen alldem lief ein Pfau umher und prahlte mit seinem Federkleid. Wir füllten unsere Teller mit *hamin* und Salat und schlugen uns die Bäuche voll. Neben uns kackte das Kamel in den Sand.

Drei Tage lang hatte ich nicht mehr geduscht, hier gab es die erste Gelegenheit. Das Gästebad lag am anderen Ende des weitläufigen Grundstücks, es war schmierig und dreckig, Schimmel hatte sich in den Fugen breitgemacht. Aber es gab eine Dusche, die so kraftvoll und heiß war, dass sie allen Dreck wegspülte.

Auf dem Rückweg ins Zelt musste ich aufpassen, dass ich in der Dunkelheit nicht in irgendein Rohr oder Metallgitter trat. Das ganze Gelände war ein Ersatzteillager. Alte Fenster stapelten sich, Teile von einem Gerüst lagen herum, Brennholz, leere Eimer. Aber ich hatte keinen Grund und auch kein Recht, mich zu beschweren. Eliyahu hatte sein Haus für uns geöffnet, er hatte uns bewirtet, und für all das verlangte er keine Gegenleistung.

»Eliyahu«, fragte ich ihn, »warum hast du dich entschlossen, all die Gäste aufzunehmen?«

»Ich habe mich nicht dazu entschlossen. Gott hat mir die Gäste geschickt.«

Ich wurde von einem Wiehern, Gackern, Gurren, Krähen und Zwitschern geweckt. Es klang, als hätte ich im Tierpark Hagenbeck übernachtet. Dass ich tatsächlich in Israel war, wurde mir allerdings schnell vor Ohren geführt. »Boker tov!«, sagte der Papagei. »Boker tov! Boker tov!« Guten Morgen!

Eliyahu war ein erfolgreicher Farmer gewesen. Er hatte Tomaten, Zwiebeln und Paprika produziert. Vor allem das Geschäft mit der Paprika lief gut, mit ihr ließen sich auf dem europäischen Markt hohe Preise erzielen. Er verdiente genug, um sich in Tzofar ein schönes Haus zu bauen. Gott sei ihm gütig gewesen, sagte er. Bald gab Eliyahu das Geschäft auf und war nur noch Gastgeber. Er wollte der Gemeinschaft etwas von seinem Reichtum zurückgeben. Doch dann ging ihm das Geld aus, und er beschloss, wieder in die Landwirtschaft einzusteigen. Das sprach sich schnell herum. Aus ganz Israel kamen Leute, um Eliyahu bei der Ernte zu helfen. Auch ich packte ein bisschen mit an.

Ich half ihm, Holzpaletten auf seinen Pick-up zu hieven, einen Mitsubishi, der dem äußeren Zustand nach dem Ende seiner Tage nahe war. Dann fixierte ich die Ladung mit einem dünnen Seil. Wir fuhren hinüber auf die andere Seite der Schnellstraße 90 zu Eliyahus Feldern. Er kurvte durch ein riesiges Gelände mit Gewächshäusern. Rechts, links, rechts, der Weg schien kein Ende zu nehmen. Eliyahu drehte das Lenkrad lässig mit der linken Hand. Mit der Rechten hielt er seinen kleinen Sohn, der zwischen seinen Beinen auf dem Fahrersitz stand und zur Musik aus dem Autoradio tanzte.

Auf einem von Eliyahus Feldern erntete eine Gruppe von ein paar Dutzend Freiwilligen Zwiebeln. Das wurde per Hand erledigt. Ein Knochenjob. Die Zwiebeln wurden in Kisten gepackt, die Kisten auf Paletten gestapelt und mit Metallbändern zusammengezurrt. Ein Lkw würde sie bald abholen.

Ich hatte vermutet, der Einsatz all der freiwilligen Erntehelfer würde Eliyahu einen großen wirtschaftlichen Vorteil bringen. Aber auf der Rückfahrt sagte er: »Die Freiwilligen werden bei uns untergebracht und verpflegt. Das kommt mich am Ende teurer, als wenn ich die ganze Ernte mit den Thais bestreiten würde.« Die

WENN GOTT GÄSTE SCHICKT 71

Thailänder, das sind die Gastarbeiter, die die Freiwilligen anleiten und sie am Morgen mit Trecker und Anhänger zu den Feldern fahren. Man sieht sie in vielen Kibbuzim. Die Thais sind fleißig, genügsam, billig und sich für keine Arbeit zu schade. Sie kommen, vermittelt über Agenturen, mit Arbeitsvisa ins Land. Ohne sie läuft kaum etwas in Israels hochproduktiver Landwirtschaft.

Wir hatten mit einem Motivationstief zu kämpfen. Dar verspürte Schmerzen an der Achillessehne, und meine Füße jammerten immer noch wegen der Blasen, stärker sogar als zuvor. Deshalb entschlossen wir uns zu einer sehr kurzen Wanderetappe, die uns lediglich nach Sapir bringen sollte. Allerdings liegen weder Tzofar noch Sapir direkt auf dem Shvil. Wir hätten erst knapp zwei Kilometer laufen müssen, um aus Tzofar hinauszukommen und den Trail wieder aufzunehmen. Dann hätte es wieder eines Umwegs bedurft, um nach Sapir hineinzugelangen. Obwohl die beiden Orte nur einen Sprung voneinander entfernt liegen, hätten wir etwa eine Stunde länger wandern müssen als auf dem direkten Weg. Und so beschlossen wir, auf dem Standstreifen der Schnellstraße 90 zu laufen.

Als wir nach kurzer Zeit Tzofar verlassen und die Abzweigung nach Sapir erreicht hatten, schlug irgendjemand vor, dann könnten wir ja auch gleich den Bus nehmen. Ich schaute die Straße entlang, sie war wie mit dem Lineal gezogen. Die Aussicht, eineinhalb Stunden über Asphalt zu laufen, ohne dass sich die Landschaft veränderte und während Autos mit hundertzwanzig Sachen an uns vorbeirasten, war nicht besonders sexy. Auf der anderen Seite der Straße aber lag eine Bushaltestelle, und dort wartete bereits eine Traube von Thailändern. Der Bus würde also jeden Moment kommen. Ich fackelte nicht lange: *sababa*, einverstanden!

Der Himmel zieht den Vorhang zu

Es waren bloß sechs Kilometer, der Bus brauchte nur ein paar Minuten. Trotzdem ließen wir uns für die kurze Fahrt in die weichen Sitze fallen. Dar hatte wohl ein schlechtes Gewissen, weil wir uns schon wieder kutschieren ließen, statt zu wandern. »Wir müssen eine rote Linie ziehen«, sagte er.

Der Bus spuckte uns an einer Raststätte bei Sapir aus, die von den Überlandbussen auf dem Weg nach Eilat angefahren wird. Sie wirkte wie ein Vorposten der Zivilisation in der kargen Wüste. Es gab einen McDonald's, einen Eisladen und ein Café. Zum ersten Mal seit Beginn der Wanderung in Eilat bekam ich wieder einen guten Cappuccino. Und noch einen. Wir vertrödelten den halben Tag im Schatten, luden unsere Handys auf, nutzten das WLAN des Cafés zum Surfen, machten ein Mittagsschläfchen. Wenn an der Raststätte Busse hielten, fluteten Wellen von Fahrgästen die Geschäfte.

DER HIMMEL ZIEHT DEN VORHANG ZU   73

Danach kehrte wieder Stille ein. Am Nachmittag machten wir uns auf nach Sapir, das nur noch ein paar Hundert Meter entfernt lag.

In einem Betonkomplex in der Ortsmitte fanden wir einen kleinen Supermarkt. Da wir beschlossen hatten, auch in den nächsten Tagen zusammen zu wandern, deckten wir uns gemeinsam mit Proviant ein. Allerdings bestanden Dar und Nirit darauf, den kompletten Einkauf zu zahlen. Die beiden hatten sich in den Kopf gesetzt, dass ich ihr Gast aus Deutschland sei und mich um nichts sorgen müsse. Essen sollte ich mit ihnen, und auch ihren Kocher sollte ich benutzen, sodass ich meinen Gasvorrat schonen könne. Die beiden wollten demnächst studieren, sie verdienten noch gar kein eigenes Geld, aber meines wollten sie partout nicht annehmen. Nirit erwies sich als unerbittliche Verhandlerin, wenn es darum ging, meine finanzielle Beteiligung an der Rechnung abzulehnen oder herunterzureden. Ich kaufte noch ein paar Süßigkeiten, die ich bei nächster Gelegenheit in die Runde reichen wollte. Immerhin das war mir gestattet.

Baruch hieß unser *trail angel* für die kommende Nacht. Er war erst am Abend zu Hause, also konnten wir nicht früher bei ihm aufkreuzen. Baruch war ein religiöser Mann, unter seinem Hemd schauten die Zizijot hervor, die vier Fadenbündel, die an den Ecken des Tallit baumeln, des rituellen jüdischen Gebetstuchs. Gläubige Juden erfüllen damit eine Vorschrift aus dem 4. Buch Mose, in dem es heißt, sie sollten Quasten an jeder Ecke ihres Gewandes tragen und sich bei ihrem Anblick an Gottes Gebote erinnern. Gläubige Juden lassen sich auch in ihrem Tallit bestatten. Zuvor wird eine der Quasten entfernt – als Symbol dafür, dass der Tote keine Gebote mehr zu erfüllen hat.

Baruch trug auch eine schwarze Kippa. Juden setzen sie beim Gebet und bei anderen feierlichen Anlässen auf, besonders gläubige Juden auch im Alltag. Baruchs Kippa war aus schwarzem Velours. Andere sind gehäkelt oder gestrickt, aus Samt oder Seide.

Farbe, Form und Größe verraten dem Kenner etwas über die religiöse und politische Orientierung ihres Trägers.

Baruch hatte ein fröhliches Gesicht und lachte viel. An diesem Tag waren einige Kinder aus der Gemeinde bei seiner Familie zu Gast. Er hatte Pizza mit ihnen gebacken. Später am Abend, als der Besuch gegangen war und seine eigenen Kinder schliefen, sah ich Baruch im Wohnzimmer im Sessel sitzen, im Schein einer Stehlampe vertieft in ein Gebetsbuch. Ein gelber Klebezettel diente ihm als Lesezeichen. Es wirkte auf mich, als wäre Baruch gerade in einer anderen Welt unterwegs.

Im Bad sah ich zum ersten Mal eine Natla, eine silberne Kanne, die für rituelle Waschungen verwendet wird. Die Natla stand auf dem Rand des Waschbeckens und hatte zwei Griffe, sodass man während der Waschung – wie vorgeschrieben – leicht die Hand wechseln konnte. Die Hände mussten je dreimal im Wechsel rechts und links übergossen werden. Solche Waschungen sind im Judentum zu vielen Anlässen erforderlich, etwa vor und nach dem Essen, nach jedem Toilettengang, vor dem Gebet und nach dem Schlafen. Später sah ich eine weiße Plastikversion der Natla sogar auf der Toilette einer israelischen Ikea-Filiale in Haifa.

Auf der Terrasse in Baruchs kleinem Garten stand eine Waschmaschine. Während die Trommel unsere Kleidung durchwalkte, bereiteten wir auf dem Campingkocher unser Abendessen zu. Meine Freunde hatten mich auf das vorbereitet, was nach Einbruch der Dunkelheit geschehen würde, und genau so kam es: Um Punkt zwanzig Uhr heulte in Sapir die Sirene. Alle sprangen auf, legten die Hände ineinander, senkten den Blick. Ich tat es ihnen gleich. Eine Minute lang standen wir still da. Es war der Abend vor Jom Hazikaron, und ganz Israel gedachte seiner gefallenen Soldaten. Ihre Namen laufen an diesem Tag über die Fernsehbildschirme, es sind mehr als zwanzigtausend. An der Klagemauer in Jerusalem wird zur gleichen Zeit, wie jedes Jahr, die israelische Flagge auf Halbmast gesetzt.

DER HIMMEL ZIEHT DEN VORHANG ZU

Jom Hazikaron wird nach jüdischem Kalender am 4. Tag des Monats Ijjar begangen. In diesem Jahr fiel er auf den 15. April. Und immer liegt er einen Tag vor dem Unabhängigkeitstag. Man kann das als Erinnerung daran lesen, dass für die Unabhängigkeit des Staates Israel immer wieder ein hoher Preis zu zahlen ist. Für mich als ausländischen Besucher war es schwer zu ermessen, welche Bedeutung der Tag für Israelis haben muss, die durch Kriege oder Bombenanschläge Verwandte und Freunde verloren haben. Jedes Jahr an Jom Hazikaron werden sie daran erinnert.

Auch am nächsten Morgen um elf Uhr sollte die Sirene in Sapir wieder heulen, dieses Mal sogar zwei Minuten lang. Auch das gehört zum Ritual des Gedenkens. Aber da waren wir längst wieder in der Wüste. Wir waren kurz nach Sonnenaufgang gestartet. Vor uns lag ein Abschnitt von drei Tagen, in denen wir ohne Dörfer, ohne Supermarkt, ohne Wasserhahn und Dusche auskommen mussten. Und ohne *trail angels*. Wir wollten unter freiem Himmel schlafen und schleppten unser Essen im Rucksack mit. Ich hatte geplant, auch das Wasser zu tragen: Zwölf Liter wären das gewesen, und das war noch knapp kalkuliert. Aber ich ließ mir das ausreden. Hen, Dar und Nirit überzeugten mich, das Wasser – wie sie es getan hatten – bei Haim Berger zu bestellen. Die Wegbeschreibung zu seinem Versteck nahe dem Gev Holit Night Camp hatten sie schon bekommen. Ich könne mich einfach anhängen, sagten sie. Die paar Schekel, dachte ich, und willigte ein. Meine Freunde überwiesen das Geld in meinem Auftrag. Das erleichterte meinen Rucksack auf einen Schlag um sechs Kilo. Ich war nicht traurig darüber, zumal mein rechter Fuß wegen der Blasen bei jedem Schritt schmerzte und ich mich allen Ernstes fragte, ob er die nächsten drei Tage durchhalten würde.

Die Sonne war, wie immer, launisch, aber berechenbar. Am frühen Morgen, wenn die Luft noch von Dunst erfüllt war, hing sie ganz beiläufig am Himmel und umschmeichelte mich. Nach zehn Uhr wurde sie forscher, aggressiver. Mittags hatte ich sie im Nacken, und sie prügelte auf mich ein. Abends, wenn sie sich beruhigt hatte, herrschte wieder Frieden, als wäre nichts gewesen. Wenn die Sonne dann hinter dem Horizont verschwand und mich mit dem schneidenden Wind allein ließ, vermisste ich sie. Wir waren längst ein Paar geworden, das sich immer wieder stritt – und immer wieder versöhnte.

Zwei Kilometer hinter Sapir im Nahal Karkeshet stand eine Informationstafel einfach so in der Wüste. Sie wirkte seltsam verloren. Dem Text zufolge befanden wir uns in einer Caldera, im Krater eines längst erloschenen Vulkans. Spannungen in der Erdkruste entlang des syrisch-afrikanischen Grabens hatten hier zu Erdbeben und Vulkanausbrüchen geführt. Dann bahnte sich Magma aus dem tiefsten Inneren der Erde einen Weg durch die Sandsteinschicht, schoss in die Luft und verteilte sich über viele Quadratkilometer. Je mehr Magma ausströmte, desto größer wurde der unterirdische Hohlraum, den es zurückließ. Die Gesteinsschicht über ihm kollabierte. Es entstand ein Krater, der viel größer war als der eigentliche Vulkankegel. Weil sich das Magma mit dem Sandstein vermischte, ergab sich eine ganze Palette von Schwarz- und Brauntönen.

Die Landschaft änderte sich an diesem Tag in atemraubendem Tempo. Eben noch wanderten wir in einem Canyon, dann waren wir schon auf einem Hochplateau, wo sich eine flache graue Steinwüste ausbreitete. Das ist so faszinierend am Negev: Obwohl er vor allem aus Sand und Steinen besteht, sieht er doch immer wieder anders aus. Hier zeigte er sich wild, ruppig, ungebändigt. Im Boden taten sich Spalten auf, geschätzt bis zu fünfzehn Meter tief und gerade so breit, dass ein Wanderer für immer darin verschwinden konnte.

Der Weg führte uns immer wieder auf und ab, auch über steile Passagen, als wollte er uns Ehrfurcht lehren. Aber das war gar nicht nötig, denn Ehrfurcht empfanden wir sowieso. Schließlich waren wir schon stundenlang in die Wildnis hineingewandert, hatten menschenleere trockene Flusstäler durchschritten. Der Blick vom Berg Yahav führte uns nochmals vor Augen, wie weit die Zivilisation sich von uns entfernt hatte: mindestens einen harten, langen Tagesmarsch, ganz egal, in welche Richtung. Aber die Zivilisation schickt manchmal Boten in diese abgelegene Gegend.

Als wir das Nachtlager Gev Holit erreichten und Haim Bergers Wasserversteck aufsuchten, trafen wir zwei seiner Assistenten in einem Land Rover. Sie hatten soeben Nachschub geliefert und das Depot mit Dutzenden neuer Flaschen gefüllt. Genau genommen waren es mehrere Depots. Sie dienten als Absicherung füreinander. Sollte eines entdeckt und geplündert werden, hätten Haims Kunden trotzdem noch gute Chancen, an Wasser zu gelangen. Denn Handyempfang gab es hier draußen nicht, also auch keine Möglichkeit, seine Hilfe herbeizutelefonieren. Wer hier am Abend ankommt und kein Wasser findet, der steckt in großen Schwierigkeiten.

Das Auf und Ab setzte sich am nächsten Tag fort. Die Erdkruste hatte sich vor uns aufgefaltet. Der Grund dafür waren sich ausdehnende Gasblasen in der Tiefe. Die Gesteinsschichten über ihnen hatte der Druck teilweise senkrecht aufgestellt. Ich ließ mich zurückfallen und verbrachte die Mittagspause im Schatten eines großen Felsens. Am frühen Nachmittag überholte mich Shalom.

Wenn ich bislang noch nichts von Shalom erzählt habe, dann liegt das allein daran, dass er ein so unauffälliger Zeitgenosse war, dass man ihn leicht übersehen konnte. Er war allein auf dem Shvil unterwegs, saß aber oft bei uns, wenn wir zu Abend aßen oder uns unterhielten. Er lächelte oft, sagte aber umso seltener etwas. Mir gegenüber verhielt sich Shalom besonders zurückhaltend, weil er fast kein Englisch sprach. Zum ersten Mal hatte ich ihn in der Wohngemeinschaft der Monteure im Kibbuz Elifaz gesehen, wo er nach mir ankam und vor mir wieder abreiste. Dann tauchte er im Kibbuz Neot Semadar auf. Und schließlich traf ich ihn im Gev Holit Night Camp wieder.

Shalom hatte ein billiges Igluzelt dabei, wie man es an jeder Tankstelle in Israel kaufen kann. Er zog den Reißverschluss immer komplett zu, und ich fragte mich, wie er es bei der Hitze nur darin aushielt. Denn auch was die Tagesplanung anbelangte, war Shalom ein Sonderling. Während wir und die meisten anderen *shvilistim* zusahen, dass wir spätestens zum Sonnenaufgang loskamen, schlief Shalom aus, manchmal bis zehn oder elf Uhr. Dann konnte es schon richtig heiß sein. Aber Shalom wanderte selbst in der größten Mittagshitze. Er war flott unterwegs und konnte seinen späten Start am Morgen im Verlauf des Tages meistens wieder wettmachen.

Am Nachmittag zog der Himmel den Vorhang zu. Die gefühlte Temperatur sank ruckzuck um ein paar Grad, und der Wind gewann die Oberhand. Der Wind war cholerisch und unberechenbar. Er konnte aus dem Nichts kommen und irgendetwas fortreißen. Er konnte mir nichts, dir nichts einschlafen. Heute blies er permanent, und es war der erste Tag seit Eilat, an dem ich fror. Der Aufstieg zum Rand des Ramon-Kraters tränkte mein Hemd mit Schweiß. Der Wind nutzte diese Schwäche gnadenlos aus und trieb mir einen Kälteschauer nach dem anderen über den Rücken. Ich hoffte, nach dem Abstieg würde er seine Angriffslust einbüßen und Ruhe geben, aber das war nicht der Fall.

Der Makhtesh Ramon ist kein Vulkan-, sondern ein Erosionskrater, der größte der Welt, neun Kilometer breit und vierzig Kilometer lang. Zu den Seiten ragen Felswände bis zu vierhundert Meter senkrecht empor. Für gewöhnlich ist die rote Sandsteinschicht, auf der sich Israel befindet, von hellem Kalkstein bedeckt. Aber im Ramon-Krater hat Meerwasser über einen Zeitraum von zweihundertdreißig Millionen Jahren den Kalkstein weggespült. Sogar ein Haifischskelett fand man hier. Der Krater ist heute Naturschutzgebiet, und die Behörden achten peinlich genau darauf, dass niemand nachts ohne Genehmigung unterwegs ist oder außerhalb der markierten Plätze zeltet. Als wir am Saharonim Night Camp unser Nachtlager einrichteten, fuhr ein Ranger im grünen Pick-up heran und erkundigte sich, ob alles in Ordnung sei.

Über Nacht blieben wir allein. Der Wind zerrte an der Flamme des Gaskochers, blies sie zweimal aus. Mit den Isomatten errichteten wir einen provisorischen Windschutz. Es sollte Kichererbsen geben mit Reis. Mal wieder. Es gibt nicht viele Gerichte, die sich mit leichter, trockener Nahrung und praktisch ohne frische Zutaten zubereiten lassen. Das ist die Kehrseite des Wildniswanderns: ein stark eingeschränkter Speiseplan. Kein Wunder, dass unsere Gedanken auf den Wüstenetappen immer wieder um Essen kreisten, und zwar um frisches, gutes, richtiges Essen. Und natürlich auch um Fast Food: Schawarma, Falafel, Burger.

Das alles und mehr verhieß uns Mizpe Ramon, ein Wüstenstädtchen, das wir am nächsten Tag erreichen wollten. Wir hatten Mizpe schon aus der Ferne gesehen. Es thronte selbstbewusst auf den Klippen am nördlichen Rand des Ramon-Kraters, als hätte es schon immer dort gelegen. Dabei war es erst Anfang der Fünfzigerjahre aus einem Lager für Arbeiter entstanden, die die erste Straße nach Eilat bauten.

Am nächsten Morgen war es noch kälter und der Wind noch gemeiner geworden. Jeder lief für sich und hing seinen Gedanken nach. Mizpe Ramon rückte langsam, aber stetig näher. Eine Aussichtsplattform ragte über den Kraterrand. Ich stellte mir vor, wie dort oben ein paar Touristen standen, teure Spiegelreflexkameras vor den Bauch geschnallt, und einer zum anderen sagte: »Guck mal, die Irren da unten schleppen riesige Rucksäcke durch die Wüste!« Recht hätte er gehabt.

Flashmobs für den Glauben

Kurz vor dem letzten Aufstieg in der Kraterwand schlug der Israel National Trail einen Haken und machte noch einen Bogen, ohne dass uns eingeleuchtet hätte, warum er seine Kraft so demonstrativ verschwendete. Keiner von uns hatte Lust, es ihm gleichzutun, also nahmen wir eine Abkürzung. Mizpe Ramon erreichten wir schon am Mittag.

Die Stadt ist nicht besonders reich. Sie hat einige Einwanderungswellen erlebt und Rückschläge hinnehmen müssen. Ganze Straßenzüge werden von abgeranzten Wohnblocks dominiert. Inzwischen setzt man ganz auf den Wüstentourismus und versucht, den Ort als Ausgangspunkt für Exkursionen und Jeeptouren in den Ramon-Krater zu etablieren. Es gibt auch ein wirklich luxuriöses Hotel, das in ganz Israel bekannt ist, aber viele Gäste kommen nur für den Tag – und fahren am Abend lieber weiter nach Eilat.

FLASHMOBS FÜR DEN GLAUBEN   81

Wie Eisenspäne vom Magneten wurden wir vom Ortszentrum angezogen. Dort gab es eine Ladenzeile mit Fast-Food-Ständen, davor Tische, Stühle, Bänke. Wir waren nicht die einzigen Hungrigen. Zur Mittagszeit fielen in den Schawarma- und Falafelbuden Scharen von Soldaten ein. Das lag daran, dass Mizpe Ramon mehrere Militäreinrichtungen beherbergt, unter ihnen eine Offiziersschule. An einem der Stände hatte man die Preistafel mit einem Zusatz versehen, der allen Soldaten einen Rabatt versprach.

Der Anblick so vieler Soldaten ist für Israelis überhaupt nichts Besonderes, für mich war er ungewohnt. Jeder Soldat trug ein Gewehr und ein Ersatzmagazin mit sich. Manche, vor allem Frauen, kombinierten ihre Uniform mit zivilen Kleidungsstücken. Ein Soldat hatte seine Stiefel gegen Flipflops getauscht; eine Soldatin trug ein enges weißes Top zur olivgrünen Armeehose. Das Zivile und das Militärische verschmolzen miteinander, als sei Olivgrün die angesagte Farbe dieses Frühlings und als handelte es sich bei den Uniformen bloß um einen neuen Modetrend. Eine Soldatin hatte ihr Gewehr über der rechten Schulter baumeln und eine filigrane Designerhandtasche aus Krokoleder über der linken, als wollte sie ausgehen.

Israelische Soldatinnen können sehr modebewusst sein. Das beißt sich natürlich mit dem konservativen Schnitt ihrer Einheitsuniform. Deshalb waren vor einigen Jahren Soldatinnen auf die Idee gekommen, ihre Uniformen kurzerhand umzunähen, damit die Hose ein paar Zentimeter tiefer auf der Hüfte saß. Aber das Mitleid der Militärs mit den Gucci-Soldatinnen hielt sich in Grenzen – sie leiteten Disziplinarverfahren ein. 2006 erließ die Armee ein explizites Verbot, welches das Umnähen der Uniformen untersagt.

Ich hatte nicht in der Bundeswehr gedient, sondern Zivildienst geleistet. Aber in Israel wurde ich noch fast zum Militärexperten. Ich erfuhr von meinen Mitwanderern, dass die meisten Soldaten von den Amerikanern gelieferte M16-Gewehre tragen.

In ein Magazin passen dreißig Schuss, aber die Israelis laden sie nur mit neunundzwanzig. Das soll die Lebensdauer verlängern und vor allem die Zuverlässigkeit erhöhen, denn die M16 können bockig sein und den Dienst verweigern. Sie sind deshalb nicht sonderlich beliebt. Besser sei da schon eine Tavor, erfuhr ich. Eine Tavor ist ein kompaktes, robustes Sturmgewehr aus heimischer – israelischer – Produktion. Aber sie ist so teuer, dass man schon einer Eliteeinheit angehören muss, um sie tragen zu dürfen. Die Normalsterblichen müssen weiter mit einem M16 herumlaufen, von denen viele noch aus dem Vietnamkrieg stammen.

Nirit war die Organisatorin unserer Gruppe. Sie plante die Etappen und die Übernachtungen. Der *trail angel,* den sie zuerst anrief, wollte keine gemischte Gruppe beherbergen. Er war streng gläubig, und Dar und Nirit waren nicht verheiratet, also kam das nicht in Frage. Er hätte entweder Nirit oder die Jungs bei sich aufgenommen. Dass Dar und Nirit sich trennten, war allerdings auch keine Option. Also reichte uns der *trail angel* an einen Bekannten weiter, und bei Jakob, genannt Kobi, konnten wir alle unterkommen.

Kobi kochte uns einen Tee, seine Kinder tollten auf der sonnigen Dachterrasse auf einer Hollywoodschaukel herum. Das Zimmer, in dem wir wohnen sollten, hatte keine normale Tür. Unter einem aufgeklebten Holzimitat verbarg sich eine sieben Zentimeter dicke Metalltür mit einer Gummidichtung. Die Klinke und der Beschlag waren aus schwarzem Stahl gefertigt. Wir schliefen in einem *mamad,* einem Schutzraum. Auch seine Wände waren dicker als die anderen Wände des Hauses. Das bietet den Vorteil, dass sich Kobis Familie bei einem Raketenalarm schnell in diesen *mamad* zurückziehen kann und nicht das Haus verlassen und den nächsten öffentlichen Bunker aufsuchen muss. Schutzräume wie dieser sind mittlerweile in allen Neubauten vorgeschrieben.

Tatsächlich wurde in den Nachrichten an diesem Tag berichtet, dass im Süden der Negev-Wüste nahe Eilat wieder zwei

FLASHMOBS FÜR DEN GLAUBEN 83

Sprengkörper aus dem Sinai eingeschlagen waren. Irgendeine Terrorgruppe, von der ich noch nie gehört hatte, brüstete sich mit der Tat. Das kommt, auch in Friedenszeiten, immer wieder vor. Meistens handelt es sich dabei um kleinere Sprengsätze, die irgendwo im Wüstensand landen und keinen Schaden anrichten. So war es auch dieses Mal. Das Raketenabwehrsystem wurde gar nicht erst aktiviert. Das geschieht nur, wenn Raketen auf bewohntes Gebiet zufliegen.

Nachdem ich viele Tage lang durch die Wüste gelaufen war, kam mir Mizpe Ramon mit seinen gerade einmal fünftausend Einwohnern vor wie eine richtige Stadt. Es dürstete mich nach Kultur. Ich hätte mir sogar eine Briefmarken- oder eine Bierdeckelsammlung angeschaut, so durstig war ich. Deshalb machte ich mich auf den Weg zum Museum am Kraterrand. Als ich den Eingang erreichte, fuhr ein klappriger weißer Minibus auf den Parkplatz. Er war ringsherum mit bunten Blumenbildern beklebt. Der Bus hatte schon etliche Beulen, die Spiegel waren kaputt, die Sitzbezüge aufgerissen, und auch der Rost war schon fleißig gewesen. Auf dem Dach waren monströse Lautsprecher festgeschnallt, aus denen ungewöhnliche Musik dröhnte: Bob Marleys Reggae-Pop-Hit »Could You Be Loved« von 1980 war hebräisch umgetextet worden. Ein langbärtiger Typ in weißer Kutte und mit einer fast schwarzen Sonnenbrille stieg aus, kletterte über die Heckleiter auf das Dach und begann zu tanzen. Der ganze Bus fing an zu wackeln. Dann öffnete sich die hintere Tür, kleine Jungen sprangen heraus, und auch sie tanzten. Insgesamt bestand das Spaßteam aus drei Männern und drei Kindern. Sofort hatte es die Aufmerksamkeit aller Passanten, die sich zusammenrotteten, ihre Smartphones zückten, filmten und fotografierten.

Israel überraschte mich schon wieder. Ich hatte mit vielem gerechnet, aber nicht mit Religiösen, die auf der Straße tanzen. Ich lernte, dass solche Flashmobs hier häufiger vorkommen. Vor al-

lem am Schabbat und an anderen Feiertagen tauchen die Langbär-
tigen aus dem Nichts irgendwo auf und legen manchmal ganze
Straßenkreuzungen lahm. Was hat es damit auf sich?

Man muss, wie eigentlich immer in Israel, weit in die Geschichte zurückblicken. Auf beiden Seiten des Busses prangten Bilder
von Rabbi Yisroel Ber Odesser, Spitzname Sabba (Großvater).
Sie zeigten ihn in Erlöserpose, mit nach oben gereckten Armen,
schwarzem Hut und einem weißen Rauschebart, der ihm fast bis
zum Bauchnabel reichte. Sabba wurde um 1888 in Tiberias am See
Genezareth geboren und schloss sich in jungen Jahren dem Brazlawer Chassidismus an, einer Strömung des Judentums, die ihren
Ursprung in der Ukraine hat. Gründer der Bewegung war Rabbi
Nachman von Brazlaw (1772–1810). Seine Anhänger wollen Gott
nicht nur im Gebet, sondern auch in Liedern, Tänzen und Eksta-
se näherkommen. Religion trifft Mystik. So intensiv zu leben wie
nur möglich, das ist für Brazlawer Chassiden mehr als ein irdisches
Vergnügen, es ist ein Weg, Gott zu dienen. Rabbi Nachman be-
zeichnete es einmal als Gebot, immer glücklich zu sein.

Sich zum Brazlawer Chassidismus zu bekennen, das bedeutete
für Sabba zunächst einmal soziale Ächtung. Denn diese Glau-
bensrichtung wurde von vielen Juden als rückständig, als krank
oder verrückt abgetan. Brazlawer Chassidim wie er zogen sich
zum Beten oft allein in den Wald zurück, was sehr ungewöhnlich
war, und wenn sie, wie gewöhnliche Juden, in der Synagoge beteten, gerieten sie dabei vor Verzückung völlig aus dem Häuschen.

Als Sabba Mitte dreißig war, trug sich nach seinen Angaben
ein Wunder zu. Als es ihm einmal tagelang schlecht ging, empfing
er auf ominösem Wege einen aufmunternden »Brief aus dem
Himmel«. Er will ihn in einem Buch gefunden haben, das er nach
einer Eingebung zufällig aus seiner Bibliothek gegriffen und auf-
geschlagen hatte. In diesem Brief war ein Mantra enthalten, das
sich aus dem Namen Nachman ableitet: »Na Nach Nachma
Nachman Me'uman«, wobei »Me'uman« bedeuten könnte: aus

FLASHMOBS FÜR DEN GLAUBEN

Uman, der Stadt, in der Rabbi Nachman begraben liegt. Sabba war überzeugt, dass der Brief von ihm kam, obwohl er schon mehr als hundert Jahre tot war.

Sabba und seine Anhänger nutzten die Phrase, die sie das »Erlösungslied« nannten, seitdem immer wieder in Gebet und Meditation. Der ›Großvater‹ trieb viel Geld auf, um die Schriften Rabbi Nachmans drucken und verbreiten zu lassen. Offenbar identifizierte er sich immer stärker mit seinem Idol. Tage vor seinem Tod im Oktober 1994 soll Sabba gesagt haben: »Ich bin Na Nach Nachma Nachman Me'uman.« So steht es jedenfalls auf seinem Grabstein in Jerusalem.

Nicht alle Brazlawer Chassidim glaubten die Geschichte von der wundersamen Empfängnis des Briefes. Aber eine Untergruppe der Bewegung nahm das Mantra auf und verbreitete es. Ihre Anhänger nennen sich Na-Nachs. Auf YouTube gibt es unzählige Clips des Na-Nach-Liedes, in Pop- und Technoversionen. Der Slogan steht auf Stickern und Postern und auf großen weißen Kippot, die aussehen wie Bommelmützen und mittlerweile en vogue sind. Und da schließt sich der Kreis: Jeder Tänzer aus dem weißen Bus auf dem Parkplatz in Mizpe Ramon trug so eine Kippa. Neben das Bild von Rabbi Yisroel Ber Odesser hatten sie eine Reproduktion des wundersamen Briefes von innen an die Scheibe geklebt. Sie waren seine Jünger.

Unter den Kommunisten in der früheren Sowjetunion hatten die Brazlawer Chassidim nichts zu lachen, sie mussten in den Untergrund gehen. Tausende fielen ›Säuberungen‹ zum Opfer oder wurden 1941 von den Nazis umgebracht. In Großbritannien, Amerika und Israel erholte sich die Bewegung. Seit einiger Zeit erlebt sie eine Renaissance. An jedem jüdischen Neujahrstag pilgern Zigtausende Menschen zum Grab von Rabbi Nachman in Uman in der Ukraine. Im September 2014 waren es mehr als dreißigtausend – so viele wie noch nie zuvor, und das trotz des Krieges mit den prorussischen Separatisten im Osten des Landes.

Regen in der Wüste

Mizpe Ramon markierte einen wichtigen Punkt auf meiner Wanderung. Die Hälfte des Weges durch die Wüste lag nun hinter mir. In acht bis neun Tagen würde ich in Arad sein und den Rest geschafft haben. Aber noch wichtiger war etwas anderes: Ich konnte jetzt laufen, ohne dass mir jeder Schritt wehtat. Der Widerstand meiner neuen Wanderschuhe war gebrochen. Unter großen Schmerzen hatte ich das Leder zur Anpassung gezwungen.

Wir brachen auf zu einer fast dreißig Kilometer langen Etappe. Der Trail verlief erst einmal am Rand des Ramon-Kraters entlang. Rechts von uns ging die Sonne auf. Die Piste war breit, mit spitzen Steinen gespickt und schien endlos. Auf ihr wanderten wir stundenlang. Über unsere Köpfe hinweg düsten Kampfflugzeuge. Mountainbiker überholten uns, später auch noch drei Rennmotorräder, dann ein offener Geländewagen; es handelte sich anscheinend um das Begleitfahrzeug.

Unsere Wandergruppe war größer geworden. Nachdem Idan, der Wanderer mit der Pistole, wegen seiner Fußverletzung aufgegeben hatte und abgereist war, hatte sein Kumpel Ran die Tour auf dem Shvil zunächst mit seiner Freundin fortgesetzt. Aber nach ein paar Tagen musste sie zurück nach Tel Aviv, und Rans Mutter wollte ihn nicht allein weiterlaufen lassen. Sie hätte sonst schlaflose Nächte gehabt – auch jetzt noch, nachdem ihr Sohn drei Jahre in der Armee gedient hatte. Sie schlug ihm vor, mit dem Deutschen zusammen zu wandern, von dem er ihr erzählt hatte. Das war ich. Ran hatte mir eine SMS geschrieben, in Mizpe Ramon war er zu uns gestoßen.

Für meine israelischen Begleiter war es die erste Langzeitwanderung. Sie schleppten nicht nur unnötige Dinge durch die Wüste, sondern auch Ausrüstung, die ihnen nicht passte. Outdoor-Fachgeschäfte sind in Israel rar, gute Ausrüstung ist teuer und die Beratung oft schlecht. Die Filialen der beiden Ketten Lametayel und Rikoshet sind klein und vollgestopft. Trotzdem gibt es wenig Auswahl, kein Vergleich zu den Outdoor-Tempeln in München und Köln mit Windmaschinen, Kältekammern und Kletterwand. Hen hatte sich speziell für die Shvil-Wanderung einen neuen Rucksack gekauft. Im Laden hatte man ihm ein zu kleines Modell aufgeschwatzt. Die Folge war, dass er die halbe Ausrüstung nun außen aufschnallen musste. Das wiederum führte zu einer ungünstigen Gewichtsverteilung. Noch schlimmer war, dass die Rückenlänge seines Rucksacks nicht zu ihm passte. Sie war zu klein. So konnte er die Entlastungsriemen über den Schultern nicht nutzen. Der Rucksack musste ihn fürchterlich drücken. Zu meiner Verwunderung schien Hen das nichts auszumachen. In der Armee, erzählte er mir, hätten sie zum Teil noch amerikanische Funkgeräte aus dem Vietnamkrieg benutzt. Die hätten mehr als zwanzig Kilo gewogen. Und die Soldaten mussten sie durchs Feld schleppen.

Der Abstieg in den Nahal Hava war steil und spektakulär. Der Trail lockte uns durch einen schmalen Canyon, den das Wasser im Laufe von Jahrmillionen aus dem Kalkstein gefräst hatte. An einem trockenen Wasserfall stiegen wir ein. Die Felswände zu beiden Seiten waren bestimmt an die fünfzig Meter hoch. Oben lugte ein neugieriger Steinbock über die Kante. Das Wadi, durch das wir wanderten, wurde in der Regenzeit immer wieder überflutet, man konnte das an den Blumen sehen, die hier wuchsen und ein angenehm frisches Gelb, Hellblau und Rot in die Wüste zauberten.

Hava Pit heißt ein Wasserloch am Fuß eines fünfundzwanzig Meter hohen Wasserfalls, der die meiste Zeit des Jahres trocken liegt. Die Wasserstelle ist nicht groß, sie reicht gerade für ein paar Schwimmzüge. Mehr war auch gar nicht nötig, um uns zu erfrischen, denn obwohl die Luft mehr als dreißig Grad heiß war, blieb das Wasser bitterkalt.

Das Hava Night Camp liegt auf einer Bergkuppe, und nachdem die Sonne verschwunden war, sog der Wind die Wärme aus dem Schlafsack. Er bewarf uns mit Wüstensand, vertrieb aber immerhin die Mücken.

Am nächsten Tag kam ein Thema auf, das meine Mitwanderer sehr beschäftigte: Richard Bowles. Der australische Ultramarathonläufer aus Melbourne, vierunddreißig Jahre alt, war zur gleichen Zeit wie wir auf dem Shvil unterwegs. Er wollte den Trail in nur zwölf Tagen laufen, und zwar von Süden nach Norden. Das sollte ein neuer Rekord werden. Um ihn aufzustellen, müsste Bowles im Schnitt deutlich mehr als achtzig Kilometer am Tag rennen, das entspricht schon rein rechnerisch zwei Marathons. Aber natürlich ist es noch viel anstrengender, in der Hitze durch die Wüste, über Felsen, durch die Berge und im Sand zu laufen.

Bowles ist in der Laufszene kein Unbekannter, im Gegenteil. Er war den Bicentennial National Trail in Australien gerannt, einen Weg von 5330 Kilometern Länge. 164 Tage brauchte er dafür, fast ein halbes Jahr, und er ist, nach eigenen Angaben, der erste Läufer, der den kompletten Weg schaffte. Davor hatte er den Te Araroa Trail in Neuseeland gemacht, der längs über die Nord- und die Südinsel verläuft: Das sind immerhin 3000 Kilometer. Er legte sie in 64 Tagen zurück. Dagegen müsste der Israel National Trail mit seinen 1009 Kilometern für ihn ein Klacks sein.

Bowles war in Eilat gestartet, schon drei Tage durch die Wüste unterwegs und etwa zweihundertdreißig Kilometer gerannt, als er den Ramon-Krater erreichte. Jeden Tag war er bis zu vierzehn Stunden auf den Beinen gewesen. Ein ganzes Team kümmerte sich um ihn. Mit dem Geländewagen fuhr es zu vorher festgelegten Treffpunkten, baute das Nachtlager auf oder sammelte Bowles ein und fuhr ihn in ein Hotel. Seine Mannschaft bekochte und fütterte ihn. Seine Freundin Vickie massierte ihm die Waden und füllte an den Treffpunkten seinen Wasservorrat auf. Drei bis vier Liter Flüssigkeit trug Bowles mit sich. Aber mehr als einmal hatten er und seine Leute die Hitze unterschätzt.

So auch am dritten Tag. Gegen fünf Uhr am Nachmittag hatte Bowles schon alles ausgetrunken und war noch zehn Kilometer vom nächsten Versorgungspunkt entfernt. Er nahm das Handy, rief bei seiner Mannschaft an und fluchte. Seine Leute machten sich zu Fuß auf den Weg, um ihm Nachschub zu bringen. Wo er war, wussten sie durch einen GPS-Tracker, der an Richards Ausrüstung hing und fortlaufend seinen Standort übermittelte. Aber an diesem Tag lief nichts, wie es sollte. Auch die Planung stimmte nicht. Ein Abschnitt, der dreißig Kilometer lang sein sollte, entpuppte sich als vierzig Kilometer lang.

Als Bowles sich schließlich dem Endpunkt der dritten Etappe näherte, war es schon dunkel. Er trug keine Lampe bei sich. Seine Mannschaft schwärmte aus, um ihn abzuholen. Bowles stolperte mehrmals, er war schon zu müde, um überhaupt noch einen Fuß vor den anderen zu setzen. Das Team fuhr ihn mit dem Geländewagen zum Essen und zur Übernachtung nach Mizpe Ramon.

Heute, an seinem vierten Tag, müsste Bowles uns begegnen. Das hatten meine Begleiter so ausgerechnet. Sie gingen davon aus, dass er bei Sonnenaufgang wieder in Saharonim loslaufen und uns gegen Mittag überholen würde. Sie erwarteten den Marathonmann so ungeduldig wie die Ankunft des Messias.

Der Trail führte über Kilometer schnurgerade und leicht bergan nach Nordwesten. Jemand hatte für diesen Aufstieg den Namen ›Durstige Schlange‹ gefunden. Unsere Gruppe hatte sich zerstreut. Dar und Ran machten Tempo, Nirit bemühte sich, Schritt zu halten, Hen fiel zurück, und irgendwo dazwischen lief ich. Jeder hing seinen Gedanken nach. Bei einer kurzen Rast bemerkten wir, dass Hen nicht mehr zu uns aufschloss. Wir warteten eine Viertelstunde, aber er kam einfach nicht. Was mochte passiert sein? Wir waren ratlos.

Schließlich ließ ich mein Gepäck zurück, griff mir eine Wasserflasche und machte mich auf den Weg, um Hen zu finden. Als ich vielleicht zehn Minuten auf dem Trail zurückgewandert war, sah ich ihn als kleinen Punkt, der mir entgegenkam. Wie sich herausstellte, bestand kein Grund zur Sorge. Hen hatte bloß einen Abstecher gemacht und zwei Höhlen besucht, die ein paar Hundert Meter abseits des Weges lagen. Ach ja: die Höhlen! Jetzt fiel es mir wieder ein. Die hatte ich doch auch sehen wollen. Aber an ihnen waren die drei Sprinter an der Spitze unserer Gruppe einfach vorbeigelaufen, und nun waren wir zwei Kilometer zu weit.

Ich ärgerte mich über die anderen, aber es war ja genauso meine Schuld gewesen. Ich war ihnen blind hinterhergelaufen, war einfach davon ausgegangen, dass sie an den Höhlen schon halten würden, hatte gar nicht mehr auf die Karte geschaut. In diesem Moment wusste ich, dass ich ab morgen wieder allein unterwegs sein wollte. Ich wollte selbst entscheiden, wann, wo und wie lange ich Pausen machte. Und ich wollte niemand anderen für falsche Entscheidungen verantwortlich machen als mich selbst.

REGEN IN DER WÜSTE

Ich ließ die anderen weiterwandern, kündigte an, dass ich sie später einholen würde, und versteckte meinen Rucksack unter einem trockenen Busch. Dann lief ich die zwei Kilometer zu den Höhlen zurück. Ein kleiner Trampelpfad zweigte vom Shvil ab und stieß kurze Zeit später auf eine Piste. Die führte mich bergab und nach einer Spitzkehre zu einem Plateau. Hier waren die beiden Höhlen in den Siebzigerjahren in den Fels gesprengt worden, um einen Notvorrat an Öl zu speichern. Aber wie sich herausstellte, war das Gestein dazu gänzlich ungeeignet. Das Öl versickerte, die Lager wurden aufgegeben.

Ich ignorierte alle Verbotsschilder und stieg in die erste Höhle ein. Jemand hatte eine Metalltür installiert, um den Zutritt zu versperren, aber das war lange her, und jetzt war die Tür kaputt und der Zugang frei. Rechts und links vom Hauptgang zweigten Seitentunnel ab, soweit ich das ohne Taschenlampe erkennen konnte. Denn die hatte ich in meinem Rucksack vergessen. Die Decke hing niedrig und nur knapp über meinem Kopf. Es roch wie im Heizungskeller meiner Großeltern, als die noch mit Öl heizten, also wie vor dreißig Jahren.

Die zweite, weitaus größere Höhle lag einige Meter daneben. Wegen der viel höheren Decke wirkte sie wie eine Kathedrale. Weil es hier heller war, konnte ich weiter in die Höhle hineinlaufen. Die Decke war mit einem Maschendraht gegen Steinschlag gesichert worden, aber das Netz hatte schon viele Löcher. Es sah nicht so aus, als ob es im Ernstfall noch irgendetwas zu meiner Sicherheit beitragen könnte. Ich zählte hundertachtzig Schritte, dann kündigte mir auch der letzte Strahl Tageslicht die Gefolgschaft, und es wurde zu gefährlich, noch weiter ins Dunkel hineinzustolpern. Ich kehrte um, ohne das Ende der Höhle erreicht zu haben. In einem Seitentunnel nahe dem Eingang fand ich Spuren eines Nachtlagers. Anscheinend gibt es *shvilistim,* die einen Kick bekommen, wenn sie hier drinnen übernachten.

Der Umweg zu den Höhlen hatte mich viel Zeit gekostet. Ich wollte zu den anderen aufschließen, sammelte meinen Rucksack ein, ging über eine Anhöhe und stieg auf einem schmalen Pfad ins nächste Tal ab. Der Himmel zog sich zu, ich kämpfte mit starkem Gegenwind und erreichte eine natürliche Oase, Ein Shaviv. Hier wuchsen die ersten Bäume, die ich seit langer Zeit zu sehen bekam. Offenbar reicht das bisschen Regen, das im Winter fällt, um die Bäume am Leben zu halten, wenngleich sie jetzt knochentrocken waren. Vermutlich hätte eine einzige Zigarettenkippe genügt, um die ganze Oase binnen Sekunden abzufackeln.

Ein langer Aufstieg zehrte an meinen Kräften, der Wind pfiff mir ins Gesicht. Es würde wieder ein langer Tag werden, und ich freute mich auf eine Dusche am Abend und ein Bett in Midreshet Ben Gurion, einer Außenstelle der Ben-Gurion-Universität in Be'er Sheva. Der Campus liegt zwar nicht direkt auf dem Shvil, aber ich wollte dort einen Bekannten treffen, und das war einen moderaten Umweg wert. Oded hatte ich ein halbes Jahr zuvor auf einer Berghütte in den Pyrenäen kennengelernt. Er hatte mir vom Shvil Israel erzählt, den er selbst einmal gewandert war. Heute Abend, so hatten wir es verabredet, wollte er mich mit dem Auto in Midreshet Ben Gurion abholen. Dann würden wir zu seinem Studentenwohnheim fahren und auf der Terrasse in der Abendsonne eine kalte Flasche Bier öffnen. Oder auch zwei. Oder drei.

Kurz vor dem Abstieg in den Nahal Akev hielt ich inne und hockte mich in den Windschatten eines großen Felsens. Dunkle Regenwolken beherrschten mittlerweile den Himmel, und ich fragte mich, ob es nicht zu gefährlich wäre, jetzt ins Tal abzusteigen. Mehrmals hatte man mich vor *flash floods* gewarnt, vor Flutwellen, die scheinbar aus dem Nichts kommen und durch Wüstentäler donnern, weil der Boden das Wasser nicht so schnell aufnehmen kann. Das sei wie ein Tsunami, hatte mir ein anderer *shvilist* eingeschärft. Bei Regen sei es im Tal lebensgefährlich. Die

REGEN IN DER WÜSTE 93

Flutwellen könnten jederzeit kommen, selbst wenn der Ort, an dem es regne, viele Kilometer entfernt liege.

Ich hatte keine Erfahrung mit *flash floods,* hatte nur auf You-Tube ein paar Videos angeschaut und war fasziniert hängen geblieben. Die Wassermassen schoben sich auf ganzer Breite durch Täler, führten Sand und Steine mit sich und waren braun wie ein Schokomilchshake. Ich beschloss, trotzdem abzusteigen, aber einen Schritt zuzulegen, um mich nicht länger als nötig im Tal aufzuhalten.

In der Talsohle war es feucht, hier wuchsen sogar meterhohe Schilfrohre, auch das hatte ich in der Wüste noch nicht gesehen. Nachdem ich ein paar Minuten gelaufen war, begann es zu tröpfeln. Tatsächlich: Es regnete! In der Wüste, Ende April! Das war schon etwas Besonderes. Wieder blickte ich sorgenvoll nach oben. Wenn es dabei bliebe, dachte ich, wäre das schon in Ordnung. Es blieb dabei. Bis auf Weiteres.

Sogar ein paar Sonnenstrahlen boxten sich den Weg durch die Wolken frei. Eine Stunde später hatte ich die Gruppe wieder eingeholt. Ein Akev ist eine kleine Oase um ein mit Wasser gefülltes Loch, in dem man baden kann. Wir machten eine letzte Pause vor der Zielgeraden. Hen bereitete flambierten Thunfisch zu. Er öffnete dazu einfach eine Konserve und zündete das Öl an, in dem der Fisch lag. Auf dieser Flamme hätten sie in der Armee oft Tee gekocht, erzählte er. Als das Öl nach knapp zehn Minuten verbrannt war, schmeckte der Thunfisch sehr zart und mehr nach Fleisch als nach Fisch.

Zusammen brachen wir auf. Midreshet Ben Gurion liegt auf einer Anhöhe, und um hinaufzukommen, mussten wir einen Umweg laufen. Über uns verschworen sich die Wolken, und als wir noch etwa drei Kilometer vom Ziel entfernt waren, öffneten sich alle Schleusen. Der Regen traf uns unvorbereitet. Ich hatte weder eine Regenjacke noch eine Regenhülle für meinen Rucksack dabei. Beides hatte ich in Tel Aviv zurückgelassen, um Gewicht zu sparen. Erst für den nördlichen Teil des Israel-Trails wollte ich das Regenzeug einpacken. Aber jetzt war ich bis auf die Haut nass, und das hatte keine Minute gedauert. Der Wind schwang die Peitsche, es wurde eiskalt. Das Regenwasser lief tatsächlich nicht ab, es verwandelte den Wüstensand in Schlamm, der an den Sohlen klebte. Die Schuhe waren plötzlich deutlich schwerer, jeder Schritt kostete Kraft, als hätte mir jemand ein Gewicht untergeschnallt. Wir liefen in einem Schlammbett, und so sahen wir auch aus: pitschnass, verdreckt, verzweifelt.

Was war ich froh, dass meine Dusche und mein Bett für die Nacht gesichert waren. Oded würde mich hier schon herausholen. Ich solle ihn anrufen, sobald ich kurz vor Midreshet Ben Gurion sei, hatte er gesagt. Womöglich hatte er die Regenwolken heraufziehen sehen und wartete schon im vorgeheizten Wagen. Ich nahm mir vor, ihn anzurufen, sobald ich eine vor Wind und Regen geschützte Stelle gefunden hätte. Aber danach sah es vorerst nicht aus.

Der Regen ließ nicht nach, es schüttete wie aus Kübeln. Wir wollten nur noch ins Trockene, eilten im Laufschritt weiter. Midreshet Ben Gurion erschien uns als die einzige Rettung. Endlich erreichten wir eine Straße, die zu beiden Seiten bergauf führte. Rechts oben lag der Campus. An der tiefsten Stelle der Straße hatte der Regen schon eine Sandschicht auf den Asphalt gespült. Weiter oberhalb, vielleicht hundert Meter entfernt, parkten drei Autos, in denen Leute saßen und warteten. Die Scheibenwischer liefen, niemand stieg aus. Durch die Scheiben sah ich, dass manche von ihnen Fotoapparate in der Hand hielten. Jetzt erst begriff ich, was hier los war: Es waren ›flash flood‹-Touristen. Sie wollten aus ihren trockenen Autos und aus sicherer Entfernung die Flutwelle beobachten – die sie genau in dem Tal erwarteten, aus dem wir gerade angestiefelt kamen.

Der Regen trommelte unablässig. Meine israelischen Begleiter konnten den Fahrer eines dunkelroten Wagens überreden,

REGEN IN DER WÜSTE   95

uns in sein Auto einzulassen. Wir warfen die tropfenden Rucksäcke in den Kofferraum und zwängten uns auf die Rücksitzbank.
Ich saß ganz links, eingekeilt zwischen der Tür und Rans Schulter. Die nasse Kleidung klebte an mir und kühlte mich aus. Die
Windschutzscheibe beschlug immer weiter. Das Gebläse war
überfordert mit so viel Luftfeuchtigkeit.

In meiner Hosentasche piepste es, eine SMS war eingegangen. Mit nassen, klammen Fingern zog ich das Handy heraus.
Oded schrieb: »Hallo! Leider kann ich heute nicht kommen ... :-/
Am Sonntag in zwei Wochen, nach meiner Prüfung, komme ich
und besuche dich. Versprochen. Hab einen tollen Abend und eine
schöne Woche! Bleib in Kontakt!«

Der Fahrer des Wagens war ein junger Kerl, er hatte seine
Freundin neben sich. Sie hielt ihr Smartphone im Anschlag, jederzeit bereit, die nahende Katastrophe im Film zu dokumentieren.
Aber der Einsatz war vergebens, die Flutwelle blieb aus, und als
der Regen nachließ, wollte unser Fahrer nicht mehr warten. Er
wendete, fuhr den Berg hinauf und setzte uns in Midreshet Ben
Gurion vor einer öffentlichen *shvilistim*-Unterkunft ab.

Die Unterkunft auf dem Gelände einer Religionsschule bestand aus zwei weißen Bungalows, von denen der eine verwahrlost war. Im anderen standen Etagenbetten, in denen drei Mann
übereinander schlafen konnten. In einem Bad von der Größe einer Vorratskammer mit einem hoffnungslos verdreckten Klo
konnte man duschen, musste aber in Kauf nehmen, dass dabei
der ganze Raum geflutet wurde. In diesem winzigen Bungalow
also hängten wir unsere triefend nasse Ausrüstung auf. Am Boden bildeten sich Pfützen, und zu dem eh schon leicht modrigen
Geruch trat der Gestank durchgeschwitzter Wandersocken.
Zwischen tropfender Kleidung und nassen Schuhen bereiteten
wir auf dem Campingkocher unser Abendessen zu. Die Nacht
verbrachte ich leicht fröstelnd in meinem feuchten Daunen-
schlafsack.

Die Ankunft – oder besser: die Durchreise – des Messias war ausgefallen. Richard Bowles hatte sich verkalkuliert, er lag weit hinter seinem Zeitplan zurück. Bowles hatte die Schwierigkeit des Israel National Trail unterschätzt. An manchen Tagen konnte er nur ein Fünftel der Strecke rennen, den Rest musste er klettern. Dadurch sank seine Geschwindigkeit auf manchmal nur noch drei Kilometer in der Stunde. So auch an seinem vierten Lauftag.

In der ersten Hälfte war noch alles gut gegangen, dann wurde der Weg rauer. Bowles stürzte und verletzte sich am Knie. Er schaffte wieder nicht genug Strecke, nur fünfundsiebzig Kilometer. Wie wir geriet er am Abend in den Regenschauer, und Ein Akev erreichte Bowles erst lange nach uns, bei Sonnenuntergang. Sein Team lud ihn in den Geländewagen, durch die Dunkelheit fuhren sie ihn raus aus der Wüste zu einer Unterkunft. Die Parkverwaltung war stinksauer, denn es war ja verboten, sich nach Einbruch der Dunkelheit noch im Park aufzuhalten. Bowles' Team wunderte sich: Waren die denn nicht informiert, mit wem sie es zu tun hatten?

Seine Freundin Vickie schrieb in den Blog: »Wir sind alle erschöpft, Richard ist wundgelaufen, sein Gesicht aufgequollen. Ich möchte ihn hierbehalten und morgen nicht wieder laufen lassen.« Natürlich ließ sie ihn doch laufen.

Nachhilfestunde in Politik

Der Regen hatte die Temperatur ein ganzes Stück sacken lassen. Über Nacht war meine Ausrüstung in dem Bungalow selbstverständlich nicht getrocknet, zumal es dort auch keine Heizung gab. Die Socken, die Wanderschuhe – alles war noch so nass wie am Abend zuvor. Ein zweites Paar Schuhe hatte ich nicht dabei, das wäre viel zu schwer gewesen. Also machte ich mich in meinen Flipflops auf den Weg in die Ortsmitte. Die Sonne stand noch tief, war schwach und hatte gegen Wolken und Wind nichts zu melden. Ich fröstelte.

Die meisten Häuser in Midreshet Ben Gurion standen in Reih und Glied und ähnelten einander. Das gibt dem Campus, der wie ein Städtchen aussah, einen sozialistischen Touch. Alle Geschäfte lagen vereint in einem Betonbau im Zentrum: ein kleiner Supermarkt, ein Imbiss, ein Pub, der nur an bestimmten Tagen geöffnet war, ein Restaurant, das wie eine Kantine aussah, ein Café, ein Reisebüro und ein Fahrradgeschäft. Alles außer dem Supermarkt war an diesem Morgen geschlossen.

Im Supermarkt wärmte ich mich auf, in aller Ruhe kaufte ich Obst, ein Croissant und ein paar Teilchen aus Blätterteig zum Frühstück. Dann ging ich meine Optionen durch. In nassen Schuhen weiterzuwandern, während die feuchte Wäsche im Rucksack vor sich hin gammelte, kam nicht in Frage. Aber auf eine weitere Nacht in dem feuchten Bungalow hatte ich auch keine Lust. Ich brauchte eine Waschmaschine und wollte an einem gemütlichen, warmen Ort auf besseres Wetter warten. Aus meiner misslichen Lage befreiten mich – wieder einmal – *trail angels*. Ein paar Minuten später hatte ich eine Verabredung für den Nachmittag und eine Unterkunft für die Nacht.

Alon und seine Freundin Michal machten beide ihren Doktor an der hiesigen Universität – er in Ökologie, sie in Wassermanagement. In ihrer Wohnung sparten sie Wasser, wo es nur ging. Bevor die Dusche warm wurde, fing Alon das kalte Wasser in einer Schüssel auf. Die stellte er auf die Waschmaschine, nahm einen Schlauch, sog mit dem Mund das Wasser an und ließ es in die Maschine ein, wo meine verdreckte Wäsche schon auf Erlösung wartete. Das Abwasser aus dem Waschbecken wiederum floss nicht direkt in die Kanalisation, sondern zuerst in die Badewanne, wo es zur Bewässerung der Pflanzen diente. Die ganze Wanne war mit Pflanzen und Steinen gefüllt.

Alon zeigte mir das Gästezimmer. Er kündigte an, er werde mir jetzt einen Kaffee kochen, und das werde der beste Kaffee sein, den ich je getrunken hätte. Er hielt mir ein großes Glas mit Kaffeepulver unter die Nase und forderte mich auf, daran zu riechen. Sein feierlicher Tonfall duldete keinen Widerspruch.

Für mich roch das Pulver wie irgendein Kaffee, aber ich zweifelte sehr an meinem Urteilsvermögen, so ernsthaft zelebrierte Alon diese Angelegenheit. Allerdings stand ich gar nicht auf

NACHHILFESTUNDE IN POLITIK

schwarzen Kaffee und fragte also nach Milch. Das war ein Fehler. Alon war geradezu beleidigt. Wenn ich den Kaffee mit Milch mischen wolle, dann könne er mir dafür ein billiges, wasserlösliches Pulver geben, aber gewiss nicht seinen teuren Kaffee. Er griff zu einem Glas Nescafé und hielt es in die Luft wie ein Ankläger das entscheidende Beweisstück. Ich trat den Rückzug an, schließlich wollte ich weder meinen Gastgeber vor den Kopf stoßen noch mir den besten Kaffee der Welt entgehen lassen.

Alon servierte eine tiefschwarze Brühe in einer silbernen Kanne und schenkte zwei kleine Becher ein, die nur wenig größer waren als Fingerhüte. Die untrainierten Geschmacksrezeptoren meiner Zunge waren überwältigt. Alon bezog sein Kaffeepulver von einem Lieferanten aus dem Norden Israels. In gewöhnlichen Geschäften war es nicht zu kaufen.

Beim Kaffee erteilte mir Alon eine Politikstunde. Israel sei das Land, das er am meisten liebe, sagte er, aber auch das, welches er am stärksten hasse. Es komme ihm vor wie eine Bananenrepublik, die in den letzten zwanzig Jahren von einer Junta regiert worden sei. Die extremen Interessengruppen hätten in der Politik zu viel Einfluss. Er meinte damit die rechten Siedler und die ultraorthodoxen Juden. Es sei zum Verzweifeln, aber das Parlament könne kein Gesetz verabschieden, ohne dass die Extremisten mitmischten. »In Israel hat sich die Demokratie selbst in den Fuß geschossen.« Alon fackelte nicht lange, er liebte klare Worte: »Manchmal denke ich, man sollte hier alles niederbrennen, um Platz zu machen für einen wirklich menschlichen Staat.«

Sich selbst beschrieb Alon als Sozialisten. Jedenfalls im Alltag hielt er Teilen für eine gute Idee. Er teilte mit Freunden ein Auto und ein paar Ziegen, die sie abwechselnd versorgten und melkten. Seine Lebensmittel bezog er, soweit es möglich war, von einer Kooperative und nicht aus dem Supermarkt.

Nach ein paar Schluck schmeckte sein Kaffee nicht mehr so bitter, ich ließ mir nachschenken und lehnte mich zurück. Alon kam auf die Beduinen zu sprechen. Der Staat benachteilige sie und zwinge sie, in befestigten Dörfern zu wohnen, weil er ihre nomadische Lebensweise nicht akzeptiere. Und die Armee blockiere zwei Drittel ihres Lebensraums, der Negev-Wüste. Die Beduinen aber trügen eine Mitschuld an ihrer misslichen Lage. Obwohl sie in Armut lebten, vermehrten sie sich in unglaublichem Ausmaß. »Muss eine Beduinenfamilie wirklich fünfzehn Kinder haben?« Das war natürlich nur eine rhetorische Frage, meine Antwort wartete Alon gar nicht erst ab. »Die Beduinen sind die am schnellsten wachsende Bevölkerungsgruppe der Welt.«

Von den Beduinen zu den Palästinensern war es nur ein Sprung. »Weißt du, welches Gebiet auf der Welt das zweitschnellste Bevölkerungswachstum aufweist?« Ich wusste es nicht, aber das machte nichts, denn Alon knüpfte nahtlos an: »Gaza!« Der Gazastreifen sei bloß vierzig Kilometer lang und ein paar Kilometer breit. »Auf diesem eingezäunten Fleck Nichts müssen sie leben, aber sie vermehren sich viel zu schnell. Die Hälfte der Fläche ist bebaut. Es gibt überhaupt nicht genug Platz, als dass sich die Menschen dort von der Landwirtschaft ernähren könnten. Deshalb werden sie immer von Importen abhängig bleiben.« Alon war jetzt in Fahrt. »Sicher leiden die Menschen im Gazastreifen unter Israel, aber noch mehr leiden sie unter ihrer eigenen Führung. Was tat die Hamas, als sich Israel aus dem Gazastreifen zurückgezogen hatte? Sie machte ihre politischen Gegner kalt, die Arafat-Leute. Einen nach dem anderen hat sie umgelegt. Es gab damals eine Wahl im Gazastreifen, aber niemand hat gewagt, gegen die Hamas zu kandidieren. Wenn sich einer für die Fatah hätte aufstellen lassen, hätte er gleich sagen können: Bitte erschießt mich noch heute Nachmittag.«

Israels Ministerpräsident Ariel Scharon hatte den Abzug aus dem Gazastreifen 2005 durchgesetzt – nach einem spektakulären Kurswechsel und gegen heftigen Widerstand auch in seiner eigenen Partei. Im Parlament musste er sich sogar auf Stimmen der

NACHHILFESTUNDE IN POLITIK 101

Opposition stützen. Es war paradox, aber jüdische Soldaten trugen damals jüdische Siedler weg, die sich weigerten, ihre Häuser zu räumen. Nach achtunddreißig Jahren Besatzung verließen die letzten israelischen Soldaten den Gazastreifen am 12. September 2005. Im Januar darauf gewann die Hamas in der Parlamentswahl eine absolute Mehrheit. Anders als sich Alon erinnerte, zogen auch Kandidaten der Fatah ins Parlament ein. Hamas und Fatah bildeten sogar eine Regierung der nationalen Einheit, die aber schon bald darauf zerbrach. Den bisweilen blutigen Machtkampf entschied die Hamas 2007 für sich. Der Gazastreifen kam trotzdem nicht zur Ruhe. Immer wieder flogen Raketen über die Grenze, und immer wieder reagierte Israel mit Luftschlägen oder groß angelegten Militäroperationen. Die Gleichung ›Land für Frieden‹, eigentlich eine Parole der israelischen Linken, ging nicht auf.

»Wenn die Menschen im Gazastreifen wirklich die Wahl hätten, ob sie von der Hamas oder von Israel regiert werden wollen«, fuhr Alon fort, »und ich meine eine freie und geheime Wahl, würden sie sich für Israel entscheiden. Immerhin haben wir eine halbe Demokratie. Und das Verrückte ist ja: Für alles, was es im Gazastreifen gibt – Strom, Wasser, Treibstoff –, sorgt ihr ärgster Feind, Israel. Es ist kurios, aber für die Hamas gibt es nichts Besseres, als dass Israel die Grenze dicht hält. So behält sie die Kontrolle und bleibt an der Macht. Und deshalb schickt die Hamas, sobald wieder einmal die Aussicht auf Frieden besteht, ein paar Raketen über die Grenze. Und die Israelis tun das Gleiche. Sie nennen es Vergeltung, ich nenne es Bullshit.«

Alon musste zurück zur Uni, ich wollte noch ein paar Besorgungen machen. Wenn ich schon zum Supermarkt ginge, sagte Alon, könne ich auch gleich Emma ausführen. Emma war eine Mischung aus Border Collie und irgendwas, und obwohl man es ihr nicht ansah, konnte sie mir nichts, dir nichts aufspringen und des Nachbarn Katze dazu bringen, um ihr Leben zu rennen. Alon befestigte eine Hundeleine an Emmas Halsband und drückte mir das Ende in die Hand. Dann bekam ich ein Briefing für die wichtigsten Kommandos. *Boj* heißt: Komm!, und *shvi* bedeutet: Sitz! Schon hielt Alon einen Filzstift– ich hatte keine Ahnung, woher er ihn geholt hatte – und nahm, ohne mich zu fragen, meine rechte Hand, schrieb »BOJ« darauf, dann meine linke und schrieb »SHVI«.

Mir gegenüber gab sich Emma äußerst anschmiegsam. Hatte ich einmal angefangen, sie zu streicheln, forderte sie diese Zärtlichkeit beharrlich ein, indem sie mich mit der Schnauze anstupste, sobald ich meine Hand zurückgezogen hatte. Emma konnte aber auch angsteinflößend laut bellen. Der Nachbar, ein kleiner Mann mit dunklem Teint, bekam das regelmäßig zu hören, wenn er nach Hause zurückkehrte und Emma neben dem Eingang wachte. Sie sei eben sehr israelisch, sagte Alon und grinste. »Sie ist eine rassistische Hündin.«

Den Weg zum Supermarkt kannte Emma in- und auswendig. Mehr zog sie mich, als dass ich sie führte. Und wenn sie eine Pause wollte, pausierten wir eben. Aus meinen Kommandos machte sie sich jedenfalls nichts.

Am nächsten Tag wollte ich mich in der Umgebung umsehen, den Campus anschauen und das Grab von Israels erstem Ministerpräsidenten, David Ben Gurion. Alon lieh mir sein Mountainbike. Es war ein sündhaft teures Rad, mit Scheibenbremsen und einem Rahmen aus Titan. Das Bike kostete locker dreitausend Euro oder mehr.

»Wie schließe ich das Fahrrad ab, wenn ich es mal abstellen möchte?«, fragte ich.

»Du brauchst hier kein Schloss«, sagte Alon.

»Ich soll es einfach so stehen lassen?«

»Mach dir keine Sorgen.«

»Und wie komme ich ins Haus, wenn ich wieder zurück bin? Hast du einen Schlüssel für mich?«

NACHHILFESTUNDE IN POLITIK 103

»Der Schlüssel ist vor einiger Zeit abgebrochen. Ersatz haben wir noch nicht. Wir lassen die Tür immer offen. Emma ist ja da.«

Am Nachmittag nahm Alon Emma und mich mit auf eine Mountainbike-Tour. Wir radelten auf einem neuen Trail. Alon und andere Bike-Begeisterte hatten ihn kurz zuvor rings um Midreshet Ben Gurion angelegt, um mehr Radtouristen in die Gegend zu locken. Schnell hatten wir uns von Ort und Straße entfernt. Die Wüste war hier mehr steinig als sandig. Mit Alon mitzuhalten erwies sich als unmöglich. Er war ein Profi und legte ein ebensolches Tempo vor. Ich keuchte ihm und Emma hinterher.

Wir radelten durch Beduinengebiet. Immer wieder sahen wir Ziegenherden, die von ein oder zwei Hunden begleitet wurden. Es war nicht leicht, Emma unter Kontrolle und die anderen Hunde auf Abstand zu halten. Einem vielleicht fünfzehn Jahre alten Beduinenjungen auf einem Esel schenkte Alon eine Plastikflasche Wasser. Die beiden hielten ein kurzes Pläuschchen. Alon versuchte, gute Beziehungen zu den Beduinen in dieser Gegend aufzubauen. Denn dem Mountainbike-Trail standen viele von ihnen skeptisch oder ablehnend gegenüber. Sie wollten anscheinend keine Touristen in ihrem Gebiet sehen. Mehrmals auf unserer Radtour musste Alon anhalten, absteigen und Steinplatten mit den Wegmarkierungen wieder aufrichten. Er und seine Fahrradfreunde stellten diese Markierungen auf, die Beduinen warfen sie um. So ging das Spiel.

Hinter einer Kuppe und nach einer längeren Abfahrt erreichten wir eine Beduinensiedlung. Sie bestand aus einzelnen Hütten, die zueinander respektvollen Abstand hielten. Zwischendrin und ringsherum lag jede Menge Müll: Reifen, Kisten, Flaschen, Plastiktüten, Schläuche, Rohre, ein kaputtes Bobby-Car.

Die Beduinen hier leben in illegalen Siedlungen, die der Staat nicht anerkennt. Deshalb gibt es keine Müllabfuhr, kein fließendes Wasser und weder Strom noch Internetzugang. Der Staat will die Beduinen in eigens angelegte Städte umsiedeln und alles unterlassen, was als Anerkennung ihres Gebietsanspruchs ausgelegt werden könnte. Deshalb werden ihre Siedlungen auch nicht in offizielle Landkarten eingezeichnet.

Alon steuerte zielstrebig auf eine der Hütten zu. An der Einfahrt wurden wir erwartet. Ein Freund von ihm war mit dem Auto von Midreshet Ben Gurion hergekommen. Die beiden kannten den Beduinen, der hier wohnte, und wollten ihn für eine Hochzeit engagieren. Er sollte eine typische Kaffeezeremonie ausrichten. Das war Teil ihrer Bemühungen, die Beduinen, die so nah lebten und doch so fern waren, besser ins Leben der israelischen Mehrheitsgesellschaft zu integrieren.

Zusammen betraten wir die Hütte. Sie war etwa so groß wie eine Doppelgarage und stand auf einem Betonsockel, die Wände waren aus Wellblech, das Dach bestand aus dicken schwarzen Plastikplanen. Im rohen Betonboden gab es ein rechteckiges Loch, in dem ein Feuer vor sich hin kokelte. Der Beduine hieß Id und saß auf einem gelben Schaumstoffblock. Id trug ein weißes Kopftuch, ein weißes T-Shirt, darüber ein langes Gewand und eine hellgrüne Fleecejacke. Hinter ihm stand ein Paar Turnschuhe, Nike Airmax, aber er saß barfuß im Schneidersitz und kochte Kaffee. Direkt neben der Feuerstelle lagen auf dem Betonboden zwei Fernbedienungen, eine für den Fernseher, die andere für den Satellitendecoder. Im hinteren Teil der Hütte türmte sich ein Haufen Wäsche. An der Wand lehnten ein paar Matratzen mit Stockflecken. Davon abgesehen war der Raum leer.

Alons Kumpel übergab ein paar Lebensmittel als Gastgeschenke. Wir nahmen an der Feuerstelle Platz. Id legte zwei Holzscheite nach und schenkte immer wieder Kaffee ein. Einen sehr starken Kaffee. Ich setzte die letzten beiden Runden aus und war froh, dass es anschließend noch Tee gab. Der wiederum war so süß, dass es zwischen den Zähnen knirschte. Drei Söhne, eine Tochter und die jüngste von Ids vier Frauen setzten sich zu uns.

NACHHILFESTUNDE IN POLITIK

Die Kinder waren sehr diszipliniert. Wenn ihr Vater sprach, schwiegen sie eisern. Die Frau plauderte munter drauflos. Ich verstand kein Wort, aber was das Engagement für die Hochzeit betraf, wurde man sich handelseinig.

Am Ortseingang von Midreshet Ben Gurion sah ich ein gleich von zwei Zäunen umgebenes militärisches Gelände. Der äußere war ein mannshoher Maschendrahtzaun mit Stacheldrahtstreifen darauf und einer Stacheldrahtrolle am Ansatz. Zwei Meter dahinter stand ein undurchsichtiger weißer Wellblechzaun. Wiederum dahinter ragten Holzmasten in den Himmel, die Flutlichtscheinwerfer trugen und durch dicke schwarze Stromkabel miteinander verbunden waren. In einem anderen Teil des Geländes fehlte der Blechzaun, sodass man Klettergerüste und Tarnnetze erkennen konnte. Ich war schon einige Male an dieser Einrichtung vorbeigekommen, ohne groß von ihr Notiz zu nehmen. Von Michal erfuhr ich dann, dass es sich um ein vormilitärisches Trainingscamp für Schüler handelt, die dort Soldat spielen dürfen. Das weckte mein Interesse.

Am Tor zu der Anlage wachte ein junger Soldat, der aber nichts zu tun hatte, da das Lager zurzeit leer war. Er lehnte mit dem Rücken zu mir an einem Wachhäuschen und flirtete mit einer jungen Soldatin, die darin saß und mich zuerst entdeckte. Dann drehte sich der Junge um und kam auf mich zu.

Er war kaum älter als achtzehn. Ich verwickelte ihn in eine Plauderei, wollte mehr über das Lager wissen. Er begann zu erzählen: »Die Schüler sind meistens in der elften Klasse, wenn sie hierherkommen. Das Programm heißt Gadna und dauert eine Woche. Die Schüler sollen das Leben in der Armee kennenlernen, schließlich werden sie später ein paar Jahre dort verbringen. Sie diskutieren hier mit Soldaten, sie marschieren, machen Wehrübungen, Nachtwanderungen, das ganze Programm. Vor allem aber lassen sie sich die ganze Zeit anschreien.«

»Ist das ein verpflichtendes Programm für die Schüler?«, wollte ich wissen.

»Die Schule entscheidet, ob sie an Gadna teilnimmt. In meiner Schule gab es das zum Beispiel nicht.«

»Und wenn ein Schüler sagt, das will ich nicht?«

»Sie müssen das nicht machen, aber die meisten sind ganz heiß
darauf. Der Höhepunkt sind die Schießübungen mit dem M16.«

Ich wollte mich versichern, dass ich richtig verstanden hatte:
»Die Schüler schießen mit einem automatischen Gewehr?«

»Natürlich nur unter Anleitung und in einem gesicherten
Schießstand. Da kann nichts passieren.«

Der Name des Programms, Gadna, ist eine Abkürzung für
gdudei no'ar – Jugendbataillone. Sie wurden schon Anfang der
Vierzigerjahre von der paramilitärischen Hagana erfunden, die jüdische Orte schützte, als der Staat Israel noch gar nicht existierte.
Damals wurden Jugendliche rekrutiert und in solchen Bataillonen
ausgebildet. Dagegen ist die ganze Veranstaltung heute eher eine
Art Schnupperkurs, der die Motivation für den Militärdienst erhöhen soll. Wer bei diesem Programm positiv auffällt, wird allerdings in der Armee bevorzugt, wenn es um die Zuordnung zu einer bestimmten Kampfeinheit geht.

Das Jugendlager in Midreshet Ben Gurion ist nicht das einzige, aber das größte in Israel. Michal, die nur ein paar Hundert Meter Luftlinie entfernt wohnte, hasste Gadna. Manchmal hörte sie
die Sirenen heulen. Dann wurden die Schüler in der Nacht aus ihren Schlafsäcken gescheucht und zu irgendwelchen Übungen geschickt. Was dort hinter den Zäunen geschieht, nannte sie »Gehirnwäsche«. Das sei auch nicht besser als die Indoktrination von
Kindern durch radikale Palästinenser.

Bibeltouristen am Kraterrand

Midreshet Ben Gurion verzückte mich. Meine Stimmung war schon im Keller gewesen, als ich in diesem Wüstenstädtchen ankam. Dann hatte ich die erste Nacht auch noch in einem feuchten Loch schlafen müssen, in dem meine durchnässte Ausrüstung vor sich hin müffelte. Michal und Alon hatte ich es zu verdanken, dass sich das Blatt schnell wendete. Gern nahm ich ihre Einladung an, noch einen zweiten Ruhetag anzuhängen. Sie kochten für uns und nahmen mich mit ins Studentencafé, wo einmal in der Woche selbst gebackener Kuchen verkauft wurde. Und ins Café im Stadtzentrum ging ich gerne, weil es dort köstliche Sandwiches mit Ziegenkäse gab. Im Nu hatte ich mich wieder an die Annehmlichkeiten der Zivilisation gewöhnt. Umso stärker war der Kontrast zu den nächsten Wandertagen. Vor mir lag die längste und härteste Wüstenetappe der ganzen Reise: fünf bis

sechs Tage ohne Städte, ohne Einkehr- oder Einkaufsmöglich-
keit. Wüste bis zum Horizont. Stärker noch als je zuvor würde ich
in den folgenden Tagen auf meine Trinkwasserdepots zurückgrei-
fen müssen, die ich vor mehr als drei Wochen angelegt hatte. Ob
die Flaschen überhaupt noch da wären?

Ich füllte meinen Schlucker, packte eine Reserveflasche Wasser ein und machte mich nach einem letzten Kaffee am späten
Vormittag auf den Weg. Der erste Abschnitt war an sich anspruchslos, durch die Trockenheit aber zäh. Ich folgte einer
schwarz markierten Piste in südwestliche Richtung, bis ich den
Shvil wieder erreichte. Stundenlang wanderte ich auf breiten Wegen durch die Wüste, bevor der Trail scharf abknickte und eine
Schleife von mehreren Kilometern machte, nur um das Mador
Night Camp zu erreichen. Am frühen Abend kam ich dort an.

Das Mador Night Camp liegt zu weit in der Wüste, als dass
ich es mit meinem Fiat Panda hätte erreichen können. Die Pisten dorthin sind nur mit einem Geländewagen zu befahren. Auf
den Rat meiner Freunde hin hatte ich deshalb sechs Liter Was-
ser bei Haim Berger geordert. Aber Haim war auf ausländische
Kunden nicht eingestellt. Die Wegbeschreibungen zu seinen
Verstecken, die er per SMS versandte, gab es nur auf Hebräisch.
Also hatte er mir zuvor am Telefon beschrieben, wie ich seine
Wasserflaschen finden könnte. Ich sollte einer breiten Piste ein
Stück folgen, dann in ein trockenes Flussbett einbiegen. Wo
die Vegetation endete, sollte ich nach einem besonders großen
Stein Ausschau halten und dahinter graben. Als Haim mir das
Versteck beschrieben hatte, hatte alles sehr einfach geklungen.
Aber jetzt ließ sich gar nicht ausmachen, wo genau die Vege-
tation eigentlich endete. Kümmerliche Pflanzenbüschel gab es
überall. Und mögliche Spuren hatte der Platzregen vor ein paar
Tagen beseitigt. Ich drehte um, lief zur Piste zurück und ging
noch einmal jeden Schritt der Beschreibung durch. Hatte ich etwas übersehen?

BIBELTOURISTEN AM KRATERRAND

Was ich auch tat, ich kam immer wieder an dieselbe Stelle. Nur lag dort kein großer Stein. Ich begann trotzdem zu graben, mit bloßen Händen, denn Werkzeug hatte ich ja nicht. Die Sonne bewegte sich schon auf den Horizont zu, aber von den Wasserflaschen fehlte jede Spur. Jetzt war guter Rat teuer.

Ich lief zurück zum Nachtlager, holte das Handy aus dem Rucksack und schaltete es ein. Ich empfing ein Signal – zum Glück. Haim erreichte ich nicht auf Anhieb, aber der Rückruf ließ dieses Mal nicht lange auf sich warten. Haim lotste mich zu dem Versteck, wo ich schon nach kurzem Graben eine Plastikflasche ertasten konnte. Aber so tief und so breit ich auch buddelte: Ich fand nur drei Flaschen mit je anderthalb Litern. Also rief ich Haim wieder an. Er war verwundert. Nach seinen Berechnungen hätten sich in diesem Depot noch mehrere Flaschen befinden müssen. Vielleicht hatten andere Kunden mehr genommen, als sie bezahlt hatten. Haim hatte in der Nähe noch ein weiteres Depot angelegt, zu dem er mich jetzt führte. Mein Wasservorrat war gesichert.

Einige Zeit nach meiner Wanderung besuchte ich Haim Berger in seinem Büro. Es war in einem Blechcontainer hinter seinem Haus untergebracht. Darüber hatte er ein Netz gespannt, das Schatten spenden sollte. Haim trug Sandalen, Jeans und ein blaues Polohemd. In seinem schwarz-grauen Lockenhaar steckte eine rot umrandete Sonnenbrille. Eine nackte Energiesparlampe baumelte an ihrem Kabel. Die Klimaanlage arbeitete hart daran, die Solltemperatur von vierundzwanzig Grad zu erreichen, aber die geöffnete Tür machte es ihr schwerer als nötig. Auf dem Schreibtisch vor Haim entfaltete sich rings um den Computer ein Chaos aus Ordnern, Kabeln, Handschuhen, einem Mikrofon, Kaffeetassen, einer verstaubten Espressomaschine, einer Taschenlampe und einer SIM-Karte. »Willkommen in meinem Hauptquartier«, sagte Haim und bat um Entschuldigung für die Unordnung.

Haim lebte seit zwölf Jahren in Midreshet Ben Gurion. Er wurde promoviert mit einer Arbeit über das Verhalten von Raubtieren im Negev. Er beschäftigte sich mit Hyänen, Wölfen und Schakalen, also mit allem, was große Jungs fasziniert. Sogar ein paar Leoparden leben in der Negev-Wüste. Einmal bekam Haim einen vor seine Kamera, am helllichten Tag. Solche Aufnahmen sind eine Seltenheit.

Haim betrieb eine Agentur für Geländewagen-Safaris. Er hatte eine Flotte von vier Fahrzeugen und acht Studenten, die für ihn arbeiteten, und zeigte Touristen die Tier- und Pflanzenwelt des Negev. Wasser in die Wüste hatte er vor einigen Jahren noch kostenlos geliefert, jetzt war es ein Nebenerwerb. »Das ist kein normales Geschäft«, sagte Haim. »Ich sehe das eher als eine Behandlung. Du musst fühlen, wie deine Kunden drauf sind. Die Wüste macht die Menschen mürbe. Wenn sie auf der Suche nach Wasser in Stress geraten, sind sie dem Untergang geweiht. Neulich hatte ich einen Kunden aus Amerika, der wirkte ziemlich unentspannt. Er kam vor seiner Wanderung zu mir, und wir saßen hier stundenlang zusammen. Ich habe ihm die Verstecke eines nach dem anderen beschrieben, und dann habe ich ihn aufgefordert, mir die Verstecke zu beschreiben. So konnte ich feststellen, ob er alles verstanden hatte.«

Ich fragte ihn, warum er keine schriftliche Beschreibung in Englisch anbiete. Haim sagte, er arbeite daran. Erst seit Kurzem kämen immer mehr ausländische Wanderer nach Israel. Haim überlegte sogar, Videos zu drehen, die beim Finden der Depots helfen sollten. Andererseits sagte er: »Ich mag es nicht, wenn Leute mit ihren iPhones wandern und sich von ihnen abhängig machen. Was ist denn, wenn die Batterien leer sind?«

Haim erzählte mir, dass schätzungsweise zwanzig bis dreißig Prozent seiner Wasserflaschen gestohlen würden. Manchmal seien es Beduinen, manchmal Wanderer, die selbst nicht genügend Vorräte angelegt hätten, manchmal sogar Tiere. »Nicht dass sie es brauchen, aber Füchse und Nager spielen mit den Flaschen und beißen in sie hinein. Dann ist das Wasser auch weg.«

Am Abend im Mador Night Camp hatte der Wind stark zugenommen, deshalb stellte ich mein Zelt auf. Der Boden war viel zu hart für meine leichtgewichtigen Aluminiumheringe. Ich sammelte mittelgroße Steine und beschwerte damit die Leinen direkt vor den Heringen. Langsam umhüllte mich die Dunkelheit. Ich war mutterseelenallein hier draußen in der Wüste. Und ich genoss es.

Ein ungewöhnliches Geräusch kam auf, ein Grollen. Es war ein künstlicher Lärm, der gar nicht hierher passte. Das Grollen rückte immer näher, und als es schon ziemlich laut war, konnte ich es endlich identifizieren: Es war ein Zug. Auf der Landkarte hatte ich übersehen, dass in nicht allzu großer Entfernung Eisenbahnschienen verliefen. Sie lagen hinter einer Kette von Sandhügeln, waren also von Mador aus nicht sichtbar. Auf diesen Schienen rumpelte ein Güterzug durch die Nacht, höchstens spärlich beleuchtet, denn nicht einmal ein Lichtschein war am Himmel auszumachen. Der Gespensterzug kam wohl von einer Phosphatmine.

In der Nacht erhielt ich unerwarteten Besuch. Gegen halb eins wachte ich auf, ohne zu wissen, warum. Hatte ich einfach nur Durst? Oder war das ein Geräusch gewesen da draußen? Das Zelt stand offen. Da war wirklich was! Ich ließ die Taschenlampe leuchten. Ein Augenpaar glühte in der Nacht, drumherum war Fell zu erkennen. Ein Fuchs hatte sich bis auf ein paar Meter an mein Zelt herangeschlichen. Er schaute wohl, ob hier was zu holen war. Als er mich sah, verharrte er auf der Stelle. Wir schauten einander in die Augen. Waren es fünf, zehn, zwölf Sekunden? Schwer zu sagen. Irgendetwas musste den Fuchs dann irritiert haben. Auf einmal drehte er sich um und verschwand in der Dunkelheit.

»Der Tag ist gekommen«, stand in meinem Wanderführer. »Dies wird der schwierigste Tag des ganzen Trails werden.« Die Einschätzung stimmte, jedenfalls begann schon nach drei Kilometern eine heftige Kletterpartie. Es ging teils senkrecht nach oben. Ich musste auf der Hut sein. Nicht alles, was nach Fels aussah, war auch welcher. Manchmal war es bloß harter Lehm, der Steine eingeschlossen hatte. Sobald man solch einen Griff oder Tritt belastete, brach er ab.

Ich hielt inne und machte mir bewusst, dass ich seit gestern Nachmittag keine Wanderer mehr gesehen hatte. Niemand wusste, wo ich war. Niemand würde mich heute Abend vermissen, wenn ich irgendwo abstürzte und einfach liegen blieb. Ich vertrieb diese Gedanken schnell wieder. Stattdessen stellte ich mir vor, dass am Nachmittag gewiss Wanderer aus der Gegenrichtung kommen würden. Sollte mir etwas zustoßen, könnte ich sie um Hilfe bitten.

Ohne Rucksack wäre es eine lockere Kletterpartie geworden, aber mit großem Gepäck und fünf Litern Wasser auf dem Rücken wurde es eine schweißtreibende Angelegenheit. Und dabei war ich noch froh, diese Passage im Aufstieg zu nehmen. So waren Griffe und Tritte leichter zu erkennen.

Einer Stunde Kletterei in schwierigem Gelände folgte eine weitere Stunde leichteren Aufstiegs. Dann hatte ich den Karbolet bezwungen und stand am Rand des Hamakhtesh Hagadol, des Großen Kraters. Ich blickte auf ein geologisches Phänomen. Die Laune der Natur hatte hartes Gestein auf weiches geschichtet. Das Weiche war schneller erodiert, von Regenwasser aufgelöst worden und hatte das harte Gestein unter dessen eigenem Gewicht zusammenbrechen lassen. Mehrere Kilometer lang lief ich über mächtige, schiefe Gesteinsplatten, immer auf dem Grat am Rand des Kraters. Karbolet ist Hebräisch für Hahnenkamm. Das beschrieb meinen Weg an diesem Tag: rauf, runter, rauf, runter.

BIBELTOURISTEN AM KRATERRAND

Am Horizont stand ein imposanter weißer Zeppelin, der mir schon gestern zum ersten Mal aufgefallen war: Er glänzte in der Sonne und bewegte sich den ganzen Tag nicht von der Stelle. Inzwischen weiß ich: Das Luftschiff dient der militärischen Aufklärung. Vollgepackt mit modernster Überwachungstechnik, mit der man noch auf eine Entfernung von zig Kilometern gestochen scharfe Aufnahmen machen kann, hängt es an einem langen Seil und steht nahe dem Kernreaktor bei Dimona.

Die Wanderung über den Hahnenkamm strapazierte Gelenke und Bänder. Und am Ende lauerte noch ein Abstieg von einigen Hundert Höhenmetern. Dann musste ich durch eine Unterführung unter einem Bahndamm hindurch. Nichts blieb mir erspart. Es war dieselbe Bahnstrecke, über die vergangene Nacht der Geisterzug gerollt war. Die Unterführung war für Zwerge gemacht, nicht für Wanderer mit Rucksack. Ich erreichte die andere Seite auf allen vieren, den Rucksack hinter mir her schleifend. Erschöpft kam ich mit den vorletzten Sonnenstrahlen des Tages in Oron an.

Der Zeltplatz lag neben dem Tor zu einer Phosphatmine. Fördertürme ragten in den Himmel, ab und an rollte ein Lastwagen aus dem Tor heraus. Ein Pförtnerhäuschen nährte meine Hoffnung, hier entgegen den Angaben des Wanderführers doch noch eine kalte Dose Cola aufzutreiben. Nichts hätte ich mir mehr gewünscht. Mein Körper verlangte nach Kalorien, nach Zucker. Weil der Pförtner kein Englisch sprach, begann ich zu gestikulieren. Es half nicht. Auf dem ganzen Werksgelände stand kein einziger Getränkeautomat. Ich gab auf.

Die Besonderheit des Zeltplatzes in Oron war ein Waschbecken mit Wasserhahn, und das galt mitten in der Wüste schon als Luxus. Ich wusch den Schweiß aus meinem T-Shirt und zog es, ohne es auszuwringen, nass, wie es war, wieder an. Zu meiner Verwunderung trocknete es innerhalb weniger Minuten komplett durch.

Meine Ausrüstung steckte den Wüsteneinsatz nicht ohne Weiteres weg. Das T-Shirt war vom Schweiß und von der Sonne angefressen und hatte sich großflächig von Schwarz nach Braun verfärbt. Das Leder meiner neuen Wanderschuhe hatte schon Risse bekommen, es dürstete nach Pflege. Bei nächster Gelegenheit wollte ich eine Tube Schuhwachs kaufen. Mein Denken fokussierte sich auf die nächste Stadt auf meinem Trail, auf Arad, das Ende der Wüste. Wenn ich schnell war, würde das noch drei Tage dauern.

Vielleicht zweihundert Kilometer vor mir auf dem Shvil lief Richard Bowles. Er lag schon einen ganzen Tag in seinem Zeitplan zurück, und das, obwohl er am Vortag sogar dreiundneunzig Kilometer geschafft hatte. Das war ein neuer Rekord. Nie zuvor in seiner Läuferkarriere hatte er an einem Tag so viele Kilometer zurückgelegt. Das erlaubte auch eine Prognose für den Erfolg seines Projekts – und die war nicht positiv. Um sein selbst gestecktes Ziel zu erreichen und den Shvil in nicht mehr als zwölf Tagen zu rennen, hätte Bowles von nun an jeden Tag ein Pensum von mehr als hundert Kilometern absolvieren müssen. Dass ihm das noch gelingen konnte, war alles andere als wahrscheinlich. Sein Lauf auf dem Israel National Trail sei »das heftigste Projekt überhaupt«, war an diesem Abend in seinem Blog zu lesen.

In der Nacht hatte die Temperatur nochmals einen kräftigen Sprung gemacht, es war jetzt vier oder fünf Grad wärmer. Der Trail zwang mich wieder hoch auf den Karbolet, aber das ging in Ordnung. Ich hatte eine ordentliche Portion Reis mit Linsen gefrühstückt und war wieder bei Kräften. Trotzdem brauchte ich für die ersten fünf Kilometer gut zwei Stunden. Der Krater wurde vom frühen Sonnenlicht gestreift und sah jetzt noch eindrucksvoller aus.

Der Weg verließ den Grat endgültig und wandte sich nach Westen. Selbst hier, mitten in der Wüste, gab es Zeichen einer frühen menschlichen Präsenz. Die Römer hatten, als sich ihr Reich bis hierhin dehnte, Treppenstufen in den Fels geschlagen. Sie führten mich hinunter zu einer Quelle, Ein Yorkeam. Im Winter und im Frühling sammelt sich hier Regenwasser. Aber heute wurde es nichts mit einem Bad. Es war zu wenig Wasser da, und die trübe Brühe sah auch nicht gerade vertrauenerweckend aus.

Immer wieder traf ich an diesem heißen Tag auf eine Dreiergruppe, die in dieselbe Richtung unterwegs war. Am Mittag teilten wir uns den einzigen Schatten weit und breit. Dicht an dicht drängten wir uns an die nördliche Wand einer Ruine auf einem Hügel mit guter Rundumsicht. Einst hatte dieses Gebäude den Römern als Wachtposten gedient. Wir plauderten. Ors Rucksack fiel mir auf. Obwohl er aus robustem grauem Cordura-Nylon bestand, wies er auf der linken Seite fünf lange Risse auf, von Hand wieder zusammengenäht, mit dickem purpurnem Faden. Die Risse waren fast sternförmig angeordnet, der längste von ihnen maß an die vierzig Zentimeter. Or erzählte: »Als wir in Shitim im Wüsten-Ashram übernachteten, war mein Rucksack am Morgen verschwunden. Wir sind sofort raus, und da lagen auch schon meine Sachen verstreut auf dem Boden. Die Lebensmittel waren weg, aufgefressen, der Rucksack war zerbissen. Es muss ein kräftiges Tier gewesen sein, größer und stärker als ein Hund oder ein Fuchs. Der Rucksack war fast voll beladen. Wir glauben, dass es ein Wolf war.«

Ich kam gut voran und hatte mir vorgenommen, an die vorgesehene Tagesetappe noch eine halbe weitere anzuhängen. Am Hamakhtesh Hakatan, dem Kleinen Krater, hatte ich Wasserflaschen deponiert, die wollte ich aufnehmen und noch etwa zehn Kilometer weiterlaufen. Ich erkannte die Stelle schon aus der Ferne, den markanten großen Busch und den seichten, trockenen Graben dahinter. Als ich näher kam, sah ich meine drei Flaschen offen in der Sonne liegen. Ich war entsetzt: Mein Depot war entdeckt worden! Zugleich war ich erleichtert, dass die Flaschen noch da waren. Die einzige Erklärung, die ich dafür fand, war die: Jemand hatte nach vergrabenen Lebensmitteln gesucht und war stattdessen auf die Flaschen gestoßen. Die interessierten ihn nicht, und er ließ sie zurück. Wie lange sie schon dort in der Sonne lagen – keine Ahnung. Aber sie wirkten unversehrt. Das Wasser darin war so heiß, dass ich ohne Weiteres einen Teebeutel hätte hineinhängen können.

Ich füllte den Schlucker und einen weiteren Wassersack mit insgesamt sechs Litern und lief weiter. Auf dem Parkplatz am Rand des Kraters stand verloren ein weißer Van. Es war ein Mietwagen, das erkannte ich an einem kleinen Aufkleber auf der Heckscheibe. Ich wollte noch meinen Plastikmüll loswerden und steuerte deshalb auf den Wagen zu. Wie sich bald herausstellte, waren darin zwei Schweizer Ehepaare unterwegs. Ich übergab ihnen meine Abfalltüte mit der Bitte, sie in der nächsten Stadt zu entsorgen. Die vier sahen mich verwundert an. Mit einem Backpacker in der Wüste hatten sie wohl nicht gerechnet. Ich erzählte ihnen von meiner Wanderung durch Israel. Nun stahl sich Mitleid in ihre Blicke, als könnten sie sich nicht vorstellen, dass jemand freiwillig eine solche Strapaze auf sich nimmt.

»Haben Sie viel abgenommen?«, war die erste Frage. Eine der Frauen stellte sie.

Ich schaute an mir herunter. Tatsächlich fand die Hose kaum noch Halt auf den Hüften, das war unübersehbar. Zwei, drei Kilo waren bestimmt schon weg. »Ja, ein bisschen«, sagte ich – und löste damit wohl einen mütterlichen Hilfereflex aus. Die Frau holte einen Apfel, eine Birne und eine Tafel Schweizer Schokolade aus dem Auto und drückte sie mir in die Hand. Ihr Mann gab mir eine weitere Flasche Wasser, »zur Sicherheit«. Sie meinten es gut mit mir.

»Warum machen Sie das?«, fragte er.

Ich hätte die letzten drei Wochen darüber nachgedacht, flachste ich, aber keine Antwort gefunden.

»Und die Bibel, die ist bekannt?«

Ich wunderte mich über die merkwürdige Formulierung seiner Frage. Sie klang, als hätte er es mit einem Analphabeten zu tun. Aber ich wusste jetzt, wohin die Reise ging. Die vier waren Bibeltouristen auf Spurensuche im Heiligen Land.

»Lesen Sie das Johannesevangelium«, empfahl mir der Mann, nein, er beschwor mich geradezu. »Es wird Ihnen die Augen öffnen.«

»Da steht so viel Wahres drin«, ergänzte seine Frau.

Ich dankte für die Lebensmittel, begleitete die Gruppe noch ein Stück bis zum Aussichtspunkt und sah dann zu, dass ich weiterkam. Mein Schatten wurde immer länger, die Zeit bis zum Einbruch der Dunkelheit immer knapper. Ein steiler Abstieg in den Krater wartete auf mich, und der Rucksack wog mit dem Wasservorrat jetzt an die zwanzig Kilo. Das ging ganz schön in die Knie. Vor allem behinderte es mich beim Klettern. Ein paar Mal kam ich ins Rutschen. Aber die steilsten Stellen waren mit Metallhaken, Leitern oder Geländern gesichert.

Der Krater war kleiner als die anderen zuvor und trotzdem imposant. Er war besonders symmetrisch geformt. In ihm glänzte das Gestein in der Abendsonne, als glühte es. Ich verfolgte meinen Schatten, ging also nach Osten. Der Weg zog sich, meine Kräfte schwanden. Ich stoppte schon bald und schlang die ganze Tafel Schokolade in mich hinein. In der Hitze wäre sie sowieso bald zerflossen.

»Warum machen Sie das?« – Die Frage ist leicht zu beantworten. Kein anderes Land, das ich kenne, ist so verrückt wie Israel. Und so faszinierend. Dass ich wiederkommen würde, war gleich nach meinem ersten Besuch klar. Im Dezember 2006, einige Monate nach dem Libanonkrieg, war ich mit einer Gruppe Journalisten unterwegs. Wir pendelten zwischen Israel und dem besetzten Westjordanland. In Jerusalem diskutierten wir mit dem stellvertretenden israelischen Verteidigungsminister, in Ramallah trafen wir ranghohe Hamas-Politiker. Durch Hebron führten uns ehemalige Soldaten, die die Besatzungspolitik nicht länger ertragen konnten und uns zeigten, wie die Siedler immer mehr Land in Besitz nahmen. Die Siedler liefen mit umgehängten Maschinenpistolen herum, und einige von ihnen huldigten einem jüdischen Terroristen. In Tel Aviv hörten wir die Geschichte einer jungen Frau, die einen palästinensischen Bombenanschlag überlebt hatte und trotzdem keine Rachegefühle verspürte. Jede Begegnung führte uns in eine andere Welt. Jede Erkenntnis warf weitere Fragen auf. Zehn Tage hatten damals bei Weitem nicht gereicht, um sie zu beantworten. Das war der Grund, warum ich eines Tages wiederkommen wollte. Und welchen kürzeren Weg gibt es denn, ein Land kennenzulernen, als es zu durchwandern?

Wasserdiebe auf frischer Tat

Das letzte Stück zum Nachtlager schleppte ich mich mehr, als dass ich wanderte. Dreißig Kilometer steckten mir schon in den Knochen. Ich hatte den Krater auf voller Länge durchquert und war an dessen einziger Öffnung angekommen: Satans Mund. Auf beiden Seiten strebten Felswände steil in die Höhe. Ich schraubte den Gaskocher auf die Kartusche und machte ein Tütengericht heiß. Hinter mir war die Sonne untergegangen, vor mir stieg majestätisch der Vollmond auf. Ich rollte die Matte aus, auf den Schlafsack konnte ich verzichten. Es waren noch immer dreißig Grad. Die Menge an Wasser, die jeden Tag durch meinen Schlucker floss, war von drei bis vier auf sechs bis sieben Liter gestiegen. Die Luft war so trocken, dass sie die Flüssigkeit aus meinem Körper saugte wie Löschpapier.

Ich brach um halb sechs in der Frühe auf und lief in den Krater zurück. Dort knickte der Shvil nach Norden ab, und ich folgte ihm. Ich beeilte mich, denn ich wollte den anstrengenden Aufstieg aus dem Krater hinter mich bringen, bevor die Sonne zu hoch geklettert war. Der Wetterbericht verhieß nichts Gutes. Statt dass die Hitze nachließ, griff sie noch stärker zu.

Oben auf dem Kraterrand war eine Pyramide aus Steinen aufgeschichtet worden. Ich hatte keine Ahnung, wer David Eisenberg war. Aber laut der Inschrift einer Tafel war er 1955 hier verdurstet, und man hatte ihm ein Denkmal gesetzt.

In Mezad Tamar holte ich die Wasserflaschen aus meinem Depot im alten Autoreifen. Alle drei Flaschen waren noch da. Der Platz ringsherum war hässlich wie die Nacht, zugemüllt mit Konservendosen, Tüten und verrosteten Fässern. Dazwischen stand schüchtern eine Ruine aus einer Zeit, als Mezad Tamar noch zum Römischen Reich gehörte. Ich war froh, die Nacht nicht hier verbringen zu müssen, und sah zu, dass ich weiterkam.

Für den Rest des Tages verlief der Shvil über Schotterpisten, die oft schnurgerade durch die Landschaft schnitten. Ein Förderband auf Stelzen spannte sich über die ganze Breite eines Tales. Das Band war so lang, dass ich weder erkennen konnte, woher es kam, noch, wohin es wollte. Angeblich transportiert es Mineralien vom Toten Meer zu einem Industriegebiet westlich von hier, wo sie auf Lastwagen und Züge verladen werden. Ansonsten gab es stundenlang nichts zu sehen außer Steinen.

Wegen der Trockenheit hatten sich meine Nasenschleimhäute zusammengezogen. Immer wieder füllte ich eine hohle Hand mit Wasser aus dem Schlucker und sog es durch die Nase ein, als wäre es Kokain. Das befeuchtete und verschaffte Linderung – wenigstens für kurze Zeit.

Gegen zwölf Uhr wollte ich rasten und suchte Schatten. Es gibt in der Wüste zwei Arten von Schatten: Der hinter Felswänden, am besten hinter leicht überhängenden, ist bei Wanderern

WASSERDIEBE AUF FRISCHER TAT

sehr begehrt, weil die Abschattung total ist und es dauert, bis die Sonne einen entdeckt. Leider sind solche Stellen selten. Und es gibt den Schatten unter Akazien. Meistens ist das ein Halbschatten, weil die Zweige nicht dicht genug beisammen stehen, und deshalb wird es dort schnell zu warm. Außerdem liegen unter Akazien oft Dornen, die sogar Geländewagenreifen durchstechen können, weshalb deren Fahrer einen großen Bogen um diese Bäume machen. An diesem Tag aber gab es gar keinen Schatten, solange ich auch suchte und hoffte und weiterlief. Als ich schließlich ein größeres Erdloch sah, stieg ich hinein und kauerte mich gegen eine seiner Wände. Aber auch ihr Schatten war zu klein. Außerdem bröckelte der Lehm ab, und der Wind blies feinen Sand auf mich. An Erholung war nicht zu denken. Also weiter.

Eine Stunde lang suchte ich noch Schatten, fand aber keinen. Ein mannshoher Strauch am Wegesrand war meine letzte Rettung. Ich rollte die Isomatte aus und steckte sie zwischen die dürren Äste, damit sie mir Schatten spendete. Der war an die vierzig auf hundertzwanzig Zentimeter groß – gerade eben genug für meinen Oberkörper. Die Dornen des Strauches durchbohrten die Matte, sie tanzte im Wind und der Schatten mit ihr. Ich lag auf dem Boden und nickte kurz ein. Auch dies war kein schöner Platz, aber in der Mittagssonne hatte ich es nicht mehr ausgehalten.

Am Nachmittag kam mir ein Konvoi von sieben Geländewagen entgegen. Ihre Fahrer saßen hinter geschlossenen Fenstern in klimatisierten Kabinen. Die vielen Schotterpisten machten die Gegend zu einem idealen Spielplatz für Allradfreunde. Der erste Wagen hielt, und die Fensterscheibe senkte sich mit einem leisen Summen. Der Fahrer fragte mich, ob alles in Ordnung sei. Wohin ich ginge. Ob ich Wasser brauchte. Ich dankte und lehnte ab, denn ein paar Kilometer weiter warteten ja mehrere Flaschen in meinem Depot auf mich. Das dachte ich jedenfalls.

Doch als ich eine gute Stunde später dort stand und grub, fand ich – nichts. Bisher hatten alle Verstecke funktioniert, aber hier

in Be'er Ef'eh war mein Vorrat geplündert worden. Die skrupello-
sen Wasserdiebe hatten zugeschlagen.

Ich checkte meine Vorräte. Ich hatte noch eine Reserve von
zweieinhalb Litern, das war definitiv zu wenig. Zum Glück gab es
in Be'er Ef'eh eine Straße, wenngleich sie wenig befahren war. Ich
stellte mich auf die Seitenmarkierung, und wenn ein Wagen kam,
hielt ich eine leere Wasserflasche in die Höhe, zeigte mit dem
Finger der anderen Hand darauf und tat, als ob ich aus der Flasche
trinken wollte. Ich fühlte mich wie ein Schauspieler. Aber offenbar spielte ich die Rolle nicht überzeugend genug. Ein voll besetztes weißes Auto fuhr vorbei. Ein roter Wagen mit Rennrädern auf
dem Dach ließ mich unbeachtet. Dann kam minutenlang niemand mehr.

Die Sonne sank fast bis auf den Horizont. Ich fragte mich
schon, ob das heute überhaupt noch etwas werden würde, da
tauchte aus der Gegenrichtung ein dritter Wagen auf, ein schwarzer Pick-up. Der Fahrer hielt, machte nicht viele Worte und
reichte mir eine 1,5-Liter-Flasche durch das Fenster. Für die
Nacht war ich jetzt versorgt, für den nächsten Tag aber, für die
letzte Wüstenetappe bis Arad, reichte mein Wasser noch nicht.
Also führte ich das Stück noch einmal auf. Ein weißer Land Rover
fuhr rechts ran und setzte zurück. Der Mann am Steuer füllte mir
vier Liter Wasser aus einem großen Kanister ab, während sein
vielleicht zehn Jahre alter Sohn auf dem Beifahrersitz saß und mit
dem GPS spielte. Die beiden waren auf dem Weg zum Wüsten-
camping.

Die Gegend um Be'er Ef'eh ist Beduinengebiet und gilt als unsicher. Meine israelischen Freunde hatten mir geschlossen davon
abgeraten, hier allein zu übernachten. Aber ich war am zweiten
Tag in Folge an die dreißig Kilometer gewandert, hungrig und
müde. Also suchte ich mir einen Schlafplatz zwischen Sträuchern
und warf den Kocher an. Nach dem Essen machte ich durch Zufall eine Beobachtung.

WASSERDIEBE AUF FRISCHER TAT

Ein weißes Coupé fuhr aus Richtung Arad heran, wurde langsamer. Aus dem Beifahrerfenster schaute sich ein Mann um. Er konnte mich nicht sehen, da ich ja hinter einem Gebüsch saß; ich aber sah ihn gut. Der Wagen hielt etwa hundert Meter entfernt von mir auf der anderen Straßenseite, zwei junge Männer stiegen aus. Sie hatten einen dunklen Teint, volles schwarzes Haar und trugen Jeans und T-Shirt. Die beiden suchten das Gelände ab, und es dauerte nicht lange, da rief der mit dem schwarzen T-Shirt dem mit dem blauen etwas zu. Offenbar hatte er einen Fund gemacht.

Da es windstill war, konnte ich hören, dass die beiden Arabisch miteinander sprachen. Jetzt eilte der Herbeigerufene zu seinem Kumpan, der eine zog zwei, der andere eine Wasserflasche aus dem Wüstensand. Die Flaschen, die Wanderer wie ich hier vergraben hatten und auf die sie später angewiesen sein würden, verschwanden im Kofferraum. Die Männer suchten nicht weiter, sie gaben sich mit ihrer Beute zufrieden und stiegen ein. Der Wagen wendete und verschwand in Richtung Süden.

Ich hatte die Wasserdiebe beobachtet – auf frischer Tat. Es waren Beduinen, daran hatte ich jetzt keinen Zweifel mehr. Aber warum taten sie das?

Viel weiter nördlich, kurz vor Tel Aviv, zerplatzte an diesem Tag ein Traum. Richard Bowles verabschiedete sich endgültig von seiner Idee, den Israel National Trail in zwölf Tagen zu laufen. Er entschied sogar, den Höllentrip erst einmal abzubrechen. Jeweils sechzig Kilometer hatte er in den vergangenen beiden Tagen geschafft, heute sogar nur fünfundvierzig. Auf den letzten zwei Kilometern habe seine Freundin Vickie ihn stützen müssen, schrieb er auf Facebook, denn sein Bein sei immer wieder weggeklappt. »Ich fühle mich kaputt. Mein Körper und mein Geist sind in guter Form. Aber mein linker Fuß ist entzündet und schmerzt unerträglich.«

Bowles pausierte eine Woche lang. Er ließ sich im Krankenhaus behandeln und neue, größere Schuhe besorgen, damit die bandagierten Füße hineinpassten. Mit ihnen begann er den zweiten Teil des Shvil und lief in wenigen Tagen die restlichen paar Hundert Kilometer bis zum Kibbuz Dan. Aber das Projekt blieb für ihn eine Niederlage. In seinen Blog schrieb er: »Zum ersten Mal in meiner Läuferkarriere bin ich gescheitert.« Was soll man nun davon halten?

Ich bewunderte Richard Bowles' Beharrlichkeit, seine Fitness und die Fähigkeit, seine Grenzen immer wieder hinauszuschieben – keine Frage. Gleichzeitig tat er mir leid. Nicht nur, weil er all die Strapazen auf sich nahm und das Land, durch das er rannte, doch nicht wirklich kennenlernen konnte. Israel war und blieb sein Abenteuerspielplatz. Während er lief, musste er sich ständig konzentrieren, um nicht hinzufallen. Und wenn er nicht lief und irgendwo in der Öffentlichkeit auftauchte, war da gleich großer Rummel. Er sprach vor Publikum, oder der Tourismusminister überreichte ihm eine Urkunde. Es schien mir, als wäre nicht Richard Bowles gekommen, um Israel zu erfahren, sondern Israel kam, um Richard Bowles zu erleben.

Er tat mir auch aus einem anderen Grund leid. Er konnte offensichtlich nie in sich ruhen, er musste immer weiter laufen, immer schneller sein, immer neue Rekorde aufstellen. Wenn er einmal sein Ziel nicht in zwölf Tagen erreichen konnte, wie er sich das für den Israel National Trail in den Kopf gesetzt hatte, sondern ein paar Tage länger brauchte, verstand er das gleich als Scheitern. Es ging ihm nicht nur um den Sport selbst, das Draußensein, die Natur, das Abenteuer. Es ging ihm immer auch darum, wie die anderen ihn sahen. Und wie sie ihn sehen sollten, das verriet seine Website. Hätte er dort einfach seine sportlichen Erfolge aufgelistet, es wäre schlicht beeindruckend gewesen. Aber seine Abenteuer mussten auch noch interpretiert werden. Deshalb wimmelte es auf der Website von Etiketten wie »Furchtlos!«, »Gefährlich!« oder »Risikoreich!«, damit auch der letzte Depp verstand, mit wem er es zu tun hatte.

WASSERDIEBE AUF FRISCHER TAT

In den Beschreibungen konnte das, was Bowles erlebt hatte, nicht dramatisch genug klingen. Es hatte geregnet in der Wüste an dem Tag, an dem er bis Ein Akev gekommen war und wir bis Midreshet Ben Gurion, gewiss, und der Wind hatte heftig geweht. Also ein Regensturm, meinetwegen. Aber in Bowles' Blog wurde daraus gleich ein dreifacher »Sand-, Wind- und Regensturm«. Und dann waren da angeblich noch die Raketen.

Auf seiner Website hieß es später, Bowles habe gleich am ersten Tag seines Laufes in der Negev-Wüste dauernd »vor Raketen in Deckung gehen« müssen. Die seien nämlich »über seinen Kopf hinweg« geflogen. Von einer »Kriegszone« war die Rede. Andere dächten da wohl ans Aufgeben, »aber Richard hielt durch, trotz seiner Angst«. Deckung suchen vor Raketen im Negev? Die Wüste ein Kriegsgebiet? In seinem ausführlichen Blog über das Laufprojekt hatte die Beschreibung des ersten Tages noch ganz anders geklungen. Immer wieder hätten ihn einheimische Läufer begleitet, einmal hätten sie sich verlaufen, aber an den Checkpoints habe Bowles frisch ausgesehen und sogar mit Rucksackwanderern geplaudert. Von Raketen oder Krieg stand da kein Wort.

Vielleicht war das Ganze dem Druck geschuldet, immer wieder Sponsoren finden zu müssen. Die braucht Bowles, damit sie ihm seine Laufprojekte bezahlen. Und dazu muss er immer wieder eine Öffentlichkeit auf sich aufmerksam machen, die schon alles Mögliche gesehen hat: Bergsteiger, die auf Skiern vom Mount Everest abfahren; Taucher, die sich ohne Atemluftflasche zweihundert Meter tief ins Wasser wagen; Basejumper, die sich mit ihrem Wingsuit irgendwo in China von einer Klippe stürzen und dann in atemraubendem Tempo zwischen zwei Felspfeilern hindurchdonnern. Wenn das die Liga ist, in der Richard Bowles mitspielen will, muss er immer wieder nachlegen. Und das tut er auch. In Nordsumatra lief er um den Mount Sinabung und rühmt sich seither als ersten Menschen, der »um einen explodierenden Vulkan gelaufen« sei. Auf einem Foto sieht man ihn durch tiefes Wasser waten. Das ist natürlich nicht irgendein Fluss im australischen Outback, sondern der »krokodilverseuchte« Daintree River.

In der Nacht in Be'er Ef'eh hatte ich mit dem gepackten Rucksack unter meinem Kopf geschlafen. Das war nicht gerade gemütlich gewesen und wahrscheinlich auch unnötig, aber die Warnungen meiner Freunde hatten mich verunsichert. Und auch der Wanderführer, ein mittlerweile stark zerfleddertes rotes Büchlein, warnte mich vor nächtlichen Dieben. Als ich um drei Uhr morgens aufstand, war ich gerädert.

Der Wetterbericht hatte Temperaturen von mehr als vierzig Grad angekündigt. Jeder *shvilist* musste zusehen, so schnell wie möglich in den Schatten zu kommen. Also wollte ich die letzte Wüstenetappe noch vor zehn Uhr morgens hinter mich bringen. Zum Frühstück löffelte ich eine Schale Müsli mit Wasser, dann machte ich mich auf den Weg.

Die Markierungen waren im Dunkeln kaum auszumachen. Ich lief in einem breiten, trockenen Flusstal auf Kies, verlor den Shvil, kam zu weit nach links ab, musste umdrehen. Die Stirnlampe half nicht weiter. Ihr Lichtkegel reichte nicht bis zu den nächsten Wegzeichen. Also holte ich das GPS-Gerät hervor. Zum ersten Mal seit Eilat war es mir von Nutzen. Sein Display leuchtete hell und klar, der Trail war in der elektronischen Karte eingezeichnet. Wie ein Radargerät lotste mich das GPS durch die Nacht. Langsam wich die Dunkelheit dem Tag.

Das Tal verengte sich, aus der Wanderung wurde Kletterei. Einen Felsabsatz nach dem anderen stemmte ich mich und den Rucksack hoch. Mit der Sonne ging auch mein Plan auf: Als die Hitze langsam unerträglich wurde, um kurz vor zehn also, kam hinter einer letzten bescheidenen Anhöhe endlich Arad in Sicht. Die Stadt markierte das Ende meiner Wüstenwanderung. Hinter Arad, das sagte jeder, werde alles einfacher. Es gebe wieder Wasser zu kaufen und Lebensmittel, es gebe Dörfer und Städte und sogar Wald. Was für ein Gedanke! Der weitere Weg bis zur libanesischen Grenze erschien mir an diesem Tag wie ein Kinderspiel.

Als wollte er mich quälen, schlug der Shvil kurz vor meinem Tagesziel noch einen Haken. Ich hatte schon den höchsten Punkt der Etappe erreicht, den Berg Kina. Von hier sollte ich nach Nordosten absteigen, nach drei Kilometern und einer Spitzkehre wieder bergan nach Nordwesten laufen – nur um nach Arad zu kommen, das direkt nördlich von mir fast auf gleicher Höhe lag und das ich schon gut erkennen konnte. Ich schätzte den Umweg auf vier Kilometer und vierhundert Höhenmeter. Angesichts der drückenden Hitze entschied ich mich für die Abkürzung. Oder für das, was ich für eine Abkürzung hielt.

In der Karte waren einige gestrichelte Linien verzeichnet. Sie wollten mir weismachen, dass vom Berg Kina eine Piste direkt in die Stadt führt. Aber solch eine Piste war im Gelände überhaupt nicht auszumachen. Genervt steckte ich die Karte weg und lief trotzdem drauflos, voller Optimismus und mein Ziel fest im Blick. Jeden noch so kleinen Trampelpfad interpretierte ich als Zeichen, dass ich auf dem richtigen Weg war. Aber schon bald hatte ich mich verfranzt.

Arad war hinter Hügeln verschwunden und nicht mehr zu sehen. Der Weg nach Norden war unpassierbar, alle vorhandenen Pfade liefen in verkehrte Richtungen. Ich entschied mich trotzdem für einen von ihnen und landete in einem Steinbruch.

Auf dem direkten Weg nach Arad zu gelangen, das hatte ich mir da schon abgeschminkt. Jetzt wollte ich mich nur irgendwie zur nächsten Straße durchschlagen. Jeder Steinbruch hat eine Ausfahrt, dachte ich und machte mich auf, sie zu suchen. Ich näherte mich einem Häuschen, als ein großes Gebelle einsetzte. Zwei Hunde hatten mich erkannt und rannten auf mich zu. Aber dabei blieb es nicht. Immer mehr Hunde kamen hinter dem Haus hervor, sie kläfften laut und zudringlich. Ich wurde nervös, nahm schnell eine Hand voll Steine auf und warf einen von ihnen in Richtung der Meute. Aber auch von hinten kamen jetzt Köter an, sie hatten mich schon fast umzingelt. Ein gutes Dutzend Hunde war hinter mir her. Ich sprintete einen Hügel aus Steinen hinauf, weil ich dachte, dass ich mich von oben besser verteidigen könnte. Bergauf anzugreifen, das sollten sie erst mal wagen! Dann traten – zu meinem Glück – zwei junge Männer aus dem Häuschen und setzten dem Spuk ein Ende. Vielleicht waren es die Wächter des Steinbruchs. Ich staunte, wie gut das ganze Rudel auf sie hörte. Englisch sprach keiner der beiden Männer, aber es ging auch ohne. Sie zeigten mir, wie ich aus dem Steinbruch herauskommen konnte. Und bis nach Arad war es dann wirklich nur noch ein Spaziergang.

Eine halbe Stunde später erreichte ich ein Café in einem Einkaufszentrum. Ich setzte mich unter einen überdimensionierten Sonnenschirm und ließ mir ein üppiges Frühstück servieren. Meine akribische Planung war im Großen und Ganzen aufgegangen: Bis auf eines hatten alle Wasserdepots funktioniert. In fast vier Wochen hatte ich die Negev-Wüste durchwandert.

Das Café war an diesem Morgen gut besucht. Zwischen den anderen Gästen fühlte ich mich wie ein Fremdkörper. Wie ich aussah! Fünf Nächte hatte ich draußen geschlafen, fünf Tage nicht geduscht und nicht die Kleider gewechselt. Mein Hemd war ranzig vom Schweiß, die Hose von spitzen Steinen durchgescheuert. Meine Haut war spröde, unter den Fingernägeln steckte Dreck. Ich dachte an die vergangenen Wochen, an die fünf Monteure in Elifaz, die Schweiger von Neot Semadar, die Hippies im Wüsten-Ashram und den australischen Marathonläufer. Die Wüste zog sonderbare Gestalten an. Ich war wohl eine von ihnen.

הַמֶּרְכָּז

DAS ZENTRUM

Schweine auf heiligem Boden

Aus dem Nichts streckte sich mir plötzlich eine Hand entgegen, ich erschrak. Esther hatte ihren Mann Aron im Schlepptau und war direkt auf mich zugestürzt. Wir hatten uns im Einkaufszentrum in der Mitte von Arad verabredet, wo ich in einem Café saß, und Esther hatte mich sofort entdeckt. Ich konnte mich kaum vorstellen, schon gab sie Anweisungen.

»Nimm deinen Rucksack, und vergiss das Handy nicht.« Es lag auf dem Tisch.

»Hast du schon gezahlt?«

»Noch nicht.«

»Dann musst du jetzt zahlen.« Die Kellnerin an der Bar sprach gerade mit einem anderen Kunden, aber Esther störte das nicht im Geringsten.

SCHWEINE AUF HEILIGEM BODEN

»Der Mann hier möchte zahlen«, rief sie, ohne auch nur eine Sekunde zu zögern.

»Sechzehn Schekel«, sagte die Kellnerin auf Englisch, ich hatte es gut verstanden und kramte schon die Münzen aus meinem Portemonnaie hervor.

»Sechzehn Schekel«, wiederholte Esther in meine Richtung, als müsste das noch übersetzt werden. Ich zahlte, und Esther bedankte sich bei der Kellnerin, bevor ich es tun konnte.

»Komm mit«, sagte sie und spazierte voraus zum Parkplatz, wo das Auto stand. Esther war ein Energiebündel, sie ließ mir kaum Luft zum Atmen. Und ich hatte die Vermutung, dass es Aron manchmal auch so ging. Bislang hatte ich von ihm jedenfalls – außer der Begrüßung – noch kein Wort gehört.

Wir fuhren zu ihrem Haus, einem geräumigen und liebevoll eingerichteten Einfamilienhaus mit einem gepflegten Garten am Rande des Fünfundzwanzigtausend-Seelen-Städtchens. Esther hatte das Gästezimmer schon hergerichtet: Ein frisch bezogenes Bett, ein Badetuch und eine heiße Dusche warteten auf mich. Ich fühlte mich einmal mehr wie Gott in Israel.

Am Nachmittag, als ich mich eine Zeit lang auf der Terrasse ausgeruht hatte, machte Esther Cevapcici mit Pommes. Beim Essen stellte sie mir die üblichen Fragen, und wenn meine Antwort etwas zu lang ausfiel, sagte sie: »Iss weiter, sonst wird es kalt.«

Aron war dagegen ein äußerst ruhiger Typ. Er saß am Computer und guckte sich Videos über Motorräder und Waffen auf YouTube an. Das waren, neben dem Angeln, seine Hobbys. In der Wohnung hingen Bilder von seinen Motorradtouren, und das Auto hatte er mit Aufklebern der National Rifle Association dekoriert, einer Organisation der amerikanischen Waffenlobby. Aron schoss auf lange Distanzen, fünfhundert Meter und mehr. Dafür muss man eine ruhige Hand haben.

Über meine Abendplanung brauchte ich mir keine Gedanken zu machen, das hatte Esther längst getan. Sie wollte eine Lesung besuchen, mich aber nicht dorthin mitnehmen (zum Glück), denn ich verstünde ja kein Wort (wohl wahr), also würde mich Aron später mit dem Auto in den Pub fahren, und auf dem Weg dorthin würden wir sie abholen. Das klang gut.

Der Pub war eine Sports Bar. In dem riesigen Flachbildfernseher, der an der Wand hing, lief ein Fußballländerspiel, und die Decke war komplett mit Symbolen von Fußballclubs aus aller Welt dekoriert. Die deutschen Vereine waren, wie mir schien, besonders prominent vertreten. Aber das konnte auch ein Fall von selektiver Wahrnehmung sein.

Ich wunderte mich, dass Esther und Aron ihr Haus nicht abschlossen. Nur eine Tageswanderung entfernt hatte man mich eindringlich vor Dieben gewarnt, und hier standen die Türen offen. Wie passte das zusammen? »Arad ist ziemlich sicher«, sagte Aron. »Früher hatten wir Probleme mit den Palästinensern. Die kamen aus dem Westjordanland rüber und klauten Autos. Hebron ist nicht weit von hier. Aber das hat sich gegeben. Jetzt machen eher die Russen Probleme. Mit ihnen kam der Wodka in die Stadt. Und die Gewalt. Allerdings sind das meistens interne Differenzen, die sie da austragen.«

Russische Israelis hatte ich seit Eilat nicht mehr gesehen. Aber in Arad waren sie sehr präsent. Nach der Perestroika erreichte Anfang der Neunzigerjahre eine ganze Welle russischer Juden Israel, genauer gesagt: Einwanderer aus den früheren Sowjetrepubliken. Sie und ihre Nachkommen stellen heute zwanzig Prozent der jüdischen Bevölkerung. Sie haben eigene Zeitungen und Radiosender. In manchen Stadtteilen wird mehr Russisch als Hebräisch gesprochen. Aber das wandelt sich: Immer mehr Russen fühlen sich als Israelis.

Ich verließ Arad am frühen Morgen. Zärtlich streichelten Sonnenstrahlen die Dächer. Im einzigen Laden, der so früh schon geöffnet hatte, besorgte ich noch etwas Obst und Gebäck für den

SCHWEINE AUF HEILIGEM BODEN

Tag. Hinter einem Neubaugebiet war die Stadt abrupt zu Ende. Eine breite Straße mit Grünstreifen in der Mitte hörte einfach auf.

Die Gegend hinter Arad war hässlich. Nicht Stadt, aber auch nicht Natur. Nicht mehr Wüste, aber auch noch nicht bewaldet. Es war Brachland: Büsche, Unkraut, Müll. Wie majestätisch hatte dagegen die Wüste gewirkt – rein und unberührt.

Vereinzelt sah ich Beduinencamps. Eine Frau in einem knöchellangen schwarzen Gewand und mit rotem Kopftuch trug zwei Eimer voll Abfall aus ihrer Hütte und kippte den Inhalt, ohne zu zögern, in eine Senke, die mit Müll schon gefüllt war. Am Wegesrand verweste ein totes Schaf. In einem Graben brannte ein Haufen Plastik, und der Wind trieb den schwarzen Rauch über meinen Weg. Ausweichen konnte ich nicht, denn zu meiner Rechten lag ein Graben, zu breit, um über ihn zu springen. Ich hätte die Rauchfahne weiträumig umlaufen müssen, aber dazu hatte ich keine Geduld. Also Augen zu und durch. Der Rauch stank und biss mir in die Nase. An diesem Morgen wünschte ich mich in die Wüste zurück.

Die Markierungen wurden schlechter, und mehr als einmal blieb ich stehen und grübelte über der Landkarte. Das Gelände war so flach, dass jeder einfach dort fuhr, wo es ihm beliebte. Und wo zwei-, dreimal ein Pick-up drübergebrettert war, entstand schon eine neue Piste, die natürlich nicht in meiner Karte verzeichnet war.

Auf einer dieser Pisten wurde ich von einem tiefergelegten weißen Sportwagen überholt, ganz langsam. Wegen der vielen Schlaglöcher kam der Wagen kaum schneller voran als ich, und so fuhr er eine Zeit lang in kurzem Abstand vor mir her. Am Steuer saß ein junger Beduine. Er musste aufpassen, um mit seinem Gefährt nicht irgendwo aufzusetzen. So ein Auto ist in der Wüste so praktisch wie ein Paar Abfahrtski. Um irgendwohin zu kommen, musste der Beduine jeden Tag über die Piste schleichen, bevor er die nächste asphaltierte Straße erreichte. Deshalb waren hier sonst nur Pick-ups unterwegs.

Am Nachmittag quälte ich mich den Amasa hinauf. Er ist mit 859 Metern der zweithöchste Berg auf dem Israel-Trail. Die Sicht war klar, und ich meinte, in der Ferne hinter mir den Karbolet auszumachen. Vor mir öffnete sich der Yatir-Wald. Ich war völlig aus dem Häuschen. Wochenlang hatte ich so gut wie keine Bäume gesehen, und wenn, dann waren es trockene, verkrüppelte Bäumchen gewesen. Jetzt döste ich im Schatten von Kiefern und hörte Vögel singen. Das war also die Grenze zwischen Wald und Wüste.

Die Autoren der Bibel wussten noch von einem bewaldeten Heiligen Land zu berichten, von Eichen, Akazien, Zypressen und Tamarisken. Doch der ursprüngliche Wald wurde schon vor Jahrhunderten fast komplett abgeholzt. So gut wie alles, was heute noch wächst, wurde seit Beginn des 20. Jahrhunderts angepflanzt. Die ersten jüdischen Siedler setzten vor allem Kiefern. Die kannten sie aus Europa, sie sind anspruchslos und wachsen schnell. Aber Kiefern sind in Israel nicht heimisch und haben, vor allem in Monokultur, etliche Nachteile. Die Nadeln sind schwer zersetzbar und lassen den Boden versauern. Die trockene Nadelstreu und das leicht brennbare, harzreiche Holz erhöhen die Waldbrandgefahr. Und ein Feuer überstehen angesengte Kiefern längst nicht so lässig wie etwa die Eiche, die schon kurze Zeit später wieder austreibt. Heute werden deshalb hundertfünfzig Sorten gepflanzt, unter ihnen Akazien, Eukalyptusbäume, Terebinthen, Zedern, Eichen, Aleppo-Kiefern und Zypressen. Der Yatir-Wald ist das größte Aufforstungsprojekt in Israel.

Mein Ziel für den Tag war die Försterei. Dort gab es einen Raum für Wanderer, in dem ein paar Betten dicht beieinander standen. Eine Herdplatte, Duschen und ein WC gab es auch. Nur der Förster ließ sich nicht blicken. Weil das Wetter gut und der Raum stickig war, rollte ich meine Matte im Innenhof aus und schlief im Freien.

SCHWEINE AUF HEILIGEM BODEN

Mit dem Wald kamen auch die Stechfliegen. Sie wurden zur Plage. Die Viecher waren so flink, dass ich vermutete, sie würden schon im Landeanflug den Stachel ausfahren, um nach einem geglückten Aufsetzer gleich loslegen zu können. Aber am frühen Morgen war es noch kühl, die Stechfliegen waren träge. Das nutzte ich schamlos aus. Dreizehn von ihnen erschlug ich aus reiner Selbstverteidigung. Vielleicht waren auch Rachegedanken im Spiel.

Meitar liegt nicht direkt auf dem Shvil, aber ich sehnte mich nach frischen Falafeln und einem Kaffee, also nahm ich einen Umweg in Kauf. Im Ortszentrum saß ich auf einer Bank, als eine Frau mit ihrem Sohn auf mich zukam und mich ansprach. Sie musste Mitte fünfzig sein. Ihr Englisch sei leider sehr schlecht, sagte sie entschuldigend. Aber sie wolle mich zu sich nach Hause einladen. Ich sei bestimmt hungrig, und sie wolle mir etwas Schönes kochen. Ich könne auch ein Schläfchen machen und duschen, wenn ich wollte. Oder über Nacht bleiben und morgen weiterwandern. Ich war überwältigt. Die Gastfreundschaft der *trail angels* hatte ich ja schon kennengelernt. Aber dass mich fremde Leute von der Straße pflücken und mir ein Rundum-sorglos-Paket schnüren wollten, das überraschte mich.

Die Frau pries ihr Angebot in höchsten Tönen, und als ich zögerte, gab sie mir Bedenkzeit, während sie zu einem kurzen Einkauf in den Supermarkt ging. Ihr Sohn setzte sich derweil zu mir auf die Bank, wir plauderten. Er erzählte von seinem Militärdienst. Drei seiner besten Jahre habe er dem Staat geopfert, klagte er. Jetzt war er Anfang zwanzig, klang ausgelaugt und war froh, den Dienst hinter sich zu haben. Er plante eine längere Asienreise, nach Goa in Indien und vielleicht auch nach Thailand. Er wollte es richtig krachen lassen. Das machten sehr viele Israelis, sagte er.

Seine Mutter kehrte vom Einkauf zurück und fragte, wie ich mich entschieden habe. Sie meinte es wirklich ernst mit ihrer Einladung. Trotzdem sagte ich ab. Ich wusste, dass ich wieder meine ganze Geschichte würde erzählen müssen: Woher? Wohin? Warum Israel? Warum allein? Das wollte ich nicht, jedenfalls nicht heute. Ich war einfach nicht zu Konversation aufgelegt. Mit dem schlechten Gefühl, dass ich die gute Frau womöglich gekränkt hatte, setzte ich meine Wanderung fort.

Vom Parkplatz vor dem Einkaufszentrum lief ich querfeldein und schnitt ein Stück des Weges ab. Kurz vor der Straße 60 überquerte ich einen Bach, ein Rinnsal eher. Es war der Hebron, der verschmutzte Zufluss des Besor, von dem David Lehrer am Arava-Institut erzählt hatte. Hier irgendwo musste eine Wassermessstation sein, denn die Grenze zum besetzten Westjordanland war nah. Und mit ihr die Sperranlage.

Während die Sperranlage um Jerusalem aus einer Betonmauer besteht, sah ich in der Gegend um Meitar einen doppelten Zaun: auf palästinensischer Seite einen Elektrozaun, auf israelischer einen Maschendrahtzaun mit Stacheldrahtrollen. Zwischen ihnen sonnte sich eine tadellose, frisch asphaltierte Straße, auf der kein Auto fuhr – sie war wohl Militärfahrzeugen vorbehalten. Ein Kontrollpunkt der Armee tauchte auf, ein gedrungenes Gebäude aus dickem grauem Beton, der Wachturm mit winzigen Fenstern.

Ich wanderte ein Stück auf einer Straße, die parallel zum Zaun verlief. Die israelische Seite war grün und bewaldet, die palästinensische gelb und kahl. Ich machte eine Entdeckung: Der Zaun hatte Löcher. Sie waren so groß, dass man sogar durch sie hindurchsteigen konnte. Ich wunderte mich, dass das Militär diese Löcher nicht verschloss. Sie waren unmöglich zu übersehen. Auch lag die Stelle nicht weit vom Checkpoint entfernt, und der größte Teil der Sperranlage wird mit Videokameras überwacht. Was war hier los?

Wie ich später erfuhr, ist das die Eine-Million-Dollar-Frage. Es gibt auf sie keine offizielle Antwort, aber es wird viel darüber spekuliert. Offensichtlich ist den Behörden bekannt, dass immer wieder Arbeiter ohne Papiere aus dem Westjordanland nach Isra-

SCHWEINE AUF HEILIGEM BODEN 139

el kommen. Eine ganze Schlepperindustrie hat sich entwickelt: Palästinensische Fahrer bringen die Arbeiter zu einem der Löcher im Zaun. Dort springen sie raus, rennen auf die andere Seite und steigen in ein wartendes israelisches Fahrzeug, das mit ihnen davonbraust. Manchmal fangen Soldaten die Eindringlinge ab und nehmen sie fest. Aber oft, da sind sich Beobachter einig, lässt die Armee ihnen freie Hand. Dazu passt, dass manche Löcher im Zaun nicht verschlossen werden. Spekuliert wird, dass das ein Ventil sei, um die wirtschaftliche Not der Palästinenser im Westjordanland zu mildern. Hätten sie keine Chance, ab und an etwas Geld dazuzuverdienen, wäre die Lage in den besetzten Gebieten noch viel explosiver. Die illegalen Arbeiter bleiben oft für ein oder zwei Wochen in Israel, bevor sie zu ihren Familien zurückkehren. Sie verdingen sich als Tagelöhner, oft auf Baustellen. Da verdienen sie viel mehr als auf der anderen Seite des Zaunes.

Ich erreichte den Eingang zum Kibbuz Lahav, wo ich übernachten wollte, und rief Avi von der *Trail-angel*-Liste an. Per Fernsteuerung ließ er das schwere elektrische Tor öffnen. Das Gelände war sehr gepflegt, der Rasen akkurat geschnitten, die Straße gekehrt. Nahe dem Mini-Supermarkt lag eine Wohnung mit zwei Schlafräumen, die man eigens für *shvilistim* hergerichtet hatte.

Über den Kibbuz Lahav kursiert in Israel eine wilde Geschichte: Lahav sei der einzige Kibbuz im Land, der Schweine züchte. Und weil das natürlich ganz und gar nicht koscher sei, habe man sich einen Trick einfallen lassen, um das Verbot der Schweinezucht zu umgehen: Die Tiere schwebten auf einer Gitterrampe, um den heiligen Boden nicht zu berühren. Mehrmals hatte ich diese Geschichte gehört, von anderen *shvilistim* und von israelischen Bekannten. Auch in der Presse taucht sie immer wieder auf. Ich wollte wissen, was an der Sache wirklich dran war.

In Lahav war man über die Presseberichte gar nicht glücklich. Avi beeilte sich zu betonen, dass nicht der Kibbuz die Schweinezucht betreibe, sondern eine Forschungseinrichtung, die lediglich das Gelände vom Kibbuz gemietet habe. Lahav C.R.O. besteht schon seit fünfzig Jahren und ist eines der führenden Forschungsinstitute für Tierversuche in Israel. Sein Direktor, Ofer Doron, ein sportlicher, braungebrannter Typ mit kurzem Haar und sichtlich Freude an seiner Arbeit, war sofort bereit, mir das Institut zu zeigen.

Es war gerade renoviert worden und topmodern: hochwertiges Holz, Glastüren, viel Tageslicht. Ich musste Füßlinge über meine Straßenschuhe ziehen, eine hellgrüne Kopfhaube aufsetzen, wie man sie aus Operationssälen kennt, und einen blauen Baumwollkittel tragen. Das sollte die Schweine gegen eingeschleppte Keime schützen.

»Schweine sind dem Menschen in vielen Aspekten sehr ähnlich«, dozierte Ofer. »Deshalb eignen sie sich hervorragend für eine ganze Reihe von Versuchen. An ihnen testen wir zum Beispiel Medikamente, die Leben retten können, oder medizinische Ausrüstung. Eine typische Forschungsfrage wäre etwa: Was ist die richtige Größe für einen Katheter oder ein Implantat?«

Um das herauszufinden, werden die Schweine in Lahav operiert, als wären es Menschen. In einem Vorbereitungsraum werden sie gewaschen, dann bringt man sie durch eine Schleuse, und ab dort ist das Forschungszentrum ausgestattet wie eine vollwertige Klinik. Ofer führte mich zu einem der beiden Operationssäle. Ein Zweihundertvierzig-Kilo-Schwein lag auf dem OP-Tisch, teilweise abgedeckt mit sterilen grünen Einmaltüchern. Dem Schwein waren Infusionsschläuche angelegt worden. Ein Anästhesist kontrollierte den Puls, das EKG und die Sauerstoffsättigung des Blutes, während ein Operateur mit einem Endoskop hantierte. Die Bilder aus dem Gerät wurden live auf große Flachbildschirme in einem Besprechungszimmer übertragen, das gleich nebenan lag und eine große Fensterfront zum Operationssaal hatte. Der Besprechungsraum war gegen Tageslicht abgeschirmt, und zwei Mitarbeiter des Auftraggebers verfolgten dort den Tierversuch. Einer machte sich Notizen, einer trank Kaffee.

Neunundneunzig Prozent der Kunden von Lahav C.R.O. sind israelische Firmen, unter ihnen einige Ableger amerikanischer Gesundheitskonzerne. Und die meisten Geräte im Operationssaal stammen aus Deutschland, von Siemens. »Die modernste Ausrüstung ist uns gerade gut genug«, sagte Ofer stolz. »Wir forschen für die Zukunft. Denn du musst bedenken: Von der Idee bis zur Markteinführung eines medizinischen Produkts vergehen zwischen fünf und zwanzig Jahren.«

Die Führung endete, wo sie begonnen hatte, am Eingang des Instituts, vor einer Glasvitrine. In ihr sammelten die Mitarbeiter rosa Plüschschweine, Schweinebildchen, -figuren und -anhänger aus aller Welt. »Wenn du das nächste Mal kommst«, sagte Ofer, »musst du uns auch ein Souvenir für die Vitrine mitbringen.«

War das jetzt zynisch? In den Operationssälen legten sie die Schweine unters Messer, und hier vorne machten sie auf Tierfreund? Hatten sie denn gar keine Skrupel? Ich konfrontierte Ofer mit meinen Bedenken.

»Ein nationales Ethikkomitee genehmigt jeden einzelnen unserer Tierversuche«, sagte er. »Und wir testen auch keine Kosmetika, sondern allein medizinische Produkte.« Ich denke, sie mögen die Schweine schon. Aber noch mehr mögen sie die Menschen, die von ihren Tierversuchen profitieren sollen.

Und was war nun dran an dem Gerücht, dass die Schweine auf einer Gitterrampe gehalten werden, damit sie den heiligen Boden nicht berühren?

»Das ist eine schöne Legende der Städter«, sagte Ofer. »Aber es ist Quatsch. Warst du schon mal in einem Schweinestall?«

»Ja, in Deutschland.«

»Und wo stehen da die Schweine?«

»Auf einem Gitter.«

»Und warum?«

Ofer examinierte mich, als wäre ich zur Prüfung für ein Schweinezüchterdiplom angetreten. Ich sagte: »Damit ihr Kot durch das Gitter fällt und der Stall sauber bleibt.«

»Eben! Und das ist hier genauso. Schweine sind reinliche Tiere. Deshalb werden sie so gehalten, dass sie nicht im eigenen Kot liegen müssen. Das würden sie draußen in der Natur schließlich auch nicht machen. Mit Religion hat das gar nichts zu tun.«

Bei der Fleischproduktion liegt die Sache anders. Die hat nämlich mit Religion eine ganze Menge zu tun, jedenfalls in Israel. 3. Buch Mose 11,3: »Was unter den vierfüßigen Tieren geteilte Klauen hat, wovon nämlich die Klauen ganz durchgespalten sind, und was wiederkäuend ist, das dürft ihr essen.« Nun sind Schweine keine Wiederkäuer, ihr Fleisch ist also tabu. Aber das Schwein gilt im Judentum schon als dreckig und unheilig, wenn es noch lebt, es ist der Inbegriff des Treifen, des Unkoscheren. In Israel verboten sind deshalb neben der Schlachtung auch die Züchtung und Haltung von Schweinen. Es gibt nur wenige Ausnahmen: für wissenschaftliche Forschung – darauf beruft sich das Institut in Lahav – und für Zoos sowie eine bestimmte Region in Galiläa. Das ist ein Zugeständnis an die religiöse Minderheit der arabischen Christen, die vor allem zwischen Haifa und dem See Genezareth lebt. Heute wird fast das gesamte Schweinefleisch für den israelischen Markt dort produziert. Denn Schweinefleisch zu verkaufen ist in Israel merkwürdigerweise nicht generell verboten. Die Entscheidung darüber obliegt den Kommunen.

Trotzdem drucksen Händler und Kunden herum. Man bestellt nicht etwa Schweinefleisch, sondern »weißes Fleisch«. Auf Lebensmittelverpackungen wird oft der Begriff »anderes Fleisch« verwendet. Die Nachfrage steigt, vor allem wegen der aus Russland und den übrigen Staaten der ehemaligen Sowjetunion eingewanderten Juden. Die sind oft nicht religiös und nehmen die jüdischen Speisevorschriften nicht sonderlich ernst. Die Nachfrage

SCHWEINE AUF HEILIGEM BODEN

steigt aber auch, weil die komplizierten Speisegesetze vielen jungen Israelis als veraltet gelten. Hippe Restaurants in Tel Aviv führen Prosciutto oder Chorizo auf der Karte. Außerdem haben Feinkostläden und die Supermarktkette Tiv Ta'am Schweinefleisch ins Sortiment genommen.

Dadurch fühlen sich wiederum die Religiösen provoziert. Läden, die Schweinefleisch verkaufen, sind schon angegriffen worden, und die Filialen von Tiv Ta'am werden von den Religiösen boykottiert. Denn in deren Regalen steht eine ganze Reihe von unkoscheren Produkten, und verkauft wird sogar am Schabbat. Als Eli Landau, ein inzwischen verstorbener Kolumnist und Kochbuch-Autor, vor ein paar Jahren das erste hebräische Schweinefleisch-Kochbuch auf den Markt bringen wollte, war das nicht einfach. Die Verlage fürchteten Anfeindungen und lehnten die Publikation ab. Schließlich gab Landau »Hasefer Halavan« (Das Weiße Buch und andere Rezepte) im Selbstverlag heraus.

Ein kleiner Teil der Schweine, die in Folie verpackt in israelischen Geschäften landen, wird in Lahav gezüchtet. Das sind nicht die Schweine, die für Versuche herhalten müssen, sondern andere Tiere aus derselben Herde. »Um für die Forschung geeignete Schweine zu bekommen, müssen wir eine Herde halten, die mindestens fünfmal so groß ist«, erklärte Ofer. Deshalb – und nur deshalb – würden überzählige Tiere an einen Schlachtbetrieb verkauft. »Was soll ich denn sonst mit all den Männchen machen? Wir liefern ja auch Tiere für Experimente an andere Kliniken, und die wollen alle nur Weibchen kaufen.«

Was Ofer selbst betraf, so war auch er kein Verächter von Schweinefleisch. Nach Feierabend legte er gern ein dickes ›weißes‹ Steak auf den Grill.

Aufstieg ins Judentum

Außerhalb des Kibbuz, auf einem Hügel, liegt das Joe Alon Center, ein Museum über die Kultur der Beduinen. Die Ausstellung wirkte ein bisschen verstaubt, war aber interessant. Israels Beduinen waren nicht aus dem Sinai hierhergekommen, wie ich vermutet hatte. Sie stammen von der Arabischen Halbinsel. Während ein Teil von ihnen nach Ägypten weiterzog, bogen ein paar rechts ab und blieben in der Negev-Wüste. Das war vor zweihundertfünfzig Jahren. Auf der Suche nach Wasser und neuen Weidegründen für ihre Herden oder auf der Flucht vor Blutrache zogen sie umher. Im Sommer bauten sie Zelte aus Sackleinen, im Winter solche aus gewebtem schwarzem Ziegenhaar. Die Zahl der Mittelstangen dieser Zelte gab Auskunft über die Ehre und den Status ihres Besitzers.

AUFSTIEG INS JUDENTUM

Stritten sich zwei Beduinen, kam ein Schlichter ins Spiel. Der konnte, wenn es für eine Anschuldigung keine Zeugen oder keine Belege gab, auch schon mal die Beweislast umdrehen: Dann musste der Beschuldigte zeigen, dass er unschuldig war. Dafür gab es *bisha'a,* das Feuerlecken. Der Beschuldigte musste dreimal an einem glühend heißen Metalltopf lecken. Blieb seine Zunge unversehrt, war er unschuldig. Verbrannte er sich die Zunge, war er schuldig. Ob diese Prozedur auch im 21. Jahrhundert noch praktiziert wird, verriet die Ausstellung nicht.

Anfang des vorigen Jahrhunderts begann, zunächst schleppend, eine Entwicklung, die bis heute anhält: Immer mehr Beduinen werden sesshaft. Zuerst bewegen sie ihre Zelte seltener oder gar nicht mehr. Dann verstärken sie sie mit Blech, Folie oder Holz. Manche Beduinen bauen sogar Steinhäuser. Der israelischen Regierung missfallen diese Siedlungen, die sich keiner Planung und keiner Genehmigung unterwerfen wollen. Sie versucht, die Beduinen zum Umzug in sieben Städte zu bewegen, die sie für sie angelegt hat. In ihnen leben heute schon mehr als die Hälfte der Negev-Beduinen. Aber die Städte sind eng und dreckig, Jobs gibt es nur wenige. Die Beduinen haben gute Argumente, nicht dorthin zu ziehen. Sie lebten schließlich schon lange vor der Staatsgründung im Jahr 1948 im Negev. Landbesitz regelten sie auf traditionelle Weise. Deshalb haben die meisten Beduinen auch keine Urkunden, aus denen hervorgeht, dass ihnen das Land gehört, auf dem sie leben. Und nun kommt die Regierung und verlangt genau das: einen schriftlichen Nachweis. Wer ihn nicht hat, bekommt Probleme. Immer wieder lassen die Behörden Bulldozer rollen, um ›illegale‹ Beduinensiedlungen plattzumachen.

Ich verbrachte eineinhalb Stunden im Museum. Aber meine größte Frage blieb offen: Warum stehlen Beduinen die Wasserflaschen der *shvilistim?*

Eine restlos überzeugende Antwort fand ich auf der ganzen Reise nicht. Mir war auf meiner Wanderung zwar klar geworden, dass Wasser in der Wüste viel wertvoller sein kann als im Supermarkt – besonders, wenn man eine Herde Ziegen hütet, den ganzen Tag in der Sonne verbringt und nicht genügend Trinkwasser bei sich hat. Aber auf die Diebe, die ich beobachtet hatte, traf das alles nicht zu. Sie fuhren mit dem Auto vor und bedienten sich an den Wasserflaschen der Wanderer wie andere Leute an ihrem Kühlschrank.

Der Israel-Trail leitete mich am Shikma-Fluss entlang, der wenig Wasser führte. Fünf Kilometer lief ich neben einem Bahndamm her, der Eisenbahnverbindung zwischen Tel Aviv und Be'er Sheva. Nur wenige Züge ratterten an mir vorüber. Später gesellte sich die Autobahn 40 dazu, und es kam der Punkt, an dem ich unter der Autobahn, die hier auf einem Damm geführt wurde, hätte durchlaufen sollen. Allerdings hatte der Regen Schlamm in die Unterführung gespült, und es war eine riesige, knietiefe Pfütze entstanden. Man konnte fast von einem See sprechen, der sich hier im Schatten der Autobahn vor der Sonne versteckte. Die Unterführung war auf ganzer Breite unpassierbar. Es blieb mir nichts anderes übrig, als die Fahrbahn zu überqueren.

Ich kraxelte auf den Damm und beobachtete den Verkehr. Noch nie zuvor war ich über eine Autobahn gelaufen. In Israel gilt Tempo 100, aber niemand hält sich daran. Gefühlt kamen mir die Autos doppelt so schnell vor. Wie Geschosse rasten sie an mir vorbei. Mein Puls stieg. Als die Gelegenheit günstig war und sich eine Lücke auftat, rannte ich los. Zu meinem Vorteil war die Fahrbahn zweigeteilt, und in der Mitte lag ein Grünstreifen, der mir für kurze Zeit Asyl gewährte. Auf der anderen Seite der Autobahn sah ich Reste einer Eisenbahnbrücke, die die Osmanen kurz nach Beginn des Ersten Weltkriegs gebaut hatten. Siebzig Jahre später war die Brücke in sich zusammengefallen.

Ich lief durch riesige Weizenfelder, bevor ich vom Shvil abwich und die Philip Farm ansteuerte. Die Farm verkaufte Oliven,

AUFSTIEG INS JUDENTUM

Olivenöl, hausgemachte Marmelade, Käse und köstliches Labaneh. Das ist ein Rahmjoghurt aus Schafsmilch, den man auf fri-
schem heißem Pitabrot und mit einem Schuss Olivenöl serviert.
Genau das Richtige nach einem langen Wandertag. Als der Ver-
kaufsstand schloss, durfte ich auf den Picknickplätzen unter einer
Plane meinen Schlafsack ausrollen. Das war nett gemeint, es hatte bloß den Nachteil, dass keine fünfzig Meter entfernt die Autobahn 40 vorbeiführte, die den Großraum Tel Aviv mit Be'er Sheva verbindet. Sie machte es mir schwer, in den Schlaf zu finden.

Gleich am nächsten Morgen musste ich nochmals die Autobahn
überqueren, was wegen des geringeren Verkehrsaufkommens
aber wesentlich leichter war. Dann ging es unter einer Eisenbahn-
und einer weiteren Autobahnbrücke hindurch. Der Shvil Israel
hatte endgültig besiedeltes Gebiet erreicht und erinnerte mich
von nun an mehrmals täglich daran.

Im Tel-Lachish-Nationalpark fand ich frische Spuren eines
Waldbrandes. Die Feuersbrunst hatte eine unüberschaubar große
Fläche verschluckt. Allein die Kakteen sahen unversehrt aus, sie
waren nicht einmal angesengt. Immer wieder kämpft Israel mit
Waldbränden, es sind an die tausend jedes Jahr. Der bislang
schlimmste suchte im Dezember 2010 das Karmel-Gebirge heim.
Damals wurden die höchsten Temperaturen seit Jahrzehnten ge-
messen, es hatte den ganzen Winter lang noch nicht geregnet. Innerhalb von vier Tagen standen viertausend Hektar Land in Flammen. Vierundvierzig Menschen verloren ihr Leben, Millionen
Bäume verbrannten. Die Katastrophe traf Israel weitgehend unvorbereitet.

Untersuchungen brachten später ein Wirrwarr zutage: Zwei
Dutzend lokale Feuerwehren kämpften gegen die Flammen, die
meisten von ihnen waren unterbesetzt, schlecht ausgestattet und
untereinander nicht vernetzt. Einen nationalen Notfallkoordina-
tor gab es nicht. Die Regierung wurde heftig kritisiert, weil sie

zwar Milliarden in die Landesverteidigung investiert, den Katastrophenschutz aber vernachlässigt hatte.

Nach diesem Inferno entwickelten die Israelis das Matash-System, mit dem sich die Ausbreitung von Waldbränden vorhersagen lässt. Eine Datenbank wird laufend mit Informationen gespeist: Temperatur, Luftfeuchtigkeit, Taupunkt, Windstärke und -richtung sowie Luftdruck und Feuchtigkeit der Vegetation. Diese Daten kombiniert das System mit topografischen Angaben und Informationen darüber, wo sich leicht entflammbares Material befindet, etwa trockenes Unterholz. Innerhalb von fünfundzwanzig Minuten nach Ausbruch eines Feuers soll Matash in der Lage sein, die Entwicklung in den nächsten sechs Stunden vorherzusagen. So sehen die Helfer, welche Straßen sie sperren, welche Orte sie evakuieren müssen und wo sie das Feuer mit welchen Mitteln bekämpfen sollten. Mit Big Data gegen die Flammen – das ist ein typischer Lösungsansatz für ein überaus technikaffines Land.

Der Beit-Guvrin-Maresha-Nationalpark trug mich in eine andere Zeit zurück. Seit Tausenden von Jahren siedelten Menschen in dieser Gegend. Zuerst entstand gegen 920 vor unserer Zeitrechnung die schon in der Bibel erwähnte Stadt Maresha, etwas später die Nachbarstadt Beit Guvrin. Edomiter, Makkabäer, Römer, Byzantiner, Araber, Kreuzritter – alle waren hier. Die Herrschaftsverhältnisse änderten sich ständig. Ein Großteil des Lebens spielte sich unter der Erde ab. In das weiche Kreidegestein unter der harten Oberfläche gruben die Menschen Hunderte von Höhlen. In ihnen pressten sie Olivenöl, hielten Tauben, horteten Wasser und bestatteten ihre Toten. Zeugnisse all dessen sind bestens erhalten. Durch den Nationalpark zu laufen war wie ein Geschichtsbuch aufzuschlagen.

Zwischen dem 7. und dem 10. Jahrhundert waren die Menschen im Gebiet um Beit Guvrin besonders aktiv. Sie bauten etwa

AUFSTIEG INS JUDENTUM 149

achthundert Glockenhöhlen. Teils miteinander verbunden bildeten sie ein beeindruckendes unterirdisches System. Glockenhöhlen heißen sie, weil sie sich nach oben symmetrisch verjüngen.
Das hängt mit der Bauweise zusammen: Die Höhlen wurden
senkrecht nach unten gegraben, wobei man die Öffnung bewusst
klein hielt. So konnte zwar Licht einfallen, aber die Arbeiter waren vor der brennenden Sonne geschützt. Die abgebauten Steine
wurden mit Seilen durch die Öffnung ins Freie gehievt, in Blöcke
geschlagen und als Baumaterial sogar in die Küstenebene transportiert. Die Arbeiter gingen offenbar strikt nach Plan vor und
vergrößerten die Höhlen Schritt für Schritt gleichmäßig nach allen Seiten. Inschriften legen nahe, dass es sich bei diesen ge-
schickten Höhlenbauern um Arabisch sprechende Christen handelte. – Hoppla! Beinahe wäre ich auf eine Schlange getreten. Sie
erschrak genauso wie ich und suchte das Weite.

Als ich die Höhlen bestaunte, wusste ich noch nicht, dass ich
am Abend selbst in einer schlafen würde. Allerdings nicht in einer
Glockenhöhle. Ich kam erst am Mittag in Beit Guvrin los und
schaffte es deshalb nur bis Srigim (Li On), einem lebendigen Dorf
mit gut tausend Einwohnern, das auf einem Hügel liegt. Den Supermarkt fand ich kurz hinter dem Kreisverkehr. Der Kassierer
wollte mich in ein Gespräch über Fußball verwickeln und
schwärmte von Schalke 04. Aber ich hatte anderes im Sinn. Ich
stürzte eine Dose Cola hinunter, verschlang ein Eis und packte
ein Bier für den Abend ein. Damit es noch eine Weile kühl blieb,
steckte ich die Dose zwischen meine Reservekleidung, die sie iso-
lieren sollte. Dann wählte ich Omers Mobilnummer.

Im *Trail-angel*-Verzeichnis stand: »Die Höhle – Schlafe in einer natürlichen Höhle, hergerichtet und unterhalten für Wanderer.« Ich stellte mir frisch bezogene Betten vor, die mit weißen Vorhängen voneinander abgetrennt wären. Auf dem
Nachttisch würde ein Kerzenleuchter stehen und die Höhle in
warmes Licht tauchen.

Omer gabelte mich am Supermarkt auf. Er kam direkt von der Arbeit. Ich zwängte mich mitsamt meinem Rucksack auf die Rücksitzbank. Vorne neben Omer saß seine Freundin, sie trug eine Armeeuniform. Sie sah jünger aus als er, sagte kurz »Hi« und telefonierte weiter. Zur Höhle waren es nur ein paar Hundert Meter, aber es ging stetig bergauf. Ich war froh, dass ich nicht mehr laufen musste. Als die befestigte Straße endete, hielt Omer an. Nach links zweigte ein kurzer Trampelpfad ab. Er leitete uns zum Eingang der Höhle.

Einige Steinstufen führten in die Tiefe. Dort war es ganz still. Die Felswände schluckten den Schall, gaben aber die Wärme ab, die sie tagsüber gespeichert hatten. Ich schätzte die Fläche auf etwa dreißig Quadratmeter. Einen Teil des Bodens bedeckte ein alter Teppich. Darauf stand ein roter Zweisitzer mit aufgerissenen Polstern, lagen dreckige gelbe Schaumstoffmatten, rostige Eisenteile, Kippen, Flaschen und Scherben. Jemand hatte Teelichte in die Felsnischen gestellt und abbrennen lassen. Man müsse hier mal wieder was tun, sagte Omer entschuldigend. Er zeigte mir noch den Wasserhahn in der Nähe der Höhle und warnte mich vor einem tiefen Loch im Boden nahe dem Eingang, das in der Dunkelheit leicht zu übersehen war. Dann stieg er zu seiner Freundin in den Wagen und verschwand.

Ich tat mein Bestes, um die Höhle ein bisschen wohnlicher zu machen, räumte auf und trug den Abfall auf einem Haufen zusammen. Als die Sonne unterging, suchte ich ein paar Äste und entzündete vor der Höhle ein Feuer. Dann öffnete ich die Dose Bier aus dem Supermarkt und genoss die Stille.

Eine halbe Stunde später stieg ich mit der Stirnlampe auf dem Kopf in die Tiefe und legte mich schlafen. Ich teilte mir die Höhle mit ungezählten Ameisen, einer gurrenden Taube und einem etwa fünfzehn Zentimeter langen, glibberigen schwarzen Wurm. Ich hoffte, er würde meinen Wunsch nach Privatsphäre respektieren.

AUFSTIEG INS JUDENTUM

Am Morgen hielt mich nichts in der Höhle, und ich begann die nächste Etappe ohne Frühstück. Jeder Ort im judäischen Hügelland, das ich jetzt durchwanderte, hat eine tausendjährige Geschichte zu erzählen – mindestens. Jeder Hügel ist heilig, und gefühlt jeder zweite taucht sogar in der Bibel auf. Tel Azeka ist so einer. Steht man auf seinem Gipfel, liegt einem das Ela-Tal zu Füßen, in dem David gegen Goliath kämpfte. Natürlich kenne ich die Geschichte, wie der kleine David mit seiner Steinschleuder den Hünen – »sechs Ellen und eine Handbreit hoch« – zu Fall bringt. Aber die Details hatte ich vergessen und musste sie erst nachschlagen: Wie der vorlaute Knabe versucht, in König Sauls Rüstung zu laufen, es aber nicht auf die Reihe kriegt. Wie er sich ihm gegenüber damit brüstet, er habe ja schon einen Bären und einen Löwen »bei seinem Bart« gepackt und getötet. Und wie sich Eliab noch über die »Vermessenheit« seines jüngeren Bruders David mokiert. Fremdschämen würde man heute dazu sagen. Aber das war ja, wie sich zeigte, unbegründet.

Ein anderer *shvilist* kam mir entgegen. Er war im Norden gestartet und auf dem Weg nach Eilat. Und er war, wie sich schnell herausstellte, vor Jahren aus Deutschland ausgewandert.

Shuval hatte sein Herz an Israel verloren, als er Mitte der Neunzigerjahre eher zufällig, auf Einladung eines Freundes, mit einer Gruppe das Land besuchte. Teil dieser Reise waren Begegnungen mit Israelis unterschiedlicher Herkunft, auch mit eingewanderten Russen und Äthiopiern. Die Gruppe besuchte Jerusalem, den Golan, Haifa und Hebron. »Israel hat mich fasziniert. Es ist ein Mosaik aus Menschen, Landschaften und Religionen. Die Farben harmonieren nicht immer miteinander, aber das Gesamtkunstwerk ist trotzdem wunderschön.« Zurück in Deutschland fing Shuval an, sich intensiv mit Israel zu beschäftigen und auch mit dem Judentum. Denn das begriff er als Schlüssel, um die Gesellschaft zu verstehen. Bei einer jüdischen Familie in seiner Heimatstadt begann er, Hebräisch zu lernen. Mit ihr beging er die jüdischen Feiertage. Shuval war damals noch mitten in der Lehre. Erst als er die beendet hatte, konnte er für längere Zeit nach Israel zurückkehren.

Im Oktober 1999 besuchte er einen *ulpan* im Kibbuz Tzuba bei Jerusalem. Das war ein Intensivsprachkurs von fünf Monaten. Es ging sofort auf Hebräisch los, denn es gab ja keine gemeinsame Sprache, die die Teilnehmer aus Russland, Amerika, Deutschland und Äthiopien sprachen. Auf einen Tag Unterricht folgte ein Tag Arbeit im Kibbuz, dann wieder Unterricht. Shuval wurde zur Arbeit im Zoo eingeteilt, denn er war gelernter Tierpfleger. In ihm keimte langsam, aber stetig der Entschluss, zum Judentum zu konvertieren und auszuwandern.

»Ich war damals katholisch, konnte aber nicht mehr an die Religion glauben, die ich von zu Hause mitbekommen hatte. Da war es eine gute Gelegenheit, auf einem weißen Blatt noch einmal von vorne anzufangen. Ich wollte eine Religion annehmen, für die ich mich bewusst entschieden hatte. Das Judentum war nicht vorbelastet mit der strengen Erziehung, die ich kennengelernt hatte, und doch bildete es die Wurzel des christlichen Glaubens, der mir vertraut war. Es ist nicht so, dass ich den Katalog der Religionen durchgeblättert und geschaut hätte, was am besten zu mir passen könnte. Ich habe das Judentum nicht gesucht, ich habe es gefunden.«

Nach dem *ulpan* arbeitete Shuval noch ein halbes Jahr im Zoo. Gleichzeitig bereitete er seine Konversion vor und bewarb sich um einen Platz in einem speziellen *ulpan* für Konvertiten. Den bot der Kibbuz Kvutzat Yavne bei Ashdod am Mittelmeer an. Shuval brachte ein Empfehlungsschreiben der jüdischen Familie mit, aber die Kursleiterin sagte ihm, er solle erst einmal noch besser Hebräisch lernen – und schickte ihn weg. Das war natürlich Quatsch. Shuvals Hebräisch war exzellent, es war schon zu Beginn des ersten *ulpan* so gut gewesen, dass man ihn dort als fortgeschritten eingestuft hatte. Und danach hatte er noch ein ganzes Jahr in

AUFSTIEG INS JUDENTUM

Israel gelebt. Der Kursleiterin ging es allein darum, seine Entschlossenheit zu testen. Während Christen und Muslime alle Welt zu ihrem Glauben bekehren wollen, halten sich Juden zurück. Im Gegenteil: Wenn jemand zum Judentum übertreten möchte, sind sie erst einmal skeptisch, stellen viele Fragen, weisen ihn ab. Erst wenn sie ganz sicher sind, dass der Bewerber es ernst meint, öffnet man ihm die Tür. Und so nahm der Kibbuz Shuval dann doch noch auf.

Dort ging es ähnlich zu wie in der Schule. Von morgens bis mittags wurde unterrichtet. Die Konvertiten lernten die jüdischen Feiertage und ihre Bedeutung, die Schabbat- und Speisevorschriften, die täglichen Gebete. Sie lasen die Tora, von Anfang bis Ende, dazu die Auslegungen und Erklärungen. Es gab Unterricht in jüdischer Geschichte und Philosophie. Der Kurs wurde auf Englisch gehalten, die Teilnehmer kamen aus der ganzen Welt. Nachmittags arbeiteten sie im Kibbuz.

Das Judentum ist eine Religion des Tuns, mehr noch als eine Religion des Glaubens. Deshalb war es im Kibbuz Kvutzat Yavne wichtig, dass die Konvertiten nach den religiösen Gesetzen lebten, die den Tag vom Aufstehen bis zum Schlafengehen prägen. Den Schabbat und die anderen Feiertage zelebrierte man gemeinsam in der Synagoge und in der Gemeinschaft des orthodoxen Kibbuz.

Sechs Monate nach Kursbeginn gab es eine schriftliche und eine mündliche Abschlussprüfung. »Aber die letzte Instanz war ein Komitee von drei Rabbinern, den Religionsrichtern«, erzählte Shuval. »Die hätten mich auf Englisch befragt, ich habe ihnen aber gesagt, dass ich Hebräisch sprechen möchte.«

»Schleimer«, sagte ich. Wir mussten beide lachen.

»Genau! Das hat sie dann auch gleich beeindruckt.«

»Was haben sie dich denn gefragt?«

»Sie fragten mich zum Beispiel, warum ich unbedingt Jude werden wolle. Es hindere mich ja keiner daran, nach den jüdischen Geboten zu leben, ohne zu konvertieren. Ich glaube, ich habe damals sinngemäß gesagt, dass, wenn ich jüdisch bin, Gott eine besondere Verantwortung an mich heranträgt und dass ich mich dieser Verantwortung stellen möchte. Würde ich die Gebote einfach so befolgen, verbliebe ich in der Unverbindlichkeit. Das hat ihnen gereicht. Manche Fragen waren schon ein bisschen komisch. In einer ging es darum, was ich machen würde, wenn ich eine Frau kennenlerne, die nicht religiös ist. Die richtige Antwort war, dass mir klar sein muss, dass man so keine Familie gründen kann, die nach den Regeln des Judentums lebt, die Gebote befolgt und die Kinder jüdisch erzieht. Dass ich dann stark sein und dem widerstehen muss.«

Shuval wusste, was die Rabbiner hören wollten. Dabei war ihm damals schon klar, dass er später nicht orthodox leben wollte. Er hatte sogar schon eine persönliche Verbindung zu einem säkularen Kibbuz geknüpft und ein bisschen Bammel, dass das noch vor seiner Konversion rauskommen würde. Aber Shuval entschied sich bewusst für eine orthodoxe Konversion, denn nur die wird in Israel staatlich anerkannt. Wer nach den Regeln des Reformjudentums übertritt, kann zwar einen israelischen Pass bekommen, kriegt aber spätestens dann Probleme, wenn er heiraten will. Das ist nämlich nur bei einem orthodoxen Rabbiner möglich, und der würde dann sagen: Sorry, aber deine Konversion erkenne ich nicht an, du bist gar kein Jude!

Shuval erzählte weiter: »Als die Prüfung vorbei war und ich den Raum verließ, hörte ich hinter mir einen der Richter zum anderen sagen: ›Dann war es also doch nicht *deswegen*.‹ Mir war klar, worüber sie sprachen. Sie glaubten, dass es naheliegend sei, dass ich als Deutscher aus Schuldgefühlen gegenüber dem jüdischen Volk konvertieren wolle.«

Eine Konversion wird besiegelt durch die Twila, das Untertauchen in der Mikwe, einem Wasserbad mit einer bestimmten Menge an ›lebendigem‹, an ungeschöpftem Wasser. Deshalb wur-

AUFSTIEG INS JUDENTUM

den solche Bäder oft unterirdisch, auf Höhe des Grundwasserspiegels gebaut, aber es kann auch aufgefangenes Regenwasser verwendet werden. Die Mikwe hat in etwa die Größe eines Tauchbeckens in einer Sauna. Die drei Rabbiner beobachten, wie der Konvertit einsteigt. Nackt. Nichts darf zwischen seiner Haut und dem Wasser sein. Nur Frauen tragen dabei einen weißen Kittel – sonst dürften die Rabbiner unmöglich zuschauen. Und weibliche Rabbiner gibt es im orthodoxen Judentum ja nicht.

Im Juni 2002 war es so weit: Nach monatelangem Warten hielt Shuval die Urkunde über seine Konversion zum Judentum in Händen. Jetzt konnte er die Einbürgerung beantragen, die in Israel *alija* (Aufstieg) heißt. Das Innenministerium hatte schon vor Shuvals Konversion eine Akte über ihn angelegt und eine Genehmigung erteilt. Hintergrund ist, dass jeder Jude das Recht hat, nach Israel einzuwandern, also Religion und Staatsangehörigkeit miteinander verknüpft sind. Ein halbes Jahr nach der Konversion bekam Shuval endlich einen Personalausweis und einen Reisepass. Seinen deutschen Pass durfte er behalten. Israel hat kein Problem mit doppelten Staatsbürgerschaften, und auch Deutschland ist einverstanden. Zusätzlich erhielt Shuval einen Einwandererausweis. Der ist dunkelblau, hat ein Foto und gewährt seinem Besitzer allerhand Vergünstigungen. Shuval hätte steuerfrei ein Auto kaufen oder einen Kredit mit besonders niedrigem Zins aufnehmen können. Wäre er jünger gewesen, hätte er drei Jahre gebührenfrei studieren dürfen. Aber Shuval nahm von all den Vergünstigungen nur eine in Anspruch: die kostenlose Krankenversicherung für ein halbes Jahr.

»Schauen geborene Juden auf Konvertiten wie dich herab?«, wollte ich wissen.

»Im Gegenteil. Mir wurde immer sehr viel Anerkennung dafür entgegengebracht, dass jemand, der nicht jüdisch geboren wurde und keine jüdischen Wurzeln hat, diesen ganzen Stress auf sich nimmt und konvertiert. Und jetzt lebe ich in einer säkularen Umgebung und habe nicht mehr so oft mit religiösen Gruppen zu tun, in denen ein Konvertit vielleicht doch Nachteile hat.«

»Kann es sein, dass du nur Jude geworden bist, um einen israelischen Pass zu kriegen und einwandern zu dürfen?«

»Die Frage kann ich dir weder mit einem klaren Ja noch mit einem klaren Nein beantworten. Ich habe das Judentum angenommen, weil ich mich in die jüdisch-israelische Gesellschaft integrieren, weil ich dazugehören wollte. Es gibt viele Arten, jüdisch zu leben und sich jüdisch zu fühlen, es muss nicht zwangsläufig das orthodoxe Judentum sein. Auch wenn ich in einer säkularen Umgebung lebe, begehe ich die jüdischen Feste. Meine Familie in Deutschland feiert Weihnachten, ich feiere Chanukka (das Lichterfest). Und auf den Sonntag als den ersten Arbeitstag der Woche freue ich mich genauso wenig, wie man sich in Deutschland auf den Montag freut. Auch wenn ich nur noch ein paar religiöse Gebote einhalte, sind meine Identität und meine neue kulturelle Heimat jüdisch – wie bei Millionen anderen säkularen jüdischen Israelis.«

»Hast du also dein Ziel erreicht? Bist du integriert? Bist du angekommen?«

»Na ja, mit der ersehnten Selbstverständlichkeit meiner jüdisch-israelischen Identität ist das noch nichts geworden. Wenn ich fremde Leute treffe, fragen die mich als Erstes oft, woher ich käme, denn mein Hebräisch ist natürlich nicht akzentfrei. Nach meiner Antwort: ›aus Deutschland‹, folgt meistens die Frage, ob ich denn jüdisch sei. Die kann ich nach meiner Konversion zwar endlich mit Ja beantworten, aber das beschert mir gleich die nächste Frage – wie meine Familie in Deutschland den Holocaust überleben konnte. So komme ich nie darum herum, meine ganze Geschichte zu erzählen. Hätte ich einen russischen Akzent, würde man mir keine dieser Fragen stellen. Junge jüdische Neueinwanderer aus Deutschland sind eben doch eine Besonderheit, und die wollte ich nie sein.«

Ein Schokopudding bewegt das Land

Mit den *trail angels* hatte ich heute einfach kein Glück. Ich hatte schon die komplette Liste abtelefoniert, aber niemanden erreicht oder mir Absagen eingefangen. Die Leute hatten Besuch, mussten arbeiten, waren verreist. Oder sie waren längst umgezogen und wunderten sich, dass sie überhaupt noch auf der Liste auftauchten. Die *Trail-angel*-Liste im Internet wird auf Hebräisch geführt. Nur ab und zu übersetzt jemand sie ins Englische. Bis die Angaben aktualisiert sind, können Wochen oder auch Monate vergehen.

Am späten Nachmittag erreichte ich den kleinen Ort Mata. Auf dem Fußballplatz trainierte eine Jugendmannschaft. Es war heiß und schwül, mein Wasservorrat ging zur Neige. Ich suchte einen Laden und fand keinen. Die Häuser sahen adrett aus, es musste ein reiches Dorf sein. Jerusalem war nicht mehr weit, jedenfalls nicht mit dem Auto, und Mata gehörte sicher zu den Orten, in denen es sich schön leben ließ, wenn man in Jerusalem Arbeit hatte, in dem Moloch von Stadt aber nicht auch noch wohnen wollte. Ein Haus mit einem Swimmingpool war von einem hohen Zaun umgeben, dahinter patrouillierte ein Schäferhund. Ich klingelte beim Nachbarn, ließ mir den Schlucker mit Leitungswasser füllen und lief zurück zum Trail. Ein Ziel für den Abend hatte ich immer noch nicht.

Ich rief einen *trail angel* in einem Nachbarort noch mal an, der am Mittag noch nicht gewusst hatte, ob er mich am Abend aufnehmen könnte. Wir hatten uns auf später vertagt. In diesem Mann sah ich meine letzte Chance. Er sagte ab.

Als Europäer genoss ich in Israel einen Ausländerbonus. Viele Menschen waren erstaunt und, wie mir schien, auch stolz, dass ein Ausländer kam, um Israel zu durchwandern. Die große Mehrheit der *shvilistim* waren ja junge Israelis. Aber auch der Ausländerbonus half an diesem Tag nicht. Ich stellte mich darauf ein, auf einem Picknickplatz irgendwo im Wald zu pennen und ungeduscht in den Schlafsack zu kriechen. Vorher wollte ich mich wenigstens noch mit Wasser, einer Dose Cola und Obst eindecken und lenkte meine Schritte zu einer Tankstelle an der Landstraße 375.

Ich war schon auf der Zielgeraden, als das Handy klingelte. Meine Retterin hieß Ruth. Ich hatte ihr eine Nachricht auf dem Anrufbeantworter hinterlassen, jetzt rief sie zurück. Ruth war auf dem Heimweg von der Arbeit, hatte ein freies Gästezimmer für die Nacht und bot an, mich an der Tankstelle aufzugabeln. Eine halbe Stunde später saß ich geduscht im Wohnzimmer und spielte mit Ruths kleiner Tochter Memory. Das klappte, auch ohne dass ich verstand, was die Tochter ständig auf Hebräisch zu mir sagte. Sie verstand nicht, dass ich nichts verstand. Wir hatten also etwas gemeinsam.

Ruth bereitete ein Abendessen zu, und als ihr Mann Ilan nach Hause kam, setzten wir uns mit einem Glas Wein an den Tisch.

EIN SCHOKOPUDDING BEWEGT DAS LAND 159

Es gab Salat vorweg, als Hauptgang Hühnchen mit Gemüse. Ilan
war Ingenieur und reiste manchmal beruflich nach Deutschland.
Schon bald wollte er wieder dorthin, um eine Fachmesse in Stutt-
gart zu besuchen. In dem Moment, in dem Ilan erzählte, seine
Großmutter habe in Hamburg gelebt, dachte ich: Jetzt kommt's.
Schon eine ganze Zeit lang, eigentlich seit Beginn meiner Reise,
hatte ich damit gerechnet, dass jemand den Holocaust auf den
Tisch bringen würde. Dann würde ein bedrückender Monolog
folgen, und ich, der Deutsche, würde beschämt dasitzen und nach
passenden Worten suchen. Ich hatte von Israelis gelesen, die
deutsche Produkte boykottieren und keine Gelegenheit auslas-
sen, das Land der Täter zu verdammen. Nichts anderes fürchtete
ich in diesem Moment. Aber es kam ganz anders. Deutschland
mache alles richtig, sagte Ilan. Wirtschaftlich liege es an der Spitze in Europa, ja sogar in der Welt, und auch kulturell habe das
Land sehr viel zu bieten. Was die Deutschen anpackten, das werde was. Angela Merkel sei eine patente Bundeskanzlerin, und
auch die Freude am Leben komme in Deutschland nicht zu kurz.
Ilan stimmte eine wahre Hymne auf mein Land an, wie ich sie
noch von keinem Deutschen gehört hatte.

Bis Jerusalem war es nur noch ein halber Wandertag. Ich wollte
dort eine Bekannte besuchen, obwohl der Shvil Israel eigentlich
gar nicht nach Jerusalem führt. Er berührt es bloß an seinem west-
lichen Zipfel.

Was für eine Stadt! Sie ist eine der ältesten der Welt, seit mindestens viertausend Jahren durchgängig besiedelt. Um Jerusalem,
dessen Name als ›Stadt des Friedens‹ übersetzt wird, wurden etliche blutige Kriege geführt. Jerusalem wurde zwei Mal zerstört
und wiederaufgebaut, dreiundzwanzig Mal belagert und zweiund-
fünfzig Mal angegriffen. Es gilt Juden, Muslimen und Christen als
heilig. In der Altstadt, die nicht einmal einen Quadratkilometer
groß ist, hocken sie aufeinander. Und da fangen die Probleme an.

Nach der Bibel machte David Jerusalem zur Hauptstadt seines Königreichs Israel, und sein Sohn Salomon errichtete dort den ersten Tempel. Die Babylonier zerstörten ihn. Unter persischer Herrschaft bauten Juden den Tempel wieder auf. Und knapp sechshundert Jahre später machten ihn die Römer platt. Übrig blieb nur die Westmauer, die als Klagemauer zur heiligsten Stätte des Judentums wurde.

Oben auf dem Tempelberg steht heute die Al-Aqsa-Moschee. Ihretwegen ist Jerusalem nach Mekka und Medina die drittheiligste Stadt des Islam. Der Prophet Mohammed soll seine Himmelfahrt hier begonnen haben. Für die Christen wiederum ist die Stadt eine Wirkungsstätte Jesu und auch der Ort, an dem er gekreuzigt und begraben wurde. Aber die Christen spielen im Streit um Jerusalem heute nur eine Nebenrolle.

Denn Jerusalem ist der große Zankapfel zwischen Juden und Palästinensern. Der Teilungsplan der Vereinten Nationen von 1947 sah für die Stadt einen neutralen Status vor, aber die Araber lehnten den Plan rundheraus ab. Im folgenden Krieg besetzte Israel den Westteil und Jordanien den Ostteil mitsamt der Altstadt. Juden wurden aus den arabischen und Araber aus den jüdischen Vierteln hinausgeworfen. Entgegen dem Waffenstillstandsvertrag verweigerte Jordanien Juden den Zugang zur Klagemauer und verwüstete ihre heiligen Stätten. Synagogen wurden zerstört, der jüdische Friedhof auf dem Ölberg wurde geschändet.

Israel wartete auf eine Chance, das Blatt zu wenden. Die kam 1967. Im Sechstagekrieg besetzte es auch den Ostteil Jerusalems. Den Tempelberg beließ es zwar unter muslimischer Kontrolle, machte aber den freien Zugang für Juden zur Bedingung. Heute sieht die Regel so aus: Juden dürfen den Tempelberg besuchen, aber nicht dort oben beten.

Weil jetzt wieder Israel am längeren Hebel saß, wurden auch in Ostjerusalem Fakten geschaffen. Ein Ring jüdischer Siedlungen wurde drumherum gelegt. Das nie offiziell erklärte Ziel: Ost-

EIN SCHOKOPUDDING BEWEGT DAS LAND

jerusalem vom Westjordanland abzuschneiden. Juden wurden in arabischen Vierteln angesiedelt, um den Ostteil der Stadt jüdischer zu machen. Als 1980 ein Gesetz das »vollständige und vereinte« Jerusalem zur Hauptstadt Israels erklärte, führte das zu einem Eklat mit den Vereinten Nationen. Der UN-Sicherheitsrat erklärte das Gesetz für »null und nichtig«. Alle Staaten, die bis dahin Botschaften in Jerusalem unterhielten, verlegten sie. Jerusalem ist heute eine Hauptstadt, die keiner anerkennt. Ihr Ostteil gilt völkerrechtlich nach wie vor als besetztes Gebiet. Deshalb liegt auch die deutsche Botschaft in Tel Aviv.

Die politische Situation in Jerusalem ist explosiv. Hier wurden mehr Anschläge verübt als in jeder anderen israelischen Stadt. »Es gab Tage während der Intifada«, erzählte mir meine Bekannte Lior, die mich bei sich aufnahm, »an denen bin ich sofort aus einem Bus raus, wenn jemand mit einem großen Rucksack einstieg.« Sie meinte die Zweite Intifada, den Palästinenseraufstand, der im September 2000 begonnen hatte und etwa vier Jahre dauerte. In dessen Verlauf wurden mehr als tausend Israelis durch Anschläge getötet.

Lior war sechsundzwanzig und arbeitete in einem Labor der renommierten Hebräischen Universität von Jerusalem. In der Armee hatte sie Sprachkurse gegeben. Nicht etwa in einer Fremdsprache, sondern in Hebräisch. »Manche Israelis sprechen ja überhaupt kein Hebräisch, wenn sie eingezogen werden«, erzählte sie. »Knapp ein Drittel der Staatsbürger sind nicht in Israel geboren. Von denen stammen die meisten aus Russland oder Äthiopien. Sie bekommen in den ersten drei Monaten in der Armee einen Intensivkurs und müssen sich ansonsten erst mal um nichts anderes kümmern. Es kommt leider immer wieder zu Missverständnissen, nicht nur wegen der Sprachbarrieren, auch wegen kultureller Unterschiede. Den Äthiopiern zum Beispiel gilt es als respektlos, jemandem direkt in die Augen zu sehen. Also vermeiden sie es. Aber der Kommandant ist darüber natürlich irritiert

und sagt zu seinem Soldaten: Verdammt noch mal, schau mir ge-
fälligst in die Augen, wenn ich mit dir rede!«

Einen Spaziergang von Liors Wohngemeinschaft entfernt liegt
der beste Falafel-Laden Jerusalems. Das behauptete zumindest
Lior. Der Laden befindet sich an der Kreuzung zwischen Gaza-
und Rabbi-Chaim-Berlin-Straße und heißt deshalb sinngemäß
›Zwischen Gaza und Berlin‹. Während wir draußen an Biertischen
saßen und auf frisch frittierte Kichererbsenbällchen mit Hummus warteten, klagte Lior über die hohen Lebenshaltungskosten
in Israel. »Die Miete, der Einkauf, das Auto – alles ist so teuer. Ich
bin schon oft in Europa gewesen, auch da gibt es teure Länder,
aber in denen verdienen die Menschen auch mehr. Nur in Israel
gehen Kosten und Einkommen so stark auseinander. Die Regierung hat alle möglichen Importprodukte mit hohen Einfuhrzöl-
len belegt. Deshalb sind bei uns zum Beispiel Autos ungefähr doppelt so teuer wie in Europa.«

Mit einer Studentin teilte sich Lior die Wohnung, die zentral
und ganz in der Nähe der King-George-Straße lag, allerdings
schon etwas heruntergekommen war. Von den einfach verglasten
Fenstern blätterte die Farbe ab. Die Armaturen mussten erneuert
werden, und die Elektrik war noch über dem Putz verlegt. »Wir
müssen bald ausziehen«, sagte Lior. »Die Wohnung soll moderni-
siert werden, und die neue Miete werden wir uns nicht mehr leisten können.«

Immer wieder protestieren vor allem junge Israelis gegen die
hohen Lebenshaltungskosten. Immer wieder verspricht die Regierung Abhilfe. Und immer wieder werden die Jungen ent-
täuscht. Verbessert hat sich kaum etwas.

Im Sommer 2011 hatten sich die bislang größten Massenpro-
teste ereignet: Hunderttausende demonstrierten im ganzen Land,
vor allem für bezahlbare Wohnungen, aber auch generell für
»mehr Gerechtigkeit«. Auf dem Rothschild-Boulevard in Tel Aviv

EIN SCHOKOPUDDING BEWEGT DAS LAND   163

wuchs eine Zeltstadt auf eine Länge von eineinhalb Kilometern.
Die Stadtverwaltung ließ das Lager im Oktober räumen, die Pro-
teste ebbten ab, flackerten aber 2012 noch einmal auf. Trauriger
Höhepunkt: Zwei Israelis zündeten sich an.

Danach wurde es wieder ruhig, bis die nächste Protestwelle
über das Land schwappte. Sie kam diesmal aus Deutschland.

Ein nach Berlin ausgewanderter Israeli hatte auf Facebook einen Kassenzettel von Aldi gepostet. Er hatte sechzehn Artikel gekauft – unter ihnen Milch, Brot, Käse, Eier, Schnitzel, Orangen-
saft, Käse, Pasta, Schokopudding – und für alles zusammen nur
16,08 Euro bezahlt. »Kauft irgendwo in Israel die gleichen Dinge«,
schrieb der junge Mann. Er wusste: Für diesen Betrag würde man
in seiner Heimat nicht einmal die Hälfte der Produkte bekommen. »Wir sehen uns in Berlin«, schrieb er noch. Das war eine un-
verhohlene Aufforderung zum Auswandern. Seine Facebook-Seite
hieß »Olim Le Berlin«, was so viel bedeutet wie »Lass uns aufsteigen nach Berlin«. Schon dieser Name war eine Provokation: Das
Verb ›aufsteigen‹ ist eigentlich reserviert für die Einwanderung ins
Gelobte Land, also nach Israel.

Der Mann blieb anonym. Ahnte er, was für eine Welle er los-
treten würde? Binnen weniger Tage hatten eine Million Menschen seinen Beitrag geklickt. Die Diskussion, die sich nun den
Weg bahnte, reichte weit über Facebook hinaus und wurde Mil-
ky-Debatte getauft, wegen der drei Becher Schokopudding auf
dem Kassenzettel, die bei Aldi Puddingcreme mit Sahnehaube
heißen und in Israel als Milky außerordentlich beliebt sind. Nur
dass die Aldi-Becher ein Drittel von dem kosten, was üblicherwei-
se in Israel verlangt wird, und mit zweihundert Gramm auch noch
deutlich größer sind.

Ganz Israel sprach plötzlich über den Milky und die Lebens-
mittelpreise, sogar hohe Politiker äußerten sich zu dem Fall. Man
warf dem Ausgewanderten vor, ein »Verräter« zu sein und eine
»Schande für das Land«. Wie er ausgerechnet nach Deutschland

übersiedeln könne, ins Land der Judenmörder. Das sei doch Verrat an den eigenen Großeltern, die Israel aufgebaut hätten. Wie groß die Probleme auch sein mochten, sagten seine Kritiker, abzuhauen sei nicht die Lösung. Gerüchte wurden in die Welt gesetzt: Steckte überhaupt ein Israeli hinter der Kampagne? Oder vielleicht ein Berliner Immobilienagent? Gar die deutsche Regierung? Die größte Supermarktkette Israels rabattierte den Milky – aber alle anderen Produkte blieben so teuer wie zuvor.

Auch die Gegner von »Olim Le Berlin« waren kreativ. Auf Facebook tauchte ein Foto auf, das einen Überlebenden des Konzentrationslagers Auschwitz mit seiner eintätowierten Häftlingsnummer zeigte. Neben ihm saß – angeblich – sein Enkel. Der hatte ein modisches Schmuck-Tattoo. Unter dem Bild stand: »Tattoo in Israel: 200 Schekel. Tattoo in Deutschland: kostenlos.«

Der Israeli in Berlin, dessen Namen noch immer keiner kannte, gab Interviews, blieb aber in der Deckung. So könne er seine Botschaft besser verbreiten, sagte er, und die sei: Israel ist zu teuer für junge Menschen, und wenn sich das nicht ändere, werde das Land eine ganze Generation verlieren. Er wehrte sich gegen den Vorwurf, ein Verräter zu sein. Auch er liebe Israel und würde lieber in Tel Aviv wohnen – wenn es nur nicht so teuer wäre. Die Raketen aus dem Gazastreifen hielten ihn jedenfalls nicht davon ab.

Dann änderte der Mann seine Meinung und ging unter seinem Namen an die Öffentlichkeit. Er hieß Naor Narkis, war fünfundzwanzig Jahre alt und Nachrichtenoffizier gewesen. In Berlin arbeitete er erst seit vier Monaten als freiberuflicher App-Designer und Sprachlehrer. Narkis kündigte an, »Hunderttausenden Israelis« helfen zu wollen, »den hohen Lebenshaltungskosten in Israel zu entfliehen«. Er versuchte, einen neuen Massenprotest auf dem Rabin-Platz in Tel Aviv zu organisieren und eine Informationsveranstaltung für Auswanderungswillige, aber nur ein paar Dutzend Interessierte fanden sich ein. Tatsächlich zeigt die Statistik,

EIN SCHOKOPUDDING BEWEGT DAS LAND · 165

dass heute nur noch halb so viele Israelis auswandern wie noch vor zehn Jahren. Viel mehr Juden ziehen nach Israel, als Juden das Land verlassen. Und die, die gehen, wollen meist in die Vereinigten Staaten oder nach Kanada, selten nach Europa.

Wenige Wochen später änderte Naor Narkis seine Meinung schon wieder. Er suche erst einmal Ruhe, gab er nun bekannt, und seine Familie vermisse er auch. Er wolle wieder zurück nach Israel ziehen. Seine Facebook-Seite existiert nicht mehr. Der Protest ist wieder einmal abgeebbt, die Probleme sind geblieben.

Dass das Leben in Israel teuer ist, hat viele Gründe. Einer ist das hohe Verteidigungsbudget. Israel gibt 5,7 Prozent seines Bruttoinlandsprodukts für das Militär aus. Damit steht es auf Platz vier der Rangliste, vor Russland (Platz 8) und den Vereinigten Staaten von Amerika (Platz 9). Zum Vergleich: Deutschland zahlt nur 1,4 Prozent für Verteidigung. Die Besetzung des Westjordanlands, der Schutz der israelischen Siedlungen dort sowie militärische Operationen verschlingen jedes Jahr eine hohe Summe. Und wenn jeder Mann drei und jede Frau zwei Jahre Wehrdienst leistet, muss der Staat sie nicht nur jahrelang verpflegen und unterbringen, es entgehen ihm auch immense Steuereinnahmen.

Lior machte noch einen anderen Grund für die hohen Lebenshaltungskosten aus: die *haredim*. So heißen in Israel die ultraorthodoxen Juden. Übersetzt bedeutet das: die vor Gott zittern. *Haredim* haben die Religion zu ihrem Lebensmittelpunkt gemacht, lernen die Tora und deren Interpretationen im Talmud und debattieren über jeden Aspekt jüdischen Lebens. Verhütung gilt als verboten, Kinderkriegen als göttlicher Auftrag. Die durchschnittliche Kinderzahl der *haredim* liegt deshalb bei mehr als sieben.

»Jerusalem ist die ärmste jüdische Stadt in Israel«, sagte Lior. »Die Gemeindesteuer ist höher als in Tel Aviv, weil die *haredim* und die Araber hier so viele Kinder haben und kaum Steuern zahlen. Sie leben vor allem vom Kindergeld, das auch noch steigt mit jedem weiteren Kind.« Lior war auch deswegen sauer, weil die *haredim* vom Wehrdienst befreit sind, solange sie in einer religiösen Schule, einer Jeschiwa, eingeschrieben sind.

Das geht auf eine Ausnahmeregelung von 1954 zurück, als Premierminister David Ben Gurion einer Forderung mehrerer Rabbiner nachgab. Die Regel betraf damals nur ein paar Hundert Religionsstudenten, heute sind es Zehntausende. Die Ausnahme wurde nur beibehalten, weil ultraorthodoxe Parteien in der Regierung saßen und Reformen blockierten. Erst im März 2014 beschloss die Regierung, nun ohne Beteiligung der Ultraorthodoxen, eine Änderung. Das neue Gesetz sieht vor, dass die streng Religiösen bis Juli 2017 jährlich Quoten von mehreren Tausend Rekruten erfüllen müssen. Kommen sie dem nach, sollen die Quoten beibehalten werden. Wenn nicht, tritt im Juli 2017 die allgemeine Wehrpflicht für alle ultraorthodoxen Achtzehnjährigen in Kraft. Ausgenommen werden sollen dann nur noch tausendachthundert herausragende Studenten an den Religionsschulen.

Manche *haredim* verachten sogar den Staat Israel, weil sie glauben, nur der Messias habe das Recht, einen jüdischen Staat zu gründen. Und die Ankunft des Messias lässt nun einmal auf sich warten. »Sie hassen unseren Staat«, sagte Lior anklagend, »aber wenn es Kindergeld gibt, halten sie gerne die Hand auf. Sie hassen auch die Armee, aber wir halten unseren Arsch hin, um auch sie zu beschützen. Manche *haredim* glauben doch allen Ernstes, dass es in einem Krieg genauso wichtig ist zu beten wie zu kämpfen.«

Lior sprach offen aus, was viele säkulare Israelis denken. Sie fürchten, dass ihr Land schleichend zu einem Gottesstaat wird, wenn sich die *haredim* weiterhin so stark vermehren. »Der ganze Koscher-Wahn bei uns geht auf das Konto der Religiösen«, fuhr Lior fort. »Unheimlich viel Energie wird da hineingesteckt, das zieht die Wirtschaft runter. Um ein Koscher-Zertifikat zu bekommen, muss ein Restaurant den Rabbi in die Küche lassen. Der guckt dann mal kurz rein und stellt die Rechnung. Die müssen am

EIN SCHOKOPUDDING BEWEGT DAS LAND 167

Ende natürlich die Gäste mitbezahlen. Und in den Geschäften erlauben manche Rabbiner überhaupt nur die teuren jüdischen Produkte. Die verbieten alles, was aus dem Ausland kommt. Das ist Diskriminierung.«

»Aber ihr müsst doch nicht koscher kaufen«, wandte ich ein.
»Ihr könnt doch durch eure Kaufentscheidung Einfluss nehmen.«

»Fast alle Produkte in den Geschäften sind koscher. Da hat man kaum eine Wahl. Und: In Tel Aviv kann es sich ein Restaurant zwar erlauben, nicht koscher zu sein. Wenn das aber jemand in Jerusalem macht, stehen gleich die *haredim* vor der Tür und demonstrieren.«

Lior hielt große Stücke auf den Bürgermeister. Nir Barkat hatte die Wahl 2008 nach einem dezidiert säkularen Wahlkampf gewonnen. Er hatte versprochen, Jerusalem zu »retten« und wieder für nicht-religiöse Israelis »bewohnbar« zu machen. Lior fand, seitdem sei die Stadt offener geworden. Außer in Me'a She'arim. Durch dieses Viertel könne sie als Frau nicht laufen, ohne bespuckt zu werden oder einen Ellenbogen in die Rippen zu bekommen.

Am nächsten Morgen erhielt Lior einen Anruf auf ihrem Handy und wurde blass. Hektisch griff sie den Wohnungsschlüssel und stürzte auf die Straße. Der Anruf kam von der Polizei. Jemand hatte in der Nacht ihr Auto aufgebrochen. Lior fand ihren weißen Golf etwa fünfzig Meter von der Stelle entfernt, an dem sie ihn geparkt hatte. Ein Bündel von Kabeln hing aus der Konsole unter dem Lenkrad. Der Dieb wollte nicht nur etwas aus dem Auto stehlen, er hatte auch versucht, den Wagen kurzzuschließen und mit ihm zu türmen. Aber er kam nicht weit, setzte den Golf in einen Vorgarten. Die Polizei rückte mit drei Fahrzeugen an. Ein Sprengstoffspezialist öffnete die Motorhaube und suchte Liors Auto nach einer Bombe ab.

Als Hezy religiös wurde

Me'a Sche'arim liegt im Herzen Westjerusalems und ist doch eine Welt für sich, ein Mikrokosmos der Frömmigkeit. Es entstand 1874 als Siedlung außerhalb der Altstadt, wo der Platz knapp geworden war. Den Straßenplan hatte der deutsche Architekt Conrad Schick gezeichnet. Weil ich noch Zeit hatte, machte ich mich auf zu einem Spaziergang durch Me'a She'arim.

Ein Schild an einer Hauswand appellierte an Frauen und Mädchen: »Wir bitten Sie von ganzem Herzen: Bitte betreten Sie unser Viertel nicht in unanständiger Kleidung.« Zur Erläuterung wurde nachgeschoben: »Anständige Kleidung beinhaltet: geschlossene Bluse mit langen Ärmeln, langer Rock, keine Hosen, keine eng sitzende Kleidung.« Und: »Bitte stören Sie nicht die Heiligkeit unseres Viertels und unsere Art zu leben als Juden, die

G-tt und seiner Tora verpflichtet sind.« Der Verfasser hatte Gott nicht ausgeschrieben, weil er jeden womöglich blasphemischen Umgang mit dem Wort ausschließen wollte. Und dann stand auf dem Schild noch: »Besuchergruppen, die unser Viertel betreten, beleidigen dessen Bewohner. Bitte, hören Sie auf damit.« Die *haredim* hier waren sich selbst genug, und am liebsten hätten sie wohl alle Zugänge zu ihrem Viertel verrammelt. Ich betrat es mit einem mulmigen Gefühl.

Nur ein paar Minuten von den quirligen Einkaufsstraßen rund um King-George- und Yehuda-Straße entfernt fühlte ich mich sofort um zweihundert Jahre zurückversetzt. Die Männer trugen schwarze Sakkos, oft knie- oder gar knöchellange schwarze Mäntel, und das trotz der Hitze. Alle hatten weiße Hemden. Unter ihren großen Hüten schauten oft Schläfenlocken hervor, manchmal ein wenig gestutzt, manchmal lang wie Zöpfe. Einige Hüte waren aus Fell gemacht und groß wie Lampenschirme. Wer sich auskennt, kann an den Details sehen, zu welcher religiösen Strömung der Träger gehört. Die Frauen trugen knöchellange schwarze Röcke und bunte Blusen. Hatten sie kein Kopftuch, konnte man davon ausgehen, dass sie eine Perücke trugen, was einige, aber nicht alle Rabbiner erlauben. Ihr eigenes Haar jedenfalls dürfen verheiratete Frauen nur ihrem Ehemann zeigen. Es könnte angeblich die Begierde fremder Männer wecken.

Die Häuser sahen heruntergekommen aus, hatten nichts Prunkvolles, nichts Verschwenderisches und auch nichts Verspieltes. *Haredim* sind in der Regel arm. Die Aufforderung, sittsame Kleidung zu tragen, fand sich an den Eingängen fast aller Geschäfte, an der Bäckerei wie an der Apotheke. In den Schaufenstern wurden Zeitschaltuhren angeboten, bestimmt zur Verwendung am Schabbat, und Fotografien verschiedener Rabbiner. Die sahen alle ähnlich aus, hatten lange weiße Bärte. Die Bilder steckten in aufwendigen, oft mit goldener Farbe verzierten Holzrahmen. Gesprochen wird in dem Viertel vor allem Jiddisch. Im Alltag Hebräisch zu verwenden würde in den Augen vieler *haredim* die Sprache der Tora entweihen. Plakatwände werden rege genutzt, um Nachrichten zu verbreiten. Internet, säkulare Zeitungen oder Fernsehen sind den *haredim* verboten.

Ich wunderte mich über die Schilder mit den Straßennamen. Sie waren – wie in ganz Jerusalem – blau mit weißer Schrift und eigentlich dreisprachig, in Hebräisch, Arabisch und Englisch. In Me'a She'arim hatte allerdings jemand die arabischen Namen auf fast allen Schildern mit schwarzer Farbe übersprüht.

Ich hörte auf meiner Reise vieles über die Ultraorthodoxen, und fast nur Schlechtes. Sogar im Flugzeug auf dem Weg von Frankfurt nach Tel Aviv hatte mir meine Sitznachbarin schon ihr Leid mit den Toraschülern geklagt. Es waren die üblichen Anschuldigungen: Sie verachten den Staat und seine Institutionen. Sie leisten keinen Wehrdienst. Und sie leben von »unserem« Steuergeld. Nun wollte ich selbst einen *haredi* kennenlernen und seine Meinung hören. Freunde arrangierten ein Treffen mit Hezy.

Hezekiel, wie sein voller Name lautete, lebte in Kiryat Ye'arim, einer religiösen Siedlung nahe Jerusalem, an der Autobahn 1, die nach Tel Aviv führt. Kiryat Ye'arim ist eine Ministadt mit ein paar Tausend Einwohnern, von denen geschätzte neunundneunzig Prozent *haredim* sind und ein Prozent moderne Orthodoxe. Säkulare Israelis halten sich von solchen Städten fern. Als ich nach Kiryat Ye'arim kam, wirkte die Stadt viel offener als Me'a She'arim. Die Straßen waren weiter, heller, die Häuser, gebaut mit dem für Jerusalem typischen hellen, groben Stein, besser in Schuss. Hezy bewohnte ein Reihenhaus fast am Ende der Siedlung. Kurz dahinter begann die arabische Stadt Abu Gosh.

Auch Hezy sah moderner aus als die *haredim* in Me'a She'arim. Er hatte keine Schläfenlocken, sondern kurzes dunkles Haar. Er war zweiundvierzig Jahre alt und sprach perfektes Englisch. Kein Wunder, denn er hatte jahrelang in Kanada gelebt. Seine Familie

ALS HEZY RELIGIÖS WURDE   171

war nicht im Haus, als Hezy mich empfing. Die Wohnung hatte einen nackten Steinfußboden und kahle Wände, das Wohnzimmer
nichts Wohnliches. Das einzige Bücherregal im Raum verwahrte
ausschließlich religiöse Literatur und ein paar Familienfotos. Eines zeigte Hezy, seine Frau und ihre sechs Kinder. Das siebte war
erst einen Monat alt und auf dem Bild noch nicht zu sehen.
     Hezy wurde nicht in eine ultaorthodoxe Familie hineingebo-
ren. Sein Großvater war *haredi* gewesen, sein Vater aber nicht.
Mit seiner Familie zog Hezy nach Kanada, wieder zurück nach Israel, dann nach Argentinien, wo sein Großvater lebte. »An den
Feiertagen nahm er uns Kinder mit in die Synagoge«, erzählte
Hezy, »durch ihn hatte ich eine Verbindung zum Judentum, aber
am Anfang mehr aus Tradition, nicht aus dem Glauben heraus.
Wie viele Juden suchte auch ich meine Identität. Ich fragte mich:
Was bedeutet es, Israeli zu sein? Oder Jude? In anderen Ländern
ist das keine große Sache, bei uns schon. Als ich achtzehn war,
wurde die Suche intensiver, und mit vierundzwanzig verpflichtete
ich mich, nach den orthodoxen Gesetzen zu leben.«
     »Was bedeutet das, du hast dich verpflichtet?«
     »Es gibt viele Formen der religiösen Lebensführung. Manche
Leute beachten die eine Regel, aber nicht die andere. Am Schab-
batabend sprechen sie den Kiddusch, den Segen, aber am Sams-
tagmorgen gehen sie zu einem Fußballspiel. Es wird alles nach Be-
lieben kombiniert. Du überschreitest die Linie, wenn du dein
Leben vollständig nach der Halacha ausrichtest, dem jüdischen
Recht. Du fängst an, dreimal am Tag zu beten. Und das offen-
sichtlichste Zeichen ist wohl, dass du Schabbat hältst.«
     »Und was unterscheidet die *haredim* von anderen Religiösen,
die auch den Schabbat halten?«
     »Es gibt unter den *haredim* viele Gemeinschaften. Manche
sind den modernen Orthodoxen näher als andere. Die extremen
haredim akzeptieren den Staat Israel nicht, aber das ist eine Minderheit. Was alle *haredim* von modernen Orthodoxen unterschei-

det, ist der Rang, den sie dem Studium der Tora geben. Moderne Orthodoxe leben ein normales Leben mit Beruf, allgemeiner Bildung und Wehrdienst. Für sie ist die Tora nur ein Ratgeber für ihren Alltag. Wir *haredim* haben dagegen eine Mission in dieser Welt: die jüdische Religion für das jüdische Volk zu bewahren. Für uns hat die Tora einen viel höheren Stellenwert, ihr Studium ist der Sinn des Lebens. Und wir stellen es über alles, was den meisten anderen Menschen wichtiger erscheint. Das hat viele konkrete Folgen. Zum Beispiel ist der Rabbi für moderne Orthodoxe nur eine Stimme von vielen, für uns ist er die wichtigste Stimme.«

Als Hezy religiös wurde, besuchte er an zwei Tagen der Woche eine Religionsschule, eine Jeschiwa. Das passte ganz gut zu seinem Teilzeitjob im israelischen Parlament. Seine Mutter sei damals ein wenig ängstlich gewesen, sagte Hezy, denn sie habe befürchtet, ihren Sohn zu verlieren. Aber er habe sie überzeugen können, dass für die *haredim* die Familie überaus wichtig sei. Um eine eigene Familie zu gründen, dafür fehlte ihm aber eine Frau.

Haredim sprechen nicht einfach irgendwen auf der Straße an. Männer und Frauen leben in streng getrennten Welten, würden sich nicht einmal im Bus nebeneinander setzen. Deshalb wollte ich von Hezy wissen, wie die Ultraorthodoxen eigentlich anbandeln. »Der übliche Weg, eine Ehefrau zu finden, führt über einen Kuppler oder eine Kupplerin. Entweder fädelt ein Familienmitglied die Beziehung ein, oder du gehst zu einem, der das als Hobby oder als Beruf betreibt. Es gibt einen Brauch, dass er bei Erfolg von jedem Ehepartner ein Geschenk bekommt. Üblich sind tausend Dollar, abhängig von den finanziellen Verhältnissen auch mehr oder weniger.« Hezy entschied sich für einen professionellen Kuppler. Der arrangierte ein Date für ihn.

Wenn ein *haredi* eine Frau trifft, dann nicht, um zu flirten und Spaß zu haben. Es geht allein um die eine Frage: Kommt eine Heirat mit ihr in Frage? »Wir haben uns sechsmal gesehen, und nach

ALS HEZY RELIGIÖS WURDE 173

zweieinhalb Wochen haben wir uns verlobt«, erzählte Hezy. »Drei Monate später waren wir verheiratet.«

Ich brachte die Kritik an den *haredim* auf den Tisch. Dass sie dem Staat auf der Tasche lägen und keine Steuern zahlten. Dass sie nicht zur Armee gingen und andere die Drecksarbeit machen ließen. Hezy kannte die Vorwürfe – und leitete in aller Ruhe seinen Verteidigungsschlag ein. »Das Thema ist stark politisiert«, sagte er. »Viele Leute nutzen es aus, um damit Stimmen zu gewinnen. Und viele der Zahlen, die sie verbreiten, stimmen nicht.« Die Statistik besagt, dass von den *haredim* ein gutes Drittel der Männer und die Hälfte der Frauen berufstätig sind, aber diese Statistik ist bekanntermaßen unzuverlässig. »Ich würde sagen, dass mehr als die Hälfte der *haredim* arbeiten gehen«, sagte Hezy, »und das ist noch eine konservative Schätzung.«

Hezy selbst hatte mittlerweile den Job gewechselt, arbeitete aber immer noch in Teilzeit. Er war nun für eine jüdische Bildungsorganisation tätig. »Von den paar Hundert Schekel Kindergeld, die die Regierung mir jeden Monat überweist, kann ich meine Familie jedenfalls nicht ernähren. Und wenn sich die Säkularen beschweren, dass der Staat uns die religiösen Schulen bezahlt, kann ich nur sagen: Das ist nun mal so in einer Demokratie. Ich will nicht, dass Fußballstadien oder Opernhäuser von meinen Steuern bezahlt werden, aber ich muss es hinnehmen. Viel öffentliches Geld fließt in staatliche Universitäten, die *haredim* fast nie besuchen. Dann kann der Staat uns auch hier und dort eine Jeschiwa bezahlen. Wir lassen euch eure Werte, also lasst ihr uns unsere.«

Das war Hezys Kernbotschaft: Die Säkularen sollen tun, was ihnen beliebt, aber die *haredim* bitteschön in Ruhe lassen. Das Gleiche galt für den Militärdienst. Hezy holte wieder etwas weiter aus. Erster Ansatz: »Wie kommt es eigentlich, dass so viele Israelis nach ihrem Militärdienst für zwei, drei, vier Jahre nach Indien oder Nepal gehen, Marihuana rauchen und die Sau rauslassen?

Ist das normal? Die Inder müssen ja denken, dass Israel mindestens so groß wie Russland ist, bei der Zahl an Israelis, die dort jedes Jahr einfallen. Okay, ich übertreibe jetzt ein bisschen, aber irgendwas stimmt nicht mit diesen Kids. Die denken, jetzt habe ich es geschafft, ich bin ein Kommandant der Armee, ich habe die höchste Stufe meines Lebens erreicht, jetzt kann ich zwanzig Jahre lang Party machen. Wir haben ganz andere Ziele: Heirat, Familie, Verpflichtungen – wo bleibt all das in der modernen Welt?«

Zweiter Ansatz: »Es stimmt auch nicht, dass sich alle *haredim* dem Wehrdienst entziehen. Immer mehr entscheiden sich dafür, viele von ihnen dienen in speziellen *haredim*-Einheiten. Und gleichzeitig verweigern sich immer mehr Säkulare. Kein Israeli muss zum Militär, wenn er nicht will.«

»Wie bitte? Es gibt doch eine allgemeine Wehrpflicht«, wandte ich ein.

»Es ist überhaupt nicht schwer, die zu umgehen. Die Armee macht bei jedem Rekruten einen Drogentest, und du musst bloß in der Nacht vorher was nehmen, dann bist du raus. Oder du sagst, du bist depressiv, und du hast schon mal überlegt, vom Dach zu springen. Selbst wenn sie dich einziehen, kannst du dir einen Bürojob suchen, bei dem du dir die Hände nicht schmutzig machst. Niemand ist in einer Kampfeinheit, weil ihm jemand eine Knarre an den Kopf hält, sondern weil er es will. Weil seine Eltern, der Lehrer und die ganze Gesellschaft ihm von klein auf eingeflößt haben, das sei das Wichtigste im Leben eines Israelis. Und wenn wieder einer gefallen ist, jammern sie: ›Er war doch noch so jung!‹ Dann wenden sie sich an uns und sagen: ›Wie kann es angehen, dass ihr eure Kinder nicht zur Armee schickt?‹ Die Antwort ist: weil unsere Schulen ihnen das nicht von drei Jahren an eintrichtern.«

Dritter Ansatz: »Die *haredim* würden zum Militär gehen, wenn es wirklich erforderlich wäre. Aber die Armee ist total aufgebläht. Die braucht überhaupt nicht so viele junge Menschen, wie sie rekrutiert. Das ist völlig verrückt. Wir haben die allgemeine Wehr-

ALS HEZY RELIGIÖS WURDE   175

pflicht und die Dienstzeit von drei Jahren, weil das politisch so ge-
wollt ist. Die Armee wird als Sozialisierungswerkzeug benutzt,
um unserer Gesellschaft bestimmte Werte einzuimpfen,
Schmelztiegel und so weiter, das ist das Ziel. Ich habe aber andere Werte, und ich werde meine Kinder nicht für drei Jahre wegge-
ben in eine Umgebung, in der sie die religiösen Gesetze nicht befolgen können, wo Männer und Frauen zusammen sind. Gebt uns
mal eure Kids für drei Jahre – was haltet ihr denn davon?« Hezy
war jetzt richtig in Fahrt, seine Stimme überschlug sich fast:
»Überall in Israel sterben Menschen durch Terroranschläge. Sollen wir jetzt eine Rechnung aufmachen, wie viele Tote aus welcher Gemeinschaft kommen? Braucht ihr wirklich ein paar Särge
mehr mit *haredim*? Würde euch das glücklich machen?«

»Was schlägst du vor, um die leidige Debatte zu beenden?«

»Sagen wir mal, sie hätten recht und die Armee brauchte wirklich die *haredim*. Dann gäbe es eine bessere Lösung als ihren heiligen Krieg gegen uns: Lasst die *haredim* den Reservedienst machen.
Achtzehn Jahre wäre noch zu jung, aber einen verheirateten *haredi*
mit zwanzig, einundzwanzig Jahren könnte man vier Monate lang
ausbilden und dann viele Jahre lang Reservedienst tun lassen. Das
wäre mit unseren Werten viel besser vereinbar. Aber die politischen Kräfte interessiert so eine Lösung nicht. Die wollen das
Thema lieber weiterhin ausschlachten.«

Ich setzte meine Wanderung auf dem Shvil fort. Bis Tel Aviv würde ich vier Tage brauchen, rechnete ich aus. Die Schwerkraft
müsste auf meiner Seite sein. Jerusalem liegt zwischen sieben-
und achthundert Meter über dem Meeresspiegel. Das war der
Vorschuss, mit dem ich in die nächste Etappe startete. Doch wie
so oft klafften Theorie und Praxis auseinander. Es ging wild auf
und ab. Der Tag endete wieder bei zwei wunderbaren *trail angels*.
Ariel und Daphne waren eigentlich vom Shvil weggezogen,
aber ihr Name stand noch auf meiner Liste, und als ich bei ihnen

anrief, nahmen sie mich trotzdem auf. Von den fünf Extrakilometern auf der Landstraße konnte ich zwei trampen. Ariel und Daphne errieten jeden meiner Wünsche. Etwas Kühles zu trinken? Gerne. Einen Obstteller? Wenn es keine Umstände macht. Eine heiße Dusche und ein frisches Handtuch? Bingo!

Als ich geduscht hatte, kochte Daphne ein hervorragendes Abendessen. Sie war Veganerin, bereitete also alles aus rein pflanzlichen Zutaten zu und verzichtete überhaupt auf alle tierischen Produkte. Auch auf Lederschuhe. Ariel aber sah die Sache nicht so eng. Er hatte für den Abend Putenschnitzel gekauft und haute sie jetzt in die Pfanne.

Die beiden waren vor wenigen Wochen eingezogen. Ihre Wohnung lag in einem Reihenhaus, hatte etwa vierzig Quadratmeter und neben dem Bad nur ein Zimmer mit offener Küche. Das teilten sie in dieser Nacht mit drei *shvilistim,* mich eingeschlossen. Ariel und Daphne schliefen im Doppelbett, wir drei auf unseren Isomatten auf dem Boden.

Ariels Karriere hatte gerade erst begonnen. Er hatte seine erste Stelle als Produktdesigner gefunden. Das Unternehmen war winzig, er war der einzige Mitarbeiter seines Chefs, und zu seiner und seiner Frau Freude lag es nicht in Tel Aviv, sondern in einem kleinen Ort nahe Jerusalem. Ariel und Daphne mochten die Großstadt nicht. In ihrem Dorf ging alles beschaulicher zu. Von der Wohnung hatten sie einen weiten Blick nach Westen, man sah die Sonne untergehen. Daphne hatte Psychologie studiert und bildete sich weiter in Tanztherapie und als Yoga-Lehrerin. Beide verdienten nicht viel. Ariel baute deshalb fast alle Möbel selbst. Als ich angekommen war, packte er gerade den Akkuschrauber ein. Er hatte ein Sofa zusammengesetzt aus preiswertem Kiefernholz.

Ariels Familie stammte aus Marokko. Daphne war halb Jemenitin, halb Polin. Ihre Großeltern hatten eine spektakuläre Flucht erlebt. Sie waren von den Nazis aus Polen verschleppt und

ALS HEZY RELIGIÖS WURDE

in ein Arbeitslager nach Russland deportiert worden. Aus dem konnten sie fliehen und gelangten über Italien nach Israel.

Mit Daphnes Kochkünsten konnte ich es nicht aufnehmen, aber ich bot meine Hilfe als Tellerwäscher an und erledigte diesen Job mit größter Sorgfalt. Tassen, Teller und Töpfe stapelte ich nach allen Regeln der Kunst auf dem Abtropfgestell. Daphne war begeistert. Und ich fragte mich, wie ich den beiden danken sollte. Geld anbieten? Das würde wohl als Beleidigung verstanden. Nie hatte ich einen israelischen *shvilist* gesehen, der einem *trail angel* Geld gab. Ich machte es mir aber zur Gewohnheit, wenn die Umstände es erlaubten, etwas mitzubringen, eine Flasche Wein, ein paar Dosen Bier, Süßigkeiten – je nachdem, was sich gerade anbot. Und ich nahm mir vor, in Zukunft jedem Wanderer, der mir zu Hause begegnen würde, etwas Gutes zu tun.

Im Niemandsland

Der Shvil führte mich über einen Abschnitt der (israelischen) Burma Road, einer sechsundzwanzig Kilometer langen Behelfsstraße. Gleich zu Beginn des Krieges von 1948 hatten arabische Milizen einen Teil der wichtigsten Straßenverbindung zwischen Jerusalem und Tel Aviv unter ihre Kontrolle gebracht. Heckenschützen hatten freie Sicht von den umliegenden Hügeln und schossen auf alles, was sich bewegte. So gelang es ihnen, den jüdischen Teil Jerusalems vom Nachschub mit Lebensmitteln, Waffen und Munition abzuschneiden. Es schien nur noch eine Frage der Zeit zu sein, bis Westjerusalem fallen würde.

Israels Führung musste schnell handeln. Sie ließ einen Bypass legen, um die gefährliche Route zu umgehen. In einer Nacht- und Nebelaktion wurde eine Behelfsstraße durch zuvor unpassierbares Gelände gebaut. Ein Journalist erfand für sie den Namen Bur-

IM NIEMANDSLAND

ma Road – in Anlehnung an die Straße, die während des Zweiten
Weltkriegs zwischen Burma und China gebaut wurde. Der erste
Konvoi nach Jerusalem rollte schon nach wenigen Tagen. Das war
ein abenteuerliches Unterfangen: Die Fahrzeuge mussten an den
steilen Passagen angeschoben, die Waren teils auf Esel umgela-
den oder von Helfern getragen werden. In den Wochen darauf
wurde die Straße verbessert und die Route noch einmal etwas geändert. Neunzehn Jahre lang war die New Burma Road die Nabelschnur Westjerusalems. Erst 1967 konnte Israel das Gebiet im
Sechstagekrieg unter Kontrolle bringen und die ursprüngliche
Straße wieder öffnen. Sie ist heute die Autobahn 1. Ein zwölf Kilometer langer Abschnitt der Burma Road ist ein Lehrpfad und
Wanderweg – und eine beliebte Piste für Allradfans. Gleich ein
ganzer Konvoi von Geländefahrzeugen kam mir entgegen und
ließ mich in einer stinkenden Dieselwolke zurück.

Kurze Zeit später erreichte ich Neve Shalom, übersetzt: Oase des
Friedens. Das ist eine Siedlung auf einem Felsenhügel, in der jüdische und palästinensische Israelis in gleicher Zahl zusammenleben. Es klingt verrückt, aber das ist in Israel, wo Juden und Araber
meist nur oberflächliche Kontakte haben, schon etwas Außerge-
wöhnliches. In der Schule des Ortes wird sogar zweisprachig unterrichtet, auf Hebräisch und Arabisch. In Israel selbst ist Neve
Shalom gar nicht sonderlich bekannt, und manchmal wird es mit
Skepsis betrachtet. Besucher aus Europa und Amerika dagegen
haben Neve Shalom ins Herz geschlossen. Internationale Promis
geben einander die Klinke in die Hand, die Europäische Union
öffnet ihr Portemonnaie. Schon fünfmal wurde das Dorf für den
Friedensnobelpreis vorgeschlagen.

Auf der Website heißt es in ungewöhnlicher Offenheit: »Wir
haben den Eindruck, dass unser Dorf oft ziemlich naiv betrachtet
wird. Diejenigen, die es toll finden, tun das womöglich aus fal-
schen Gründen. Es gibt oft die Vorstellung, dass wir in dem Kon-

flikt eine Insel sind, auf der Juden und Araber einander respektieren und lieben. In der Realität sind unser Programm und unsere Lebensweise nicht utopisch, und wie in allen realen Gemeinschaften sind die Beziehungen zwischen ihren Mitgliedern oft alles andere als perfekt.« Immer wieder ringen die Dorfbewohner mit dem Klima von Gewalt und Misstrauen, das den Nahen Osten beherrscht, immer wieder kommt es zu Streit und heftigen Auseinandersetzungen.

Ich spazierte ins Verwaltungsgebäude, stellte mich vor und bekam einen Becher Tee in die Hand gedrückt. Meine Gesprächspartnerin hieß Fatima. Wir gingen vor die Tür, sie rauchte. Ich erzählte ihr von meiner Wanderung auf dem Shvil und dem Buch, das ich darüber schreiben wollte. Sie unterbrach mich sofort: »Wir sind nicht Teil dieses Projekts.«

Ich war verdutzt. »Aber der Shvil führt direkt an eurem Dorf entlang«, entgegnete ich.

»Der Shvil ist ein zionistisches Projekt«, sagte Fatima bestimmt. »Das ist das Gegenteil von dem, was wir hier machen. Bei uns leben Palästinenser und Juden zusammen. Ich bin Palästinenserin.«

Fatima gehörte einer Minderheit von etwa zwanzig Prozent der israelischen Bürger an. Die jüdische Mehrheit bezeichnet sie meistens als »arabische Israelis« oder »israelische Araber«, während viele von ihnen diese Beschreibung ablehnen. Die Bewohner von Neve Shalom bevorzugen die Bezeichnung »Palästinensische Araber mit israelischer Staatsbürgerschaft«.

Israels Palästinenser unterstanden nach der Staatsgründung dem Kriegsrecht. Sie konnten sich nicht frei bewegen, mussten Reisegenehmigungen beantragen und Ausgangssperren einhalten. Sie konnten ausgewiesen, ihr Land konnte leicht enteignet werden. Sie waren der Willkür der Behörden ausgeliefert. Erst seit Mitte der Sechzigerjahre wurde das Kriegsrecht aufgehoben, wurden die diskriminierenden Gesetze abgeschafft. Trotzdem

IM NIEMANDSLAND

klagen viele Palästinenser heute noch über eine faktische Benachteiligung.

»Fühlst du dich als Bürgerin zweiter Klasse?«, fragte ich Fatima.

»Zweite Klasse?« Fatima schaute streng, machte eine Pause und zog an ihrer Zigarette. »Nicht einmal das. Wir sind noch weniger wert. Wir sind bloß eine Zahl. Niemand interessiert sich wirklich für uns. Sie (die Juden) bevorzugen es, separiert zu leben. Das betrifft alles: die Schulen, die Bildung, die öffentlichen Einrichtungen, die Arbeitsplätze. Sie achten darauf, dass die Palästinenser wirtschaftlich am Boden bleiben. Das ist meine persönliche Meinung.«

»Wie lange lebst du schon in Neve Shalom?«

Fatima sah mich an wie die Lehrerin den Schüler, der einen peinlichen Fehler gemacht hatte. Sie sagte: »Unser Name ist nicht Neve Shalom!«

Alle Broschüren, die Website und auch die Schilder nannten das Dorf immer in drei Sprachen: Hebräisch, Arabisch und Englisch. Aber Fatima akzeptierte nur den arabischen Namen. Sie bestand darauf: »Unser Dorf heißt Wahat al-Salam.«

Fatima war aus Lid hierhergezogen, aus einer Stadt in der Nähe, die mal palästinensisch war, aber im Krieg 1948 von den Juden eingenommen wurde. Die arabischen Einwohner waren damals vertrieben worden. Erst Jahre später siedelten sich dort wieder Palästinenser an. Heute heißt die Stadt Lod.

Fatima hatte ihre Zigarette aufgeraucht und setzte sich wieder an ihren Schreibtisch. Während wir sprachen, googelte sie nach einer Karte des Shvil Israel. »Durch wie viele arabische Städte führt dieser Shvil?«, fragte sie.

»Bislang bin ich noch durch keine gekommen«, antwortete ich.

»Aber im Norden gibt es ein paar arabische Orte auf dem Trail.«

Schließlich hatte Fatima eine Karte gefunden. »Da haben wir es: Sie führen dich nicht in palästinensische Städte wie Lid oder Ramle. Sie führen dich nach Tel Aviv, aber nicht nach Yafo (den arabischen Teil), obwohl es ein und dieselbe Stadt ist. Sie lassen Orte außen vor, die für etwas anderes stehen als ihre eigene Agenda. Wenn ich jüdisch wäre, würde ich diesen Shvil vielleicht mögen. Aber wir wollen damit nichts zu tun haben. Das ist ein Propagandaprojekt.«

»Kommen denn manchmal *shvilistim* nach Wahat al-Salam?«, wollte ich wissen.

»Wir haben hier nur ein kleines Gästehaus mit vierzig Zimmern. Unsere Gäste sind meistens Teilnehmer eines Programms, sie kommen als Gruppe und besuchen Seminare oder andere Veranstaltungen. Natürlich nehmen wir auch mal Alleinreisende auf, wir sind ein offenes Haus. Wenn israelische Juden sich für diesen Ort interessieren, heißen wir sie willkommen.«

Das Hotelgeschäft bildet eine wichtige Geldquelle für das Dorf. Ein Einzelzimmer ist nicht unter hundert Dollar zu haben – nicht gerade die Preisklasse der meisten *shvilistim*. Rabatt gibt es für sie auch nicht.

»Aber eine explizite Einladung an *shvilistim* habt ihr auch nicht ausgesprochen?«, hakte ich nach.

»Wir heißen jeden willkommen, aber für Juden ist das besonders schwierig. Wenn welche kommen, dann meistens mit der Einstellung«, Fatima hob beide Hände und zeichnete Gänsefüßchen in die Luft, »›Gott hat uns dieses Land gegeben‹. Die meisten hatten noch nie eine Chance, mit Palästinensern zu reden.«

»Gerade dann wäre der Shvil doch eine hervorragende Gelegenheit, wandernde jüdische Israelis nach Wahat al-Salam einzuladen«, sagte ich, »und ihnen eine andere Sicht auf ihr Land zu vermitteln.«

Fatima setzte wieder den wissenden Blick einer Lehrerin auf. In ihren Augen war ich wohl ein Traumtänzer, bestenfalls. »Ach«, sagte sie und ließ einen Stoß Luft aus der Lunge ab. »Ich habe schon viele jüdische Gruppen geführt. Das ist immer eine sehr ermüdende Veranstaltung. Sie haben so große Wissenslücken.

IM NIEMANDSLAND

Nach jeder Frage muss man zuerst die Fakten richtigstellen, die sie nicht kennen. Die Schule und unsere Medien haben sie einer Gehirnwäsche unterzogen.«

Die Kämpferin für den Frieden war müde geworden. Fatima wirkte genervt, wenn sie von den Juden sprach, der Konflikt war mit Händen zu greifen. Fatima hatte einen israelischen Pass, aber sie fremdelte mit dem Staat. Und das ist noch vorsichtig formuliert. Ihr war auch sichtlich unwohl bei dem Gedanken, dass ich Neve Shalom, pardon: Wahat al-Salam, in mein Buch über den Shvil aufnehmen wollte.

»Was genau willst du über deine Reise schreiben?«, fragte sie.

»Ich will zeigen, wie vielfältig Israel ist und ...«

»Wir sind nicht Teil von Israel.«

»Wie bitte?«

»Wahat al-Salam liegt nicht auf israelischem Gebiet, es liegt im Niemandsland.«

Das Niemandsland, von dem Fatima sprach, ist ein schmaler Streifen Land im Tal von Latrun nordwestlich von Jerusalem. Er hat die Form eines Hufeisens und misst an seiner breitesten Stelle dreieinhalb Kilometer. Als Israel und die arabischen Staaten 1949 auf Rhodos einen Waffenstillstand vereinbarten, wurde die Waffenstillstandslinie auf der Landkarte mit grüner Tinte gezogen. Sie heißt seitdem Grüne Linie. Israelische Wanderkarten unterschlagen sie. In der Landschaft ist die Grüne Linie nicht zu sehen, nur die Sperranlage zwischen Israel und dem besetzten Westjordanland. Die hat der Staat allerdings in palästinensisches Territorium vorgeschoben, manchmal kilometerweit. Ein Verstoß gegen internationales Recht.

Im Tal von Latrun wurden damals zwei Grüne Linien gezogen. Auf der Fläche zwischen ihnen entstand eine entmilitarisierte Zone, überwacht von den Vereinten Nationen: das Niemandsland. Im Sechstagekrieg von 1967 verleibte sich Israel das Gebiet

ein, und noch Jahre nach dem Krieg wurden palästinensische
Dörfer auf ihm dem Erdboden gleichgemacht. Wo sie standen,
wurden Bäume gepflanzt und ein Park angelegt, der Ayalon Cana-
da Park, heute ein beliebtes Ausflugsziel. Die Sperranlage trennt
das Gebiet nun vom übrigen Westjordanland, und die meisten Israelis rechnen es wie selbstverständlich zu Israel. Dabei hat der
Staat dieses Land nie offiziell annektiert. Mehrmals mussten sich
Gerichte mit der Frage beschäftigen, ob dort überhaupt israelisches Recht gilt. Zuletzt hieß es: ja.

Der Shvil Israel führt den Wanderer grundsätzlich nicht in besetzte Gebiete, also nicht auf die Golanhöhen, nicht nach Ostjerusalem oder ins Westjordanland. Das hatte sein Erfinder Ori
Devir so bestimmt. Er kannte das Westjordanland gut, war oft
dort unterwegs gewesen. Aber er wollte nicht, dass der Trail mit
einer politischen Aussage verbunden wird. Nur im Tal von Latrun
überquert der Shvil auf einem kurzen Abschnitt die politisch bri-
sante, aber unsichtbare Grüne Linie.

Von Neve Shalom nach Latrun war es nicht weit, und es ging
bergab. Nach zwanzig Minuten erreichte ich die Rückseite des
Trappistenklosters. Ein hoher Zaun mit Stacheldraht steckte das
Gelände ab. Schilder warnten vor Wachhunden, und als wollte er
diese Warnung noch untermauern, kam ein Schäferhund an den
Zaun und verbellte mich aus voller Kehle. Was muss das für eine
Nachbarschaft sein, dachte ich, wenn sich schon ein Kloster so
verbarrikadiert.

Ich wusste damals noch nicht, dass das Kloster Latrun nur wenige Monate zuvor Opfer eines Überfalls geworden war. Unbekannte hatten eine Holztür in Brand gesteckt und den Hauptein-
gang mit Graffiti verunstaltet. Auf Hebräisch stand dort etwa:
»Jesus ist ein Affe« und »Migron«, der Name einer illegalen jüdischen Siedlung im Westjordanland, die die Armee Wochen zuvor
geräumt hatte. Das nährte den Verdacht, dass der Angriff auf das
Kloster eine Vergeltung sein sollte für das Vorgehen der Regie-

IM NIEMANDSLAND

185

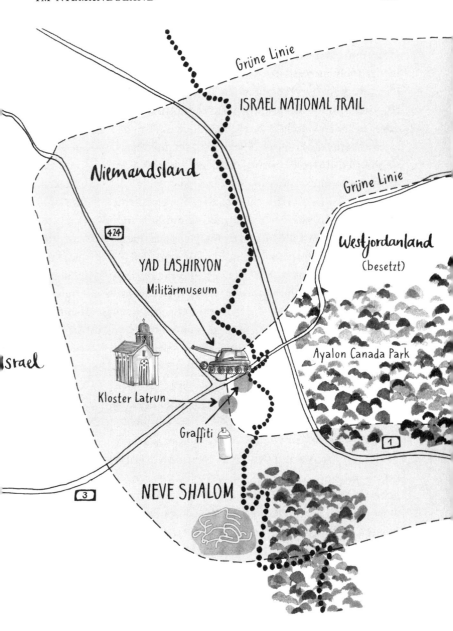

rung gegen die Siedler. Es war der Preis, den sie zahlen sollte. In Israel spricht man deshalb von den »Preisschild-Aktionen«. Dahinter stecken vermutlich ein paar Hundert radikale Siedler, die lose miteinander verbunden sind. Die Gruppe ist seit Jahren aktiv, ihre Opfer sind Palästinenser, Christen, Linke und manchmal sogar die Armee selbst.

Auch ein Überfall auf Neve Shalom geht auf das Konto der Preisschild-Aktivisten. Im Jahr 2002 schlitzten Unbekannte die Reifen geparkter Autos auf, warfen die Fenster der Schule ein und sprühten Parolen an die Wände, zum Beispiel: »Tod den Arabern« oder »Kahane lebt«. Me'ir Kahane war ein jüdischer Rechtsextremist, der sich ein Israel in den biblischen Grenzen bis zum Euphrat und Tigris wünschte und auf Terror mit Terror reagieren wollte. Die Demokratie wollte er zugunsten eines rein jüdischen Rechts schleifen, die arabischen Bürger entrechten oder gleich aus Israel hinauswerfen. Noch heute sieht man manchmal Aufkleber mit dem Spruch »Kahane hatte recht«. »Das sind Terroristen«, hatte Fatima mir gesagt, »und die Regierung kennt sie.« Da schwang der Vorwurf mit: Die Regierung könnte mehr gegen sie unternehmen, unterlässt es aber.

Zum Glück verurteilen die meisten Rabbiner die Preisschild-Aktionen. Es ist eine radikale Minderheit, die mit ihrem Getöse immer wieder den Konflikt anheizt. Das gilt auch für eine zweite Gruppe, die mit den Preisschild-Aktivisten ideologisch eng verflochten ist. Als ich das Kloster halb umrundet hatte und die Schnellstraße 3 erreichte, sah ich ein Graffito an einer Ziegelwand eines kleinen Gebäudes, das auch auf dem Klostergelände stand. Jemand hatte in schwarzer Farbe gesprüht: »Töchter Israels dem Volk Israel« – ein Slogan der Lehava (Flamme). Diese Gruppe, deren Name zugleich eine Abkürzung ist für ›Vermeidung von Assimilierung im Heiligen Land‹, kämpft gegen Beziehungen zwischen Juden und Nichtjuden. Im März 2010 schrieb der Lehava-Chef einen Brief an das israelische Topmodel Bar Rafaeli und forderte die

IM NIEMANDSLAND

Frau auf, ihren damaligen Partner Leonardo Di Caprio nicht zu heiraten. Der amerikanische Schauspieler ist nämlich römisch-katholisch. »Sie wurden nicht aus Zufall jüdisch geboren«, hieß es in dem Brief. »Ihre Großmutter und deren Großmutter haben sicher nicht davon geträumt, dass einer ihrer Nachkommen eines Tages die zukünftigen Generationen der Familie aus dem jüdischen Volk herauslöst. Assimilation war schon immer ein Feind des jüdischen Volkes.«

Auch Facebook-Gründer Mark Zuckerberg – jüdischer Herkunft, aber Atheist – bekam Post von Lehava, allerdings ein bisschen spät. Denn da hatte Zuckerberg soeben Priscilla Chan geheiratet, eine Amerikanerin mit chinesisch-vietnamesischen Wurzeln. Lehava wusste Rat: »Solange die Kerze brennt, können Sie Ihren Fehler korrigieren. Lassen Sie sich von der nichtjüdischen Frau scheiden und finden Sie eine gute jüdische. Und um Ihren Fehler wiedergutzumachen, beginnen Sie eine große Facebook-Kampagne gegen Assimilation.«

Facebook war Lehava generell ein Dorn im Auge. In dem Brief an Zuckerberg stand: »Auch in Israel trifft uns die Assimilation, nicht zuletzt wegen Ihres Facebook.« Dort könne »jeder Mohammed« sich als kultivierter Stadtmensch ausgeben, »und jeder Yussuf nennt sich ›Prinz Charming‹«.

Man könnte das alles als lächerlich abtun, wenn es denn bei peinlichen Briefen bliebe. Aber Lehava ging noch weiter. Ein israelischer Journalist hatte sich in die Organisation eingeschleust und zweieinhalb Monate lang recherchiert. Er berichtete, wie Lehava-Aktivisten bewaffnet und in kleinen Gruppen durch die Straßen zogen, um gemischt-religiöse Paare ausfindig zu machen. Unter einem Vorwand besorgten sie sich die Handynummer der jüdischen Frauen. Die wurden später angerufen, ihr Freundeskreis wurde durchleuchtet und Druck aufgebaut. Im August 2014 sah sich ein Paar dazu gezwungen, Sicherheitspersonal zu engagieren, nachdem Lehava die anstehende Hochzeit öffentlich gemacht und zum Protest aufgerufen hatte. Streng genommen war es gar keine gemischt-religiöse Ehe, denn die Braut war vor der Hochzeit vom Judentum zum Islam konvertiert, der Religion ihres Bräutigams. Beim Veranstalter gingen Drohungen ein, die Polizei musste anrücken. Am Hochzeitstag marschierte ein aufgebrachter Mob mit Megafon auf. »Araber sind Hurensöhne« gehörte noch zu den milderen Sprüchen.

Die Führer der Organisation sind fest im rechtsextremen Milieu verankert. Sie bezeichnen arabische Israelis als Krebsgeschwür, das beseitigt werden müsse. Nach einem Brandanschlag auf eine bilinguale Schule (Hebräisch und Arabisch) in Jerusalem rückte die Polizei zu einer großen Operation gegen wichtige Lehava-Aktivisten aus, nahm sie vorübergehend fest und durchsuchte ihre Häuser.

Auf der anderen Seite der Schnellstraße 3, vis-à-vis dem Kloster Latrun und nur wenige Kilometer von der Oase des Friedens entfernt, liegt eine Enklave des Krieges: Yad Lashiryon, ein Museum und eine Gedenkstätte für die gepanzerten Einheiten der israelischen Armee, die an die fast fünftausend gefallenen Soldaten des Panzerkorps erinnert. Die Anlage ist ein beliebtes Ziel für Schulklassen und Familienausflüge. Am Schabbat platzt ihr Parkplatz aus allen Nähten.

Ins Museum gelangte ich durch einen Flachbau, in dem auch ein kleiner Souvenirladen untergebracht war. Da gab es regaleweise Kriegsspielzeug: Gewehre, Panzer, Kampfhubschrauber. Hinter dem Eingangsgebäude führte eine ausladende Treppe hinauf zu einer großen Plattform. Ringartig waren dort mehr als hundert Panzer und gepanzerte Fahrzeuge aufgestellt, ihre Kanonen auf den Mittelpunkt des Geländes ausgerichtet: die frühere Polizeistation von Latrun. Nach ihrem Erbauer wird sie auch Fort Tegart genannt. Als die Briten das Völkerbundmandat über Palästina ausübten, leitete der irische Polizist Charles Tegart den Bau Dutzender

IM NIEMANDSLAND 189

solcher Festungen an strategisch wichtigen Punkten. Sie wurden
in den Dreißigerjahren binnen kurzer Zeit hochgezogen, um den
arabischen Aufstand gegen die britische Kolonialmacht unter
Kontrolle zu bekommen. Tegart hatte Erfahrung mit Aufständi-
schen im britisch kontrollierten Indien gesammelt, und die spie-
gelte sich in der Architektur der Forts in Palästina: meterdicker
Stahlbeton, Schießscharten zu allen Seiten, massive Stahltüren.
In dem Komplex in Latrun hielten die Briten zwischen 1940 und
1948 Tausende Gefangene in vier Lagern fest, unter ihnen waren
neben Arabern auch jüdische Untergrundkämpfer sowie deutsche
und italienische Kriegsgefangene, die man in Libyen festgenommen hatte.

Das Publikum des Museums bestand vor allem aus religiösen
Familien. Eine Soldatin führte eine Besuchergruppe auf einen Mer-
kava-III-Panzer aus israelischer Produktion. Damit der Koloss be-
quemer zu erklimmen war, hatte man eine Treppe mit Geländer
aufgestellt. Die Kinder kraxelten auf das Kanonenrohr. Als alle auf
dem Gefährt Platz genommen hatten, klickte der Fotoapparat.

Die Informationstafeln auf dem Gelände waren in Hebräisch
und Englisch verfasst. Die sonst durchaus übliche arabische Übersetzung hatte man sich gespart. Kein Palästinenser käme wohl
freiwillig hierher. Denn wie so oft im Nahen Osten ist der Ort des
jüdischen Sieges ein Ort der arabischen Niederlage.

Um Latrun hatten Juden und Araber erbittert gekämpft. Als
die Briten Mitte Mai 1948 abzogen, kontrollierten lokale arabische Milizen und jordanische Truppen die Gegend. Israel griff die
Polizeistation an, stieß aber auf heftigen Widerstand. Jüdische
Truppen standen schon auf dem Gelände des Forts, erlitten aber
so große Verluste, dass sie sich zurückziehen mussten. Insgesamt
fünf Angriffe schlugen fehl. Erst 1967 konnte Israel auch die Fes-
tung in Latrun einnehmen.

An der Tankstelle gegenüber dem Museum holte ich mir eine Pita
mit Labaneh zum Abendessen. Als die Dämmerung begann, lief

ich noch einige Hundert Meter weiter in einen Wald hinein und breitete meine Isomatte auf den Steinplatten vor einem Mahnmal aus. Mahnmale tauchten hier überall auf, auch am nächsten Tag. Hinzu kamen Informationstafeln mit den Namen privater Spender, die sich an der Aufforstung des Waldes beteiligt hatten. Die Devise schien zu sein: Tue Gutes und rede darüber. Auf diese Weise erhielten Israels Waldstücke lustige Namen wie Toyota-Hain.

Der Shvil trieb sich wieder an Straßen entlang, und zwar nicht an irgendwelchen. Er begleitete die Autobahn 6, kreuzte auch die 1 und flirtete mehr als einmal mit der Schnellstraße 444. Mir blieb nichts anderes übrig, als das Spielchen mitzuspielen, über Brachflächen, durch Industriegebiete und Tunnel zu laufen. Bis zum Aussichtspunkt Tel Hadit war es zumindest zwischendurch noch ganz schön gewesen, aber danach lag ein langweiliger Abschnitt vor mir. Ich folgte dem Rat der Israelis und trampte ein paar Kilometer.

Um halb fünf stand ich im Kibbuz Einat. In der Bäckerei wurde ich als *shvilist* aufs Herzlichste mit Kaffee und süßen Teilchen bewirtet. Der Bäcker führte mich persönlich durch seine Backstube. Die Nacht verbrachte ich in einem Gästezimmer. Von der anderen Seite der Autobahn hallten Schüsse herüber, ganze Salven waren darunter. Die Armee trainierte dort auf einem Schießstand.

Um sechs am Morgen startete ich zu meiner letzten Etappe auf dem Weg nach Tel Aviv. Die Autobahn war schon voll um diese Zeit, ein Kleinlaster jagte den anderen. Alles strebte in die Küstenmetropole, als wäre sie der Nabel der Welt.

Stunde um Stunde lief ich auf einem Sandweg und sah nur Schilf oder Plantagen. Immer in meiner Nähe dümpelte der Fluss Yarkon vor sich hin – trübe, träge und unmotiviert. Links lärmte die Autobahn, und über mir knisterten Hochspannungsleitungen. Ich weiß wirklich nicht, warum so viele Israelis von diesem Stück-

IM NIEMANDSLAND

chen eingesperrter Natur schwärmen. Vielleicht, weil es nur einen Sprung von Tel Aviv entfernt ist?

Der Yarkon machte im Juli 1997 Schlagzeilen, als während der Makkabiade, einer Art jüdischer Olympiade, eine Behelfsbrücke einstürzte. Vier australische Athleten kamen ums Leben, aber nur einer von ihnen starb an den unmittelbaren Verletzungen durch den Unfall. Drei Sportler starben im Krankenhaus wegen der miserablen Wasserqualität des Yarkon. Sie hatten sich eine seltene, aber sehr ernste Pilzinfektion eingefangen, die die Lunge angreift und zu Atemnot führt. Ein Mittel dagegen gab es nicht. Die mit dem Brückenbau beauftragten Unternehmer wurden später wegen Pfusch zu Haftstrafen verurteilt. Es stellte sich nämlich heraus, dass die abenteuerliche Konstruktion die Last niemals hätte tragen können.

Kameras im Kuhstall

Nach siebenundzwanzig Kilometern verließ mich die Wanderlust. Ich ergriff die erste Gelegenheit und setzte mich in eines der gelben Sammeltaxis, die auf festgelegten Linien durch Tel Aviv fahren. Die Fahrgäste zahlen nicht, wie im Bus, beim Einsteigen, sondern während der Fahrt. Damit es schneller geht. Das Geld wird von hinten nach vorne durchgereicht, es geht durch viele Hände, bis es beim Fahrer ankommt. Das Wechselgeld nimmt den umgekehrten Weg. Wer vorne rechts in der ersten Reihe sitzt, wird so zum Copiloten. Er muss darauf achten, mit dem Fahrgeld und dem Wechselgeld nicht durcheinanderzugeraten. Da ich meine Ruhe haben wollte, setzte ich mich in die letzte Reihe.

Tel Aviv ist die Antithese zu Jerusalem. Während dort am Schabbat die Geschäfte schließen, die Busse den Betrieb einstel-

KAMERAS IM KUHSTALL

len und die Restaurants die Rollläden herunterlassen, kehrt in Tel Aviv allenfalls Ruhe vor dem Sturm ein. Denn die Jugend bereitet sich auf eine lange Partynacht vor.

Eigentlich dürfen Geschäfte, Restaurants und Clubs am Schabbat nirgendwo in Israel öffnen. So steht es jedenfalls im Gesetz. Aber das wird nicht überall befolgt. Viele Läden machen nämlich trotzdem auf, zahlen einfach die dafür vorgesehene, recht milde Strafe – und kommen damit durch. Die Strafe ist dann sozusagen eingepreist, und alle sind glücklich: Die Verkäufer, weil die Kasse klingelt, die säkularen Kunden, weil sie am Schabbat in Ruhe einkaufen können, und der Staat, weil er durch Steuern und Strafen Geld bekommt. Nur den Religiösen missfällt das. Sie versuchen immer wieder, die Schabbatruhe konsequent durchzusetzen. Tel Aviv ist den umgekehrten Weg gegangen: Es hat fünfzehn Prozent der Geschäfte Genehmigungen erteilt, am Schabbat zu öffnen. Die meisten von ihnen liegen in säkularen Stadtvierteln.

Ich hatte mich zum Abendessen mit meinem Freund Shai verabredet. Er war siebenundzwanzig und arbeitete als Elektroingenieur in Israels aufstrebender IT-Branche. Im Militär war er Panzerkommandant gewesen und – wie jeder Israeli – bis zum Alter von zweiundvierzig Jahren Reservist. Im Gazakrieg von 2014 hatte man Shai aus der Reserve gerufen und an die Grenze des Gazastreifens geschickt. Auf der israelischen Seite des Sicherheitszauns warteten er und seine Soldaten lange auf den Einsatzbefehl. Der nie kam. Aber schon das Warten war gefährlich. »Die Raketen konnte unser Schutzsystem abfangen, aber nicht die Granaten«, erzählte Shai. »Die fliegen da rein und explodieren innerhalb von Sekunden. Das geht so schnell, da gibt es keine Warnung und keinen Sirenenalarm. Die Hamas hatte verstanden, dass ihre Raketen gegen unser Abwehrsystem kaum eine Chance haben. Deshalb änderte sie die Taktik und setzte uns mit Granatwerfern unter Druck. Eine der Granaten explodierte ganz in meiner Nähe.

So merkwürdig das auch klingt: Ich war dankbar für dieses Erlebnis. Wenn du dem Tod nahe warst, bekommst du einen anderen Blick auf das Leben. Du siehst plötzlich viel klarer, was dir wichtig ist und was du eigentlich erreichen willst. Wie jemand, der in einem schlimmen Autounfall durch Glück davongekommen ist.«

Der Gazakrieg stellte Freundschaften und vor allem Bekanntschaften auf die Probe. Shai und seine Freundin wurden – als Israelis – von Bekannten aus Europa geschnitten. In Barcelona hatten sie den Besitzer eines Gästehauses kennengelernt und sich mit ihm angefreundet. Er ließ sie sogar kostenlos übernachten. Die beiden hatten eine tolle Zeit in Spanien und blieben über Facebook mit ihrem Bekannten in Kontakt. Alles änderte sich, als der Gazakrieg ausbrach.

»Unser Freund fing plötzlich an, einseitige und sehr verletzende Dinge zu posten«, sagte Shai. »Er hat sich dabei von der Propaganda in die Irre führen lassen. Einmal verlinkte er ein Bild, das angeblich in Gaza aufgenommen wurde. Dabei war es Jahre alt und stammte aus dem Bürgerkrieg in Syrien. Das war eine sehr verletzende Erfahrung, dass viele Leute so einseitig blind sind und nicht einmal versuchen, unsere Lage zu verstehen. Schließlich hat die Hamas diesen Raketenkrieg angefangen. Ich habe unseren spanischen Freund fünf-, sechsmal angeschrieben und ihn sogar nach Israel eingeladen, damit er sich selbst ein Bild machen kann. Aber er hat nicht einmal geantwortet.«

Für Shai stand fest: »Wenn wir angegriffen werden, müssen wir uns verteidigen, das ist doch klar. Aber der Zweck unserer Offensive sollte sein, der Diplomatie neue Chancen zu eröffnen. Und die nutzt unsere Regierung leider gar nicht. Der Krieg ist vorüber, aber alles geht weiter wie zuvor.«

Am Strand von Tel Aviv herrschte schon am Vormittag reger Betrieb. Schöne Menschen zogen in einem Pool ihre Bahnen, trugen ein Surfbrett unter dem Arm oder einfach ihren gestählten Ober-

KAMERAS IM KUHSTALL   195

körper zur Schau. Dort, wo der Yarkon-Fluss noch einen letzten
Haken schlägt, bevor er sich dem Mittelmeer ausliefert, hatte Tel
Aviv bis 1965 einen Frachthafen. Danach wurden die Gebäude als
Lagerhäuser genutzt, nun ist das Areal ein Vergnügungsviertel.
Cafés, Läden und Nachtclubs reihen sich aneinander.

Es stimmte, was Idan, der Wüstenwanderer mit der Pistole,
gesagt hatte: In Tel Aviv ließ sich die Bedrohung Israels leicht
verdrängen. Aber auch die israelische Besatzung des Westjordan-
landes mit ihrer hässlichen Fratze, den Mauern, den Zäunen und
den Kontrollposten, auch die war weit weg.

Für mich verhießen die nächsten Wandertage am Strand Freiheit
pur. Ich war immer noch auf dem Israel National Trail, aber der
hatte seinen Charakter geändert. Die Energie, die er in der Wüste aus mir herausgepresst hatte wie ein Entsafter, gab er mir jetzt
wieder zurück. Es war angenehm warm. Ein leichter auflandiger
Wind verhinderte, dass ich allzu sehr ins Schwitzen geriet. Und
wenn mir zu heiß wurde, konnte ich jederzeit ins Meer springen.
Oder die Wanderstiefel ausziehen und barfuß durchs Wasser laufen. Statt Trockenkost aus der Tüte gab es frischen Fisch und danach einen Espresso. Mein Rucksack war deutlich leichter geworden und hatte aufgehört, eine Last zu sein. Ich genoss jeden
Schritt. Der Mensch ist doch zum Laufen gemacht, dachte ich,
und nicht, um am Schreibtisch zu sitzen.

In der Marina von Herzliya wurde ich Zeuge eines halböffent-
lichen Heiratsantrags. Das Paar saß in der Mitte einer Caféterras-
se. Sie hatte, nichts ahnend, ihren Rücken dem Eingang zugewandt, er zuvor heimlich mit dem Personal abgedealt, dass es
»Marry you« von Bruno Mars spielen sollte. Als das Lied begann
und die Musik deutlich lauter wurde, nahm er ihre Hand. Was sie
da noch nicht sehen konnte: Hinter ihr stellten sich Freunde des
Paares in einer Reihe auf, mit dem Rücken zu ihr. Alle trugen ein-
heitliche weiße T-Shirts, und als sich die Frau schließlich zu ihnen

umdrehte, drehten sich auch die Freunde um. Auf der Vordersei-
te ihrer T-Shirts stand in großen Buchstaben: der Heiratsantrag.
Er wurde, das war nicht zu übersehen, positiv beschieden.

Ich wanderte immer weiter am Strand entlang nach Norden. Sich
zu verlaufen war ausgeschlossen. Und doch stand ich eine knappe
Stunde später plötzlich vor einem Schild mit einem Totenkopf
und traute meinen Augen nicht. »Lebensgefahr«, war darauf zu lesen und in großen Lettern: »Bleiben Sie diesem Strandabschnitt
fern!« Der letzte Strandzugang lag schon eine Weile zurück. Man
hatte mich also in eine Sackgasse laufen lassen, um mir an diesem
menschenleeren Ort zu eröffnen, dass jeder weitere Schritt mich
das Leben kosten könnte. Warum war der Israel National Trail
nicht umgeleitet, waren die Wegmarkierungen nicht entfernt
worden?

Ich wog das Risiko und befand, dass es sehr unwahrscheinlich
war, dass der Hang ausgerechnet dann einstürzen würde, wenn
ich darunter her spazierte. Ich hätte mich hier nicht in die Sonne
legen und auch nicht übernachten wollen, aber den Strandabschnitt zu durchwandern, das schien mir vertretbar. Also ging ich
weiter. Ein junger Schakal flüchtete vor mir auf eine Düne und be-
äugte mich aus sicherer Entfernung.

Oberhalb von Israels einzigem Nudistenstrand liegt der Kibbuz Ga'ash auf einem versteinerten Dünenkamm. Zu ihm stieg
ich durch ein Wadi auf. Dieser Kibbuz war nicht eingezäunt. Zwischen alte hatte man neue, moderne Häuser gesetzt, sie waren in
elegantem Hellgrau gehalten, besaßen zwei Etagen, hohe Fenster
und Dachterrassen mit schicken strebenlosen Glasgeländern. Die
erste Gebäudereihe grenzte direkt an den Dünengürtel, manche
Häuser hatten Meerblick. In ihnen dürfen die wohnen, die am
längsten im Kibbuz leben. Ein solches Haus zu beziehen ist sozusagen eine Treueprämie für langjährige Mitglieder. Manchmal
entscheidet auch das Los, wer hier wohnen darf.

KAMERAS IM KUHSTALL 197

Es ist kein Wunder, dass Ga'ash zu den beliebtesten Kibbuzim in ganz Israel gehört. Zur traumhaften Lage am Meer kommt noch die kurze Entfernung nach Tel Aviv – mit dem Auto ist man, wenn es nicht gerade einen Stau gibt, in zwanzig Minuten in der Innenstadt. Außerdem hat der Kibbuz eine Therme mit Schwimmbad, Außenpool und Sauna, die auch von Tagesgästen besucht wird, sowie einen Golfplatz. So wie hier zu wohnen können sich in Israel sonst nur Millionäre leisten. Anderen Kibbuzim laufen die Mitglieder weg, die Söhne und Töchter gehen zum Militär und dann auf die Uni und kommen nicht zurück. In Ga'ash hingegen stehen die Bewerber Schlange. Jedenfalls seit der Kibbuz privatisiert wurde. Ohne persönliche Beziehungen aufgenommen zu werden ist aussichtslos.

Mein Gastgeber für die Nacht hieß Sharon. Er war lizensierter Reiseleiter und führte deutsche Gruppen durch Israel. Wenn er nicht unterwegs war, arbeitete er im Kuhstall seines Kibbuz. Ich bat ihn, mir den Stall zu zeigen.

Zur Farm fuhren wir mit Sharons Auto, aus purer Bequemlichkeit, denn die paar Hundert Meter hätten wir natürlich auch laufen können. Auf dem Gelände chillten fast tausend Kühe in offenen Ställen, die nur ein Dach, aber keine Wände hatten. Die Kühe standen im eigenen Kot. Riesige Ventilatoren sorgten dafür, dass er schnell trocknete. Wird die Hitze allzu groß, lässt sich das Dach aufstellen. Außerdem können die Tiere per Knopfdruck mit feinsten Wassertröpfchen benebelt werden. All das dient nur einem Ziel: die Rinderhaltung in einem Land zu ermöglichen, dessen Klima dafür eigentlich ungeeignet ist.

Die Kühe des Kibbuz wissen, was sie zu tun haben. Dreimal am Tag, im Abstand von acht Stunden, trotten sie durch zu beiden Seiten vergitterte Korridore in den Melkstand und stellen sich dort mehr oder weniger diszipliniert auf. Der Hightech-Melkstand liegt in einem Flachbau und hat einen Mittelgang für die Melker, der mit Stahlgittern zu beiden Seiten abgetrennt ist.

Rechts und links befinden sich je dreißig Melkplätze, in denen die Kühe mit dem Hinterteil zum Melker zum Stehen kommen. Haben die Tiere die richtige Position eingenommen, werden sie mit hydraulisch betriebenen Stahlbügeln fixiert. Ihren Bewegungsspielraum kann der Melker auf Knopfdruck zentimeterweise verändern. Er sprüht der Kuh Jod auf das Euter, um es zu desinfizieren, und wischt es wieder ab. Das stimuliert die Zitze und löst den Milchfluss aus. Dann legt der Melker das Melkzeug an, das sich am Euter festsaugt, indem ein Vakuum erzeugt wird. Es fällt automatisch ab, wenn die Kuh keine Milch mehr gibt. Jedes Tier trägt auf dem Fell eine Nummer und außerdem einen umgeschnallten Schrittzähler am rechten Vorderlauf. Dessen Daten werden per Funk übertragen, ein zentraler Computer wertet sie aus. Zählt das Pedometer mehr Schritte als gewöhnlich, weiß der Computer, dass die Kuh bullig ist und gedeckt werden will. Zählt es weniger Schritte, ist sie womöglich krank.

Natürlich wird auch die Melkleistung aufs Gramm genau erfasst. Der Computer analysiert die Milch jeder Kuh, noch während sie fließt. Eine Anzeige blinkt, wenn die erwartete Menge nicht erreicht wird oder die Milch eine außergewöhnlich hohe elektrische Leitfähigkeit hat. Das deutet auf eine Infektion des Euters hin. Ist die Milch in Ordnung, fließt sie durch Schläuche in einen großen Behälter im Keller des Melkstandes. In Ga'ash arbeiten vier Melker pro Schicht. Bis alle tausend Kühe gemolken sind, vergehen vier bis viereinhalb Stunden. Dann kehrt im Melkstand ein bisschen Ruhe ein, bevor die nächste Runde beginnt.

Israels Milchkühe stammen von Holstein-Rindern ab, die es auch in Deutschland gibt. Es sind eigene Züchtungen, auf Höchstleistung getrimmt. Die Tiere in Ga'ash geben im Durchschnitt vierzig Liter Milch jeden Tag, das sind vierzehn Tonnen im Jahr. Israelische Kühe gehören zu den produktivsten der Welt.

Sharon haderte mit seiner Tätigkeit. »Wenn man sich diese Massentierhaltung ansieht, müsste man eigentlich Veganer wer-

KAMERAS IM KUHSTALL 199

den«, sagte er. »Aber dafür liebe ich Milchprodukte zu sehr. Ich kann mir einfach nicht vorstellen, auf Joghurt und Käse zu verzichten.«

Eine Kuh muss gekalbt haben, bevor sie etwa zehn Monate lang gemolken werden kann. Deshalb werden die leistungsstarken Tiere auch immer wieder künstlich befruchtet, eine enorme Belastung. Nach vier bis fünf Jahren enden sie im Schlachthof. Ihre Kälber werden, damit sie die wertvolle Milch nicht wegtrinken, gleich nach der Geburt von ihren Müttern getrennt. Ein Kuhstall ist kein Ponyhof.

Die Menschen im Kibbuz Ga'ash sind nicht besonders religiös. Die meisten essen nicht einmal koscher. Aber sie produzieren Milch der höchsten Koscherstufe: *mehadrin*.

Der Unterschied zwischen koscherer und superkoscherer Milch lässt sich am Schabbat festmachen. Juden dürfen an diesem Tag keine kreative Arbeit verrichten. Dazu zählt im Prinzip auch das Melken einer Kuh, denn dabei entsteht ein Produkt, die Milch. Außerdem geht das gar nicht mehr ohne Maschinen, die zu bedienen am Schabbat ebenfalls verboten ist. Aber die Regel kennt Ausnahmen. Nicht nur dürfen Ärzte, Feuerwehrleute und Polizisten selbstverständlich am Schabbat arbeiten, sondern auch Melker. Kühe, die einen Tag lang nicht gemolken werden, hätten entsetzlich zu leiden. Wäre Juden das Melken am Schabbat nicht gestattet, könnten sie überhaupt keine Milchwirtschaft betreiben.

Nun kommen die thailändischen Gastarbeiter ins Spiel. Wenn am Schabbat sie – und nicht die jüdischen Melker – die Maschinen bedienen, ist die Milch *mehadrin*. Dieses Produkt mit dem Zertifikat eines besonders strengen Rabbiners findet vor allem unter orthodox-religiösen Israelis Abnehmer. Weil der Verkäufer auf den Ladenpreis dann etwas aufschlagen kann, bekommt auch der Produzent auf dem Milchmarkt eineinhalb Agorot (israelische Cent) mehr pro Liter. Hochgerechnet auf einen Stall wie den im Kibbuz Ga'ash mit rund tausend Kühen ergibt das jedes Jahr einen zusätzlichen Umsatz von mehr als zweihunderttausend Schekel (etwa vierundvierzigtausend Euro), und das bei kaum erhöhten Kosten.

Der für die Überwachung der Produktion zuständige Rabbi hatte im Kuhstall Tafeln mit Verhaltensvorschriften aufhängen lassen. In roter Schrift war aufgeführt, was jüdischen Melkern am Schabbat verboten ist, in grüner Schrift, was ihnen erlaubt ist, und in Blau standen Anweisungen für den Fall, dass gegen die Regeln verstoßen wird. Dann muss man eine Hotline anrufen – natürlich erst, wenn der Schabbat vorüber ist.

Nun dachte sich der Rabbi wohl: Vertrauen ist gut, Kontrolle ist auch nicht schlecht. Und so ließ er im Kuhstall Videokameras installieren, die am Schabbat den Melkprozess filmen. Die Aufnahmen können er oder seine Assistenten sich am Sonntag nach Schabbat ansehen. Stellt der Rabbi Verstöße fest, gibt es für die ganze Tagesproduktion kein *mehadrin*-Zertifikat. Die Milch darf dann nur als normal koschere Milch in den Handel gehen. Das Gleiche gilt, wenn die fleißigen Thais mal verhindert sind. Denn auch sie müssen vier wichtige Feiertage einhalten: den Tag des Königs, den Tag der Königin, den Tag des Wassers und den thailändischen Neujahrstag. Wenn einer von ihnen auf den Schabbat fällt, kann in Ga'ash keine *mehadrin*-Milch produziert werden.

Von Ga'ash führte mich der Shvil nach Norden ein Stück durch die Dünen, dann wieder am Strand entlang. Netanya war schon von Weitem auszumachen. Der Name der Stadt bedeutet Geschenk Gottes. Vielleicht um ihm besonders nahe zu sein, hatte man bevorzugt Hochhäuser gebaut. Rings um sie herum sah alles wie geleckt aus. Die kilometerlange Strandpromenade war gepflegt wie ein Schweizer Kurort. Netanya nimmt für sich den Titel »Schönste Stadt Israels« in Anspruch. Vor Kurzem hat Netanya fünf Sterne in einem Schönheitswettbewerb gewonnen. Für die nahe Zukunft erwartet man Zigtausende Neubürger.

Am Strand hinter Netanya war viel los. Trotz der hohen Steuern beim Autokauf gab es anscheinend doch einige Leute, die sich neben ihrem Pkw noch ein Spaßauto leisten konnten, mit dem sie dann und wann am Strand entlang zum Picknick heizten. *Traktoron* (kleiner Traktor) heißen die in Israel überaus beliebten Allradfahrzeuge für den Offroad-Einsatz. Sie sind kurz, wendig, leicht und gelten als besonders robust. Zu den Seiten hin sind sie offen. Die Fahrer fixieren sich mit Vierpunktgurten und tragen, wenn es ins Gelände geht, Integralhelme. Solche Vehikel waren mir schon im Negev begegnet, und ich würde sie auch später noch sehen, in den Schluchten von Galiläa. Israelis schienen verrückt zu sein nach allem, was einen Motor und vier Räder hat. »Überallhin und zurück«, lautet der Slogan des Herstellers Tomcar. Und die Entwicklung der Fahrzeuge aus dem Militärischen brachte die Firma auf die griffige Formel: »Geboren im Geheimen, gereift im Kampfeinsatz, gefahren im Frieden.«

Ein paar Kilometer nördlich, bei Beit Yanai, schlug ich mein Zelt am Strand auf. Ein Campingplatz war hier mit Schildern markiert, die Übernachtung kostenlos. Der Platz schien beliebt zu sein. Eine Gruppe hatte eine riesige Zeltplane gespannt und einen Stromgenerator angeworfen. Schließlich mussten die großzügig dimensionierte Kühlbox und die Musikanlage irgendwie mit Spannung versorgt werden. Dass ihr Zeltlager schon jenseits der Grenze stand, die die Schilder zogen, störte die Gruppe offenbar nicht. Zu Verboten pflegte man ein ganz entspanntes Verhältnis.

Der Beginn der nächsten Etappe erinnerte an einen Übungsparcours für Survivaltraining. Ich wanderte landeinwärts durch tiefen Sand und sank mit jedem Schritt bis zu den Knöcheln ein. Unter Bahnschienen führte ein Tunnel hindurch, der gerade mal einen Meter hoch war. Hätte ich da durchrobben und den Rucksack hinter mir herschleifen sollen? Nein, danke! Ich kletterte auf den Bahndamm, überquerte die Schienen und stieg auf der anderen Seite wieder ab. Später war der Weg von einem See überflutet, ich musste einen Elektrozaun überwinden und durch kniehohe Dornensträucher laufen. Zu allem Überfluss war der Shvil miserabel markiert. Schon um Viertel nach elf verdrängte der Hunger die Motivation. Mangels Alternative steigerte ich an einer Tankstelle den Umsatz einer amerikanischen Schnellrestaurantkette.

An der Mündung des Khadera-Flusses baute sich Israels größtes Elektrizitätswerk vor mir auf. Drei hohe Schornsteine kratzten den Himmel. Eine Brücke mit einem Förderband ragte zweitausend Meter aufs Meer hinaus. An ihrem Ende hatte ein Schiff angelegt, das Steinkohle brachte. Wegen des Kraftwerks musste der Shvil einen Umweg machen, er zwängte sich an der Autobahn 2 entlang über ein Flüsschen. Zwei Angler saßen da, anscheinend ohne großes Glück und sichtbar gelangweilt.

Auf der anderen Flussseite offerierte ein Schild an der Straße Schießausbildung, Überlebenstraining und *krav maga,* eine in Israel entwickelte Form der Selbstverteidigung. Außerdem im Angebot: Musterungsvorbereitung. Junge Israelis, die in der Armee Karriere machen und in eine angesehene Einheit kommen wollen, bereiten sich intensiv auf ihre Musterung vor. Je besser das Ergebnis, das sie dort erreichen, desto mehr Türen öffnen sich ihnen.

Am Caesarea-Nationalpark hielten drei Busfahrer ein Nickerchen auf dünnen Schaumstoffmatten im Laderaum eines Reisebusses, der sie vor der Sonne schützte. Die Klappen standen offen, sodass eine leichte Brise durch den Laderaum wehte. Als ich am Kassenhäuschen des Nationalparks vorbeilief, rief mir jemand etwas hinterher, was ich nicht verstand. Ich ignorierte es. Aber der Mann ließ nicht locker. Ich drehte um, wir gingen aufeinander zu. Es war einer der Parkwächter, er wollte meine Eintrittskarte sehen. Allerdings hatte ich den Shvil gar nicht verlassen, und der führte nun einmal nicht durch den Nationalpark, sondern an ihm entlang. Ich holte die Landkarte aus meiner Tasche und zeigte sie dem Wächter. Er war nicht beeindruckt und wollte mir weismachen, ich hätte hier Eintritt zu zahlen. Sonst müsse ich woanders langlaufen. Er zeigte grob Richtung Osten auf die andere Seite des Besucherparkplatzes und zog seine Hand gleich wieder zurück. Das überzeugte mich nicht. Ich zeigte ihm die Wegmarkierungen des Shvil Israel, die hier vorn in der Sonne leuchteten. Weiß der Himmel, was sich der Mann davon versprach, sich so aufzuspielen. Einen Bonus für jede verkaufte Eintrittskarte bekam er bestimmt nicht. Die Situation entschärfte sich, als ein anderer Parkwächter, der das Gespräch aus ein paar Metern Entfernung verfolgt hatte, dazukam. Er pfiff seinen Kollegen zurück. Man ließ mich weitergehen.

Die antike Stadt Caesarea hatte Herodes der Große zwischen 22 und 10 vor unserer Zeitrechnung bauen lassen. Sie wurde eine Art Luxusresidenz mit üppigen Bädern, herrschaftlichen Palastanlagen und einem Amphitheater. Da es an der Küste keine geeigneten Buchten gab, in denen Schiffe mit großem Tiefgang anlanden konnten, ließ Herodes lange Molen anlegen, die das Hafenbecken gegen Wellengang und Versandung schützen sollten. Caesarea war der Leuchtturm des römischen Orients und wurde später Sitz der römischen Statthalter. Hier residierte der Präfekt Pontius Pilatus, der Jesus Christus zum Tod verurteilte.

Am Strand stieß ich kurze Zeit später auf Reste des alten Aquädukts, das Caesarea mit Trinkwasser beliefert hatte. Zwei Jungs machten sich einen Spaß daraus, Glasflaschen auf einen Felsen zu stellen und sie mit faustgroßen Steinen zu bewerfen, sodass die Scherben in alle Richtungen flogen. Keiner der Erwachsenen störte sich daran. Ich aber konnte nicht an mich halten und nahm mir die Burschen vor. Ich sprach Englisch mit ihnen. Sie guckten mich an wie einen Außerirdischen, der soeben seinem Raumschiff entstiegen war, und ließen die Steine aus der Hand fallen. Ich vermutete allerdings, dass sie einfach weitermachten, sobald ich außer Sichtweite war.

Fünfmal ruft der Muezzin

Jisr az-Zarqa kündigte sich von Weitem an. Hinter Felsen zu meiner Rechten tauchte mit einem Mal ein weißes Minarett neben einer goldenen Kuppel auf. Aber das Dorf lag noch ein gutes Stück entfernt. Der Strand war seit dem Aquädukt fast leer geworden. Wenn ich Frauen sah, trugen sie lange Kleider und Kopftücher. Frauen, die badeten, taten das nicht etwa im Bikini – sie gingen bekleidet ins Wasser. Schilder, die auf das Ende einer Badezone hinwiesen, waren nur noch arabisch beschriftet. Es kam mir vor, als hätte ich soeben eine unsichtbare Grenze überschritten.

Jisr az-Zarqa ist der erste arabische Ort, den ein *shvilist* von Süden kommend durchquert. Einigen jüdischen Wanderern, die ich unterwegs getroffen hatte, bereitete das Sorgen. Gerüchte machten die Runde, dass Juden hier mit Steinen beworfen würden. Das ging wohl zurück auf ein paar Fälle während der Zweiten Intifada. Vor vielen Jahren waren Fahrzeuge auf der Autobahn 2 zwischen Tel Aviv und Haifa unter einer Brücke bei Jisr az-Zarqa von Steinen getroffen worden. Davon abgesehen fanden es manche *shvilistim* generell unerträglich, dass ausgerechnet der Israel National Trail durch arabische Orte führt. Die arabischen Israelis identifizierten sich ja nicht mit dem Staat, sagten sie, obwohl sie es hier besser hätten als in allen arabischen Ländern.

Nun macht man es einem muslimischen Bürger aber auch nicht gerade leicht, sich mit einem Staat zu identifizieren, der sich explizit als jüdisch versteht, mit einem Davidstern auf der Flagge und einer Nationalhymne, in der die »jüdische Seele« besungen wird, die sich danach sehnt, in »unserem Land Zion und in Jerusalem« frei zu sein.

Der einzige arabische Name, den ich auf der *Trail-angel*-Liste entdecken konnte, gehörte Mussa. Er war Fischer und besaß eine von mehreren Hütten am Strand von Jisr az-Zarqa. Diese Ansammlung bezeichnen manche Reiseführer als »Fischerdorf«. Dabei handelte es sich um ein paar Wellblechhütten ohne Strom und mit rudimentärer Kanalisation. Vor ihnen im Sand lagen offene Holzboote, von denen sich langsam, aber sicher die Farbe verabschiedete. An die fünfzehn Fischer arbeiteten an diesem Fleck Strand. Im Herbst, wenn die See rauer wurde und fischreicher, konnte sich ihre Zahl verdoppeln.

Mussa war erst zweiundvierzig, sah aber älter aus. Das Leben am Meer hatte Spuren hinterlassen. Auf sein blaues Poloshirt war das grüne Lacoste-Krokodil aufgestickt. Er kombinierte es mit einer langen grauen Trainingshose und Sandalen. Sein Kopf steckte unter einer grün-braun gestreiften Strickmütze. Mussa hatte mit seiner Frau zwei Söhne und sechs Töchter. Das war wenig im Vergleich zu älteren Generationen. Mussa hatte nämlich vierzehn Brüder.

Vor Kurzem hatte er ein Strandrestaurant eröffnet, das einzige in Jisr az-Zarqa. In der Küche – die übrigens nicht dazu angetan war, das Herz eines Prüfers der Gesundheitsbehörde vor Freude hüpfen zu lassen –, in dieser Küche kochte Mussas Neffe Farkash. An Feiertagen halfen Mussas Kinder aus. In seinem Restaurant wurden keine Tiefkühlpommes serviert, sondern Fritten aus frischen Kartoffeln, und auch kein gekaufter Fisch, nur selbst gefangener. Als ich ankam, gab es keinen Fisch mehr. Farkash warf ein paar Hühnerflügel auf den Grill und zauberte einen köstlichen Salat mit frischen Kräutern auf den Teller. Wir setzten uns zu dritt auf die Plastikstühle in den Sand. Über uns bogen sich Holzbalken unter der Last eines Bambusdachs. Der Abend war unaufhaltsam unterwegs. Gäste waren keine mehr da.

Gäste kämen überhaupt nur bei gutem Wetter, sagte Mussa. Das Restaurant hatte zwar einen Sonnenschutz, nicht aber einen Innenraum. Deshalb lief Mussas Geschäft unstetig. Für die Zukunft hatte er umso größere Pläne. Er träumte davon, eines Tages hier am Strand ein Gästehaus zu eröffnen. Aber weder war das erforderliche Startkapital in Sicht, noch schien es ein Leichtes zu sein, dafür eine Genehmigung zu bekommen.

Mussas Familie wohnte im Ort, während er oft in seiner Hütte übernachtete. Sie hatte genau einen Raum. In der Ecke stand ein Bett mit einer einfachen Wolldecke. Die Tischplatte in der Mitte des Zimmers lag auf einer Plastikbox. An der Wand hing ein rissiger alter Neoprenanzug. Das Klo befand sich im Hinterhof, wo Mussa auch ein paar Ziegen hielt. Das bisschen Strom, das für ein paar Glühbirnen und die Restaurantküche gebraucht wurde, lieferte ein handlicher, mit Diesel betriebener Generator. Ein schüchterner junger Hund war in einem Verschlag angekettet und blickte mich neugierig an. Ich fragte Mussa, warum er ihn nicht frei herumlaufen lasse. Er hatte Angst, dass der Hund Gäste vergraulen könnte.

Schon Mussas Großvater und sein Vater waren Fischer gewesen. Aber die Zeiten hatten sich geändert. Das Geld aus dem Fischfang reiche vorne und hinten nicht mehr, sagte Mussa. Ohne das Restaurant komme er gar nicht über die Runden. »Der Fischerberuf hat keine Zukunft. Ich hoffe, dass meine Kinder einmal Arbeit im Krankenhaus oder in der Landwirtschaft finden oder Ingenieure werden.«

Mussas Boot war weiß mit einem hellblauen Rand, sechs Meter lang und hatte wie die anderen einen Außenbordmotor. Manchmal fuhr Mussa damit Touristen ein Stück an der Küste auf und ab. Ein beliebtes Ziel dieser Rundfahrten waren die Ruinen des antiken Caesarea. »Good money«, fand Mussa.

Ich fragte ihn, ob er darüber nachdenke, sein Glück einmal woanders zu versuchen als in Jisr az-Zarqa, aber Mussa winkte ab: »Die Menschen hier sind sehr gut.« Er führte zwei Finger der rechten Hand zusammen und küsste sie. »Keine Reichen, nur Arme.«

»Und wie kommst du als Palästinenser mit den Juden aus?«

Mussa beeilte sich zu dementieren: »Ich bin kein Palästinenser! Ich bin arabischer Israeli. Ich habe einen israelischen Pass, mit dem könnte ich nach Amerika und Europa reisen. Die Juden sind gut, mit denen gibt es keine Schwierigkeiten. Aber Gaza ist ein Problem, ein großes Problem.«

Nach Anbruch der Dunkelheit stiegen drei Fischer im Taucheranzug, mit Taschenlampe und Atemluftflaschen ins Wasser. Mussa war nicht dabei. Er plante, morgen in aller Frühe mit seinem Boot rauszufahren. Ich wollte das Abendessen bezahlen, schließlich saß ich in einem Restaurant, aber Mussa lehnte ab. Stolz präsentierte er mir Dankesschreiben von anderen *shvilistim,* die bei ihm übernachtet hatten. Er hatte sie unter Glas gerahmt und in der Küche hinter der Tür aufgehängt. Sie waren allerdings kaum noch lesbar, die Schrift war fast komplett ausgeblichen.

Mussa hätte mich sogar in seiner Hütte schlafen lassen, aber ich wollte das Hostel im Ort besuchen, es war das erste und einzige in Jisr az-Zarqa. Als Mussa sich zum Beten zurückzog, machte ich mich auf den Weg.

In den Dreißigerjahren des 19. Jahrhunderts waren die Ägypter tief nach Palästina vorgedrungen. Mit ihnen kamen sudanesische Arbeiter und Sklaven in das Gebiet um das heutige Jisr az-Zarqa. Ein Teil von ihnen blieb und siedelte, wo noch Platz war, weil niemand anders dort leben wollte: im Sumpfland, wo damals die Malaria grassierte. Später kamen zwei Beduinenstämme aus Jordanien hinzu, die sich hier niederließen, bevor der Staat Israel gegründet wurde. Die Menschen lebten vom Fischfang und wurden von der eingesessenen arabischen Gesellschaft gemieden. Als Juden begannen, Palästina planmäßig zu besiedeln, halfen ihnen die Beduinen, die Sümpfe trockenzulegen. Zum Dank erhielten diese ein Stück Land auf der Kurkar-Hügelkette, einer Aneinanderreihung versteinerter Dünen, die parallel zur Küste verläuft. Dort wurde in den Zwanzigerjahren des 20. Jahrhunderts Jisr az-Zarqa gegründet.

Dessen Einwohner unterhielten zu den jüdischen Gemeinden in der Nachbarschaft gute Beziehungen. Im israelisch-arabischen Krieg 1948 wurden sie deshalb verschont, nicht vertrieben. Die Juden sahen in ihnen Unterstützer, auf die man sich verlassen konnte. Den anderen Arabern galten sie fortan als Verräter. Sie schnitten sie.

Dieses Stigma hing den Menschen von Jisr az-Zarqa lange an. Bis in die späten Achtzigerjahre gab es keine Hochzeiten außerhalb des Dorfes, dessen Bewohner eine etwas dunklere Hautfarbe haben als andere arabische Israelis. Heute ist Jisr az-Zarqa das einzige arabische Dorf an Israels Küste. Ab und an macht es Schlagzeilen, meistens schlechte: eine hohe Kriminalitätsrate, das geringste Einkommen, die höchste Schulabbrecherquote in ganz Israel.

Jisr az-Zarqa hat knapp vierzehntausend Einwohner und eine hohe Geburtenrate. Das Dorf wird wohl bald aus allen Nähten platzen. Es gibt zwar Pläne, es zu erweitern, aber die sind noch nicht genehmigt. Das ist auch nicht so einfach, denn Jisr az-Zarqa liegt eingeklemmt zwischen einem Naturschutzgebiet am Mittelmeer im Westen, einem Kibbuz im Norden, der Autobahn 2 im Osten und dem jüdischen Ort Caesarea im Süden.

Auf meinem Weg vom Strand ins Dorf querte ich eine wilde Müllkippe: Plastikflaschen, Dosen, Tüten. Würmer zerlegten einen Schafskadaver. Oder war das mal eine Ziege gewesen? Es stank bestialisch.

Im Ort geriet ich in einen Hochzeitszug. Ein weißer japanischer Kleinwagen mit eingeschaltetem Warnblinker fuhr vorneweg. Der Kofferraum stand offen, in ihm lag ein Lautsprecher, aus dem die Musik tönte, zu der die Gäste klatschten. Es waren vielleicht hundert. Männer und Kinder liefen vorne, die Frauen hinterher. Nur vom Brautpaar fehlte jede Spur. Als der Zug abgebogen war und sein Ziel erreicht hatte, knallten auch schon die Freudenschüsse. Und dann rollte tatsächlich noch das Brautpaar in einer geschmückten schwarzen Limousine vorbei. Es war eine von drei Hochzeiten, die an diesem Abend in Jisr az-Zarqa gefeiert wurden.

In den Straßen begegneten mir viele Jugendliche. Wo ich auch ging oder stand, richteten sich alle Blicke auf mich. In ihnen lag Neugier, keine Feindseligkeit. Ich wurde angelächelt und gegrüßt. Kinder und Teenager winkten mir zu. Manche dachten wohl, ich wäre jüdisch, und sprachen mich auf Hebräisch an. Andere erkannten mich als Ausländer und riefen: »Hello, Mister.«

Viele Wohnhäuser in Jisr az-Zarqa hatten Fenster mit Rund- oder Spitzbögen, die man in jüdischen Städten nicht findet. Zwischen ihnen standen etliche Bauruinen. Aus den gemauerten Rohbauten ragten rostige Eisenstreben. Die Häuser flehten um frische Farbe. Jisr az-Zarqa ist wunderschön gelegen und hat großes Potenzial. Das wurde bloß nicht genutzt. Und so war Jisr az-Zarqa vor allem eines: ein verdammt armes Kaff. In manchen Straßen schien es der Dritten Welt näher als der Ersten.

Aber in Zukunft soll alles anders werden, und das hängt mit Juha's Guesthouse zusammen. Es liegt an einer Straßenkreuzung in der Mitte des Ortes und direkt am Shvil. Ein Sohn des Besitzers sah mich von Weitem, fing mich auf der Straße ab und führte mich über eine Außentreppe in den ersten Stock des Hostels. Nachdem er einen vierstelligen Code eingetippt hatte, öffnete sich eine schwere Metalltür – und verriegelte sich automatisch, als sie wieder ins Schloss gefallen war. Ich musste an die Zeitungsberichte über die hohe Kriminalitätsrate denken.

Das Hostel hatte zwei Doppelzimmer und einen Schlafsaal mit acht Betten. Es gab eine Sofaecke, eine Küchenzeile und einen winzigen Balkon zur Straße. Der Kühlschrank war gefüllt mit Bierflaschen, die man nirgendwo sonst im Ort kaufen konnte. Dort fand ich nur alkoholfreies Malzbier. Und so war das Hostel auch eine winzige Exklave westlicher Lebensart in diesem muslimischen Dorf. Draußen lärmte die Musik von den drei Hochzeitsfeiern, drinnen saß ich mit ein paar anderen Gästen und trank ein Bier.

Juha's Guesthouse war gut belegt. Ein junges jüdisches Paar hatte sich einquartiert, weil die beiden ein Festival im nahen Haifa besuchen wollten, alle günstigen Unterkünfte dort aber schon ausgebucht waren. Ofer aus Tel Aviv hatte ein Bett im Schlafsaal bezogen. Maya und Yossi kamen aus Giv'atayim, weil sie mit dem Gedanken spielten, selbst ein Hostel zu eröffnen. Sie suchten Inspiration. Und dann waren da noch zwei freiwillige Helfer, die ebenfalls im Schlafsaal übernachteten: Geneviève, eine Französin, und Douglas, ein Amerikaner.

Juha's Guesthouse entpuppte sich als viel mehr als nur ein Hostel, es war Teil eines sozialen Projekts, um Jisr az-Zarqa nach vorn zu bringen. Gegründet hatte es ein ungewöhnliches Paar: Ahmad, ein arabischer Unternehmer aus dem Ort, und Neta, eine jüdische Juristin aus einem Kibbuz in der Nähe. Er war der Besitzer des Hostels, sie die Managerin.

Ahmad, vierundvierzig Jahre, sieben Kinder, war einer von wenigen Geschäftsleuten im Dorf. Sein Geld verdiente er, indem er die Ausstattung für Hochzeiten verlieh, in Jisr az-Zarqa ein einträgliches Geschäft, denn geheiratet wird in der Saison praktisch jeden Tag. Davon abgesehen war es um die Wirtschaft eher schlecht bestellt. Jobs gab es nur wenige. »Die meisten Einwohner arbeiten außerhalb«, erzählte Ahmad, »sie kommen nur zum Schlafen hierher. Es wäre gut, wenn wir mehr Arbeitgeber im Ort hätten.« Das war Ahmads Ziel: Jisr az-Zarqa wiederzubeleben.

Neta war erst fünfunddreißig, hatte die Welt aber schon als Backpackerin kennengelernt und als Tauchlehrerin auf dem Sinai und in Mexiko gearbeitet. Für das Hostel-Projekt hängte sie ihren Job als Rechtsanwältin an den Nagel. Neta und Ahmad stellten ihr Projekt auf der israelischen Crowdfunding-Website »Headstart« vor. So wollten sie sechzigtausend Schekel Startkapital sammeln. Sie bekamen zweiundneunzigtausend.

Das Hostel war erst der Anfang. Es sollte Touristen ins Dorf locken. Und damit Jisr etwas davon hat, musste man dafür sorgen, dass die Touristen auch ein bisschen Geld daließen. Neta und Ahmad motivierten andere Einwohner dazu, ihr eigenes Unternehmen zu gründen. Sie halfen ihnen, Geschäftspläne zu erstellen und die Bürokratie zu bezwingen, sich besser zu vermarkten und Werbung zu machen. Für Mussas Restaurant entwarf Neta die Speisekarte. Davor gab es keine. Überall im Ort hingen jetzt bunte Schilder, die Besucher auf Bäckereien, Geschäfte oder Falafel-Stände aufmerksam machten. Der Plan scheint aufzugehen: Drei Monate nach dem Hostel eröffnete in Jisr az-Zarqa die erste Eisdiele – wegen der Touristen.

Neta erzählte mir von dem nächsten Projekt, das Ahmad und sie schon begonnen hätten. »Touristen wollen Souvenirs kaufen«,

FÜNFMAL RUFT DER MUEZZIN 213

sagte Neta, »aber die Leute im Ort produzieren keine. Wir haben lange gesucht, ob wir jemanden mit handwerklichem Geschick finden, der etwas Traditionelles herstellen könnte, aber wir haben nur zwei Frauen gefunden, die früher Schilfmatten flochten. Also entschieden wir uns, etwas Neues auszuprobieren und die Menschen in Jisr az-Zarqa auszubilden. Und weil die Stadt ein unübersehbares Müllproblem hat, haben wir Workshops in Upcycling organisiert.« Upcycling ist ein Kunstwort aus Upgrade und Recycling. Es bedeutet, dass aus Abfall neue, höherwertige Produkte hergestellt werden. Aus alten Holzpaletten machten die Workshop-Teilnehmer Sitzbänke für die Schule, aus abgetragenen T-Shirts entstanden Patchwork-Schals, um sie in einer Galerie auszustellen und zu verkaufen.

Kein Zaun trennt Jisr az-Zarqa von der Nachbargemeinde Caesarea, sondern ein zehn Meter hoher Erdwall. Die Verwaltung von Caesarea ließ ihn 2002 aufschütten, weil deren jüdische Einwohner den Lärm der vielen Hochzeitsfeiern und auch den Muezzin satt waren. Denn der ruft die Muslime fünfmal am Tag zum Gebet.

Am nächsten Vormittag entschloss ich mich zu einem Abstecher vom Shvil Israel. Ich lief am Sportplatz von Jisr az-Zarqa vorbei und schwenkte nach Süden. Hinter der letzten Häuserreihe des Ortes kletterte ich den Damm hinauf, er war mit Büschen und Bäumen bewachsen. Auf der Krone blieb ich kurz stehen und hielt die Luft an. Der Gegensatz war mit Händen zu greifen: Hinter mir lag ein heruntergekommenes arabisches Dorf, eines der ärmsten in Israel; vor mir herrschte die gediegene Ruhe einer Millionärssiedlung. Caesarea gehört laut Statistik zu den reichsten Gemeinden des Landes. Die Familie Rothschild und Ministerpräsident Benjamin Netanjahu besitzen Häuser dort.

Auf der anderen Seite des Erdwalls begrüßte mich ein etwa fünf Meter hoher Stahlmast. An seinem oberen Ende waren vier

Videokameras und zwei Lautsprecher angebracht. Vermutlich wurde jeder Schritt, den ich ab jetzt tat, überwacht. Ich ließ den Mast links liegen und lief die Rothschild-Straße entlang. Es war nicht viel los. Die Häuser schienen zur Straße auf Distanz zu gehen, und auch die Swimmingpools, die man auf Google Maps sehen kann, ließen sich nur erahnen. Die Straßenränder waren mit Blumen und Sträuchern bepflanzt, die Rasenflächen gepflegt, die Hecken akkurat gestutzt. Ab und zu wuchsen Palmen. Nirgendwo lag Müll auf der Straße. Caesarea leistet sich nicht nur eine Recyclingstation, man hat auch Tütenspender aufgestellt – zur Beseitigung von Hundekot. Caesarea ist die einzige Kommune in Israel, die nicht von einer gewählten Stadtverwaltung geführt wird, sondern von einer privaten Organisation.

Auf der Rothschild-Straße lief ich an einem Museum vorbei. In dem großzügigen weißen Gebäude im spanischen Kolonialstil wurde lateinamerikanische Kunst gezeigt. Ein Privatmuseum, Eintritt frei. Es folgten ein Tennisplatz und ein Spa. Und hinter der einzigen Einfahrt in diesen vornehmen Ortsteil, an der eine Kamera die Kennzeichen der ankommenden Fahrzeuge registrierte, liegen der 18-Loch-Golfplatz und ein Fünf-Sterne-Hotel.

Als ich meinen Umweg beendete und mich zum Shvil zurückschlug, war es schon Nachmittag. Ich folgte den Wegmarkierungen unter der Autobahn hindurch und über Wiesen. In Beit Hanania zapfte ich fünf Liter Wasser ab. Dann unterquerte ich die Schnellstraße 4, die hier vierspurig ausgebaut war, und lief am Taninim entlang, dem ›Krokodilfluss‹. Als die Gegend noch sumpfig war, soll es hier tatsächlich Krokodile gegeben haben.

Hinter Eisenbahnschienen begann der steile Aufstieg auf eine Reihe von Klippen – der Beginn des Karmel-Gebirges. Die fünf Kilo Wasser lagen schwer im Rucksack, aber ich brauchte sie, um mein Abendessen zu kochen und den Schlucker für

FÜNFMAL RUFT DER MUEZZIN

den kommenden Tag zu befüllen. Oben angekommen, suchte ich eine ebene Stelle am Rand der Klippen und richtete mein Nachtlager ein. Ich hatte freie Sicht auf das Meer, auf Caesarea und auf Jisr az-Zarqa. Von dort trug der Wind den Ruf des Muezzins zu mir herüber.

הַצָּפוֹן

DER NORDEN

Eine verschworene Gemeinschaft

Ich wurde von den ersten Sonnenstrahlen geweckt. Alles war von Tau benetzt: der Schlafsack, der Rucksack, die Kleidung. Erst jetzt wurde mir klar, dass ich die Nacht ganz in der Nähe einer Ausgrabungsstätte verbracht hatte. Hier standen die Reste der byzantinischen Farm Horvat Akev. Die Berge des Karmel, des Weingartens Gottes, wie die Übersetzung lautet, gehören zu den ältesten Siedlungsgebieten der Menschheit. Sie sind mit Höhlen durchsetzt, von denen einige schon vor hundertdreißigtausend Jahren bewohnt waren.

Am späten Vormittag kam mir eine Gruppe entgegen, Tageswanderer mit winzigen Rucksäcken. Die Frauen sorgten sich, ob ich etwas benötigte, die Männer interessierten sich für mein GPS-Gerät, das am linken Schultergurt meines Rucksacks baumelte. Wo denn die Gegenstelle sei, wollte einer wissen. Ich brauchte ein paar Sekunden, bis ich verstand, dass er das GPS mit einem Funkgerät verwechselte.

Eine der Damen trat aus dem Pulk hervor und streckte mir die Hand entgegen, als hätte sie einen Popstar getroffen. Ob jemand wisse, wo ich gerade unterwegs sei, fragte sie mich besorgt. Ja, log ich, denn ich hatte keine Lust auf eine lange Diskussion über vermeintliche Gefahren des Solowanderns. Ich hatte die Negev-Wüste bezwungen, gefährlicher war es im Karmel-Gebirge nun wirklich nicht.

Das einzige Problem, mit dem ich mich herumschlagen musste, war dieses: Mein Handyguthaben war aufgebraucht, und mein Anbieter hatte es nicht für nötig befunden, mir einen Hinweis per SMS zu schicken. Als ich plötzlich feststellen musste, dass ich weder simsen noch telefonieren konnte, stand ich mitten im Wald. Das Guthaben mittels Kreditkarte nachzuladen funktionierte auch nicht, denn dafür hätte ich mich vorher registrieren müssen, was wiederum nicht telefonisch erledigt werden konnte. Mein Handy war komplett lahmgelegt.

Eine halbe Stunde später erreichte ich eine Feuerwache, die einsam im Wald lag und in der zwei Feuerwehrmänner Dienst taten. Ich füllte meinen Schlucker auf und stellte mich an die wenig befahrene Straße. Ich hatte Glück. Das erste Auto hielt, sein Fahrer nahm mich mit zur nächsten Tankstelle. Dort ließ ich meine Prepaid-Karte mit sechzig Schekel aufladen. Dann rief ich einen *trail angel* in Ein Hod an, der mich die nächste Nacht in seinem Garten zelten ließ.

Ein Hod wurde 1953 auf einem Hügel gegründet. Das Künstlerdorf lockte mich mit dem Charme lange vergangener Zeiten: seine Häuser aus grobem Stein gemauert, die Gassen schmal und verwinkelt. In sie hinein hatte man Skulpturen platziert. Das ganze Dorf mit seinen paar Hundert Einwohnern präsentierte sich als eine einzige Ausstellung. Touristen durchstreiften den Ort,

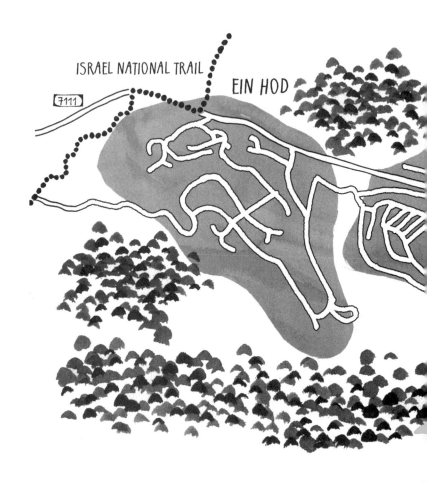

EINE VERSCHWORENE GEMEINSCHAFT 221

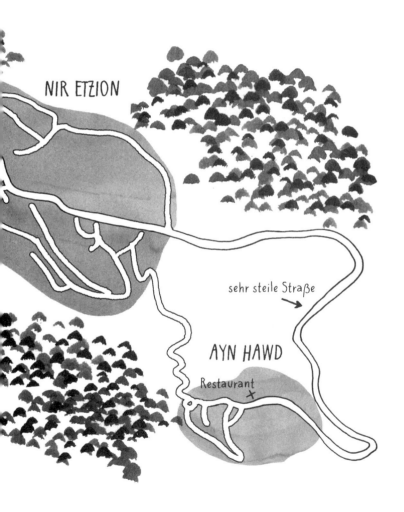

die Ateliers standen offen. In einem Studio wurden Fotografien gezeigt, woanders wurde gemalt oder getöpfert.

Ich saß im Café in der Ortsmitte auf der Terrasse, als ich auf der Landkarte entdeckte, dass ganz in der Nähe, am Ende der Straße, die nach Ein Hod hinauf- und noch etwas weiter in die Berge hineinführt, ein Ort ähnlichen Namens liegt: Ayn Hawd. Ich fragte eine Kellnerin, was es damit auf sich habe.

»Ayn Hawd ist ein arabischer Ort«, sagte sie. »Auch Ein Hod war früher arabisch. Aber im Unabhängigkeitskrieg sind die Araber geflohen. Sie haben sich in Ayn Hawd niedergelassen.«

»Sind sie geflohen oder wurden sie vertrieben?«, fragte ich.

»Na ja, das hängt wohl von deinem politischen Standpunkt ab.«

In Israel hängt viel vom politischen Standpunkt ab. Zum Beispiel, ob man den Krieg von 1948 als Unabhängigkeitskrieg bezeichnet. Das war er – aus jüdischer Sicht. Aus arabischer Sicht war er Al Nakba, die Katastrophe. Hunderttausende Palästinenser flüchteten oder wurden vertrieben. Sie und ihre Nachkommen dürfen bis heute nicht zurückkehren. Die Website von Ein Hod spendet diesem Teil der Geschichte des Dorfes nur einen dürren Satz: »Nach dem Unabhängigkeitskrieg«, heißt es dort, »wurden die Region und das menschenleere arabische Dorf aufgegeben und in Ruinen zurückgelassen.« Bis die Künstler kamen.

Ein Hod und Ayn Hawd sind nicht einmal zwei Kilometer Luftlinie voneinander entfernt. Aber über die 7111, die beide Orte verbindet, ist es mehr als doppelt so weit. Die Straße machte etliche Kurven und schlängelte sich in ein Tal hinein, aus dem sie nur über einen sehr steilen Abschnitt wieder herausfand. Als ich Ayn Hawd erreichte, wunderte ich mich über die vielen Autos. Das Minidorf war sehr übersichtlich, aber der Rand der namenlosen Hauptstraße war zugeparkt. Die Wagen standen Stoßstange an Stoßstange. Wie sich herausstellte, gehörten sie Tagesbesuchern, die nur wegen eines bestimmten Restaurants gekommen waren.

EINE VERSCHWORENE GEMEINSCHAFT

Vor dem standen die Leute Schlange, um noch einen Tisch zu ergattern. Obwohl es sich um ein arabisches Restaurant handelte, sprachen die Gäste nur Hebräisch miteinander, Arabisch hörte ich nirgends. Eine Frau trug ein T-Shirt mit der Aufschrift »Peace – Hope – Love«.

Diese kleine Beobachtung hätte ich wohl schnell wieder vergessen, hätte ich nicht kurz darauf zufällig eine Anthropologin kennengelernt, die genau über dieses Restaurant in Ayn Hawd eine Forschungsarbeit schrieb. Michal studierte an der Universität von Haifa. »Der Staat hat Ayn Hawd erst Anfang der Neunzigerjahre offiziell anerkannt«, wusste sie. »Noch bis vor wenigen Jahren gab es in dem Ort keinen Strom, und die Straße dorthin war nicht asphaltiert. Gleichzeitig sahen die Einwohner, wenn sie an Ein Hod vorbeikamen, wie ihr altes Dorf in neuem Glanz erstrahlte. Anders als viele andere arabische Orte wurde Ein Hod nach der Vertreibung seiner Einwohner nicht vom Militär zerstört. Die Künstler erhielten die meisten Häuser in der Art, wie sie damals waren, und die Besucher finden das toll. Das ist schon irgendwie verrückt: Wenn Araber in Häusern aus dem 19. Jahrhundert leben, gilt das als rückständig, aber wenn Juden darin leben, gilt das als reizvoll. Man kann solche unterschiedlichen Deutungen überall beobachten. Nehmen wir die Dschallabija (ein traditionelles arabisches Gewand mit weiten Ärmeln und ohne Kragen). Es ist gerade ziemlich angesagt bei jüdischen Frauen, eine Dschallabija zu tragen, sie gelten dann als besonders hübsch und modern. Eine arabische Frau, die das Gleiche tut, gilt als traditionell.«

Ich bat Michal, mir mehr über die Gäste des Restaurants in Ayn Hawd zu erzählen.

»Es kommen praktisch nur Juden. Sie glauben, dort eine besonders authentische arabische Kultur zu finden, authentischer als in den arabischen Restaurants in Tel Aviv oder Haifa. Die Abgeschiedenheit des Dorfes und die steile, bis vor Kurzem noch unbefestigte Straße verstärken diese Empfindung, sie sind sozusagen ein Teil des Abenteuers. Dabei tragen viele Besucher einen inneren Konflikt mit sich aus. Einmal sprach ich mit einer Frau, die alles so unglaublich authentisch fand, die Bilder, das Essen, die Straße, dass sie sich gar nicht mehr einkriegen konnte. Und im nächsten Moment sagte sie mir allen Ernstes: ›Wir sind zum ersten Mal hier. Ich habe meinem Chef gesagt, falls wir vermisst werden, findest du uns in Ayn Hawd.‹ Viele Israelis sind gespalten: Sie lieben die Gastfreundschaft und das gute Essen ihrer arabischen Landsleute, aber sie scheuen den engen persönlichen Kontakt. Sie werden das Gefühl nicht los, dass die arabischen Israelis im Grunde Feinde im eigenen Lager sind und es nur eine Frage der Zeit ist, bis sie sich gegen uns erheben werden.«

»Finden die Gäste in Ayn Hawd denn, was sie suchen, eine authentische Erfahrung?«

»Das Restaurant spielt mit diesem Klischee. Es nennt sich ›Zuhause‹, und der Name ist Programm. Du zahlst einen festen Preis, und sie sagen, dass sie dir das servieren, was sie zufällig gerade in der Küche haben. Es soll ganz ungezwungen und spontan erscheinen, aber in Wirklichkeit servieren sie jeden Tag das Gleiche. Der Besitzer ist nun schon alt. Seine Tochter erzählte mir, dass er früher oft über die Geschichte gesprochen hat. Jetzt tut er das nicht mehr. Und ihr hat er das sogar verboten. Ich glaube nicht, dass es besonders authentisch ist, wenn man seine Geschichte unterdrückt. Andererseits: Wenn er es nicht täte, wie würden dann die jüdischen Gäste reagieren?«

Der Shvil schenkte Ayn Hawd keine Beachtung und verließ Ein Hod in Richtung Norden, bergab. Dann drehte er nach Osten und kletterte durch Wald und Wiesen wieder bergan. Es war heiß, die Luft trocken. Ich sog das Wasser literweise aus meinem Schlucker. Der Weg nach Isfiya erwies sich als lang und beschwerlich.

EINE VERSCHWORENE GEMEINSCHAFT 225

Isfiya liegt auf einer Kuppe und hat um die zehntausend Einwohner. Drei Viertel von ihnen sind Drusen, Anhänger einer kleinen, verschworenen Religionsgemeinschaft, die sich im 11. Jahrhundert in Ägypten vom Islam abgespalten hat. Heute leben die Drusen vor allem in Syrien und im Libanon, gut hunderttausend von ihnen im Norden Israels.

Isfiya zeigte sich als ein quirliges Städtchen, es wirkte offen und gastfreundlich. Als ich ankam, wurde ich von der Straße weg eingeladen. Ein junger Kerl stoppte seinen Wagen und ließ das Beifahrerfenster herunter. »Hast du schon einen Platz zum Schlafen?«, fragte er und bot im selben Atemzug seine Wohnung an. Ich war verdutzt und hätte wohl zugesagt, hätte ich nicht schon eine andere Verabredung gehabt.

Ich traf Amir an der ersten Tankstelle hinter dem Ortseingang. Er war klein, hatte kurzes schwarzes Haar, Bartstoppeln und ein rundes, freundliches Gesicht. Amir arbeitete im Hafen von Haifa – aber zurzeit erholte er sich von einem ernsten Motorradunfall. Er hatte sich beide Beine gebrochen und viel Blut verloren. Vier Monate hatte er im Krankenhaus gelegen. Jetzt konnte er sich wieder einigermaßen bewegen, aber seine linke Schulter blieb deformiert. Auch zog er das rechte Bein nach. Womöglich würde Amir sein Leben lang humpeln müssen. Trotzdem nahm er sein Schicksal gelassen hin. »Das war eine sehr gute Lektion, ich habe viel gelernt«, sagte Amir. »Es ist gut, das Leben zu genießen und wertzuschätzen.« Wie er das sagte, klang es nicht aufgesetzt.

Sein Haus lag nicht weit entfernt, aber der Weg dorthin war kompliziert, die Straße namenlos, eng und verwinkelt. Amir wohnte am Ende einer Sackgasse vor einem Hang. Von der Terrasse konnte man das Meer sehen. Es war eine traumhafte Lage und sicher eine der besten in Isfiya. Nur der Blick vom Balkon nach Süden war getrübt durch Müll, der sich in einer Mulde gesammelt hatte, die einem dort zu Füßen lag. Bei Tee und Gebäck erzählte mir Amir von der geheimnisvollen Religion der Drusen.

»Es gibt kein Archiv des drusischen Glaubens und keine heilige Schrift wie die Bibel. Wir sind eine bescheidene Religionsgemeinschaft. Anders als der Islam und das Christentum erobern und missionieren wir nicht. Im Gegenteil: Niemand kann zum Drusentum übertreten, als Druse musst du geboren werden. Unsere Gemeinschaft stand nur am Anfang, vor tausend Jahren, eine Zeit lang anderen offen. Jetzt sind wir eine geschlossene Gesellschaft, und der Kern unserer Religion wird selbst vor gewöhnlichen Drusen geheim gehalten. Die Religion ist nur für wenige Eingeweihte, die sich strikt an ihre Regeln halten. Wenn du nicht zu ihnen gehörst, darfst du weder beten noch dich sonst wie mit der Religion beschäftigen. Ich war eine Zeit lang religiös, bin es jetzt aber nicht mehr. Trotzdem glaube ich an einige grundlegende Dinge unserer Religion, zum Beispiel an die Wiedergeburt und das Jüngste Gericht. Wir Drusen glauben, dass wir als Drusen wiedergeboren werden, nicht als Tiere oder so was.«

»Stimmt es«, fragte ich, »dass Drusen besonders tapfere Kämpfer sind, eben weil sie an die Wiedergeburt glauben und den Tod nicht fürchten?« Anders als die israelischen Araber unterliegen drusische Männer der Wehrpflicht. Ich hatte gehört, dass sie gerne dienen und in den Kampfeinheiten, also dort, wo es richtig zur Sache geht, überrepräsentiert sind.

»Ich denke schon«, sagte Amir. »Drusen sind relativ furchtlos. Aber das nimmt ab, die Drusen werden moderner und glauben immer seltener an die Wiedergeburt. Ich persönlich finde die Sache logisch und gerecht. Manchmal wirst du arm geboren, manchmal reich, manchmal stark und manchmal als Krüppel. Mit jeder Geburt werden die Karten neu gemischt. Vor dem Jüngsten Gericht kann dann niemand sagen, er hätte nie eine Chance gehabt. Jeder wird da nach seinen Taten beurteilt.«

EINE VERSCHWORENE GEMEINSCHAFT

»Und wie ist das nach dem Jüngsten Gericht, wo sich ja entscheidet, ob du in den Himmel oder in die Hölle kommst – endet dann die Wiedergeburt?«

»Nein, auch dann wirst du wiedergeboren, und zwar endlos, entweder im Himmel oder in der Hölle. Und wenn ein Druse in die Hölle kommt, dann kommt er in ihren schlimmsten Teil.«

»Selbst die Hölle ist noch unterteilt?«

»Ja, Angehörige anderer Religionen haben es selbst in der Hölle noch besser als ein Druse.«

Da überlegt man es sich als Druse natürlich zweimal, ob man etwas Böses tut. Zum Beispiel, einen Christen oder eine Christin zu heiraten. »Wer das tut, den würde der Scheich aus der Gemeinschaft ausschließen«, sagte Amir. »Mit dem würde niemand mehr ein Wort reden. Gewalt lehnen wir ab, die hätte er nicht zu fürchten. Aber er wäre völlig isoliert, und ich denke, er könnte nicht mehr in Isfiya leben.«

Man erkennt die religiösen Drusen, die Eingeweihten, leicht an ihrem Outfit. Die Männer tragen im Alltag eine weiße Strickmütze, und zwar auch, wenn die Sonne vom Himmel brennt. Für formelle Anlässe haben sie einen weißen Hut: randlos, rund und oben platt, dazu ein schwarzes oder blaues Gewand. Blau gilt als Farbe der Demut und Bescheidenheit. Im Gegensatz zu Muslimen tragen die religiösen Drusen einen Oberlippenbart. Oft haben sie ihren Kopf kahl geschoren. Die Frauen tragen natürlich keinen Hut, sondern einen weißen Schleier. Es gibt erstaunlich viele Frauen unter den religiösen Drusen. Die Eingeweihten treffen sich in einem unscheinbaren Gebäude, zu dem niemand anders Zugang hat. Dort sitzen sie, nach Geschlechtern getrennt, auf dem Fußboden, denn es gibt nicht einmal Stühle. Die Bescheidenheit der Drusen zieht sich durch alle Lebensbereiche. Teure Autos, dicke Uhren und dergleichen sind bei ihnen verpönt.

Ich bat Amir, etwas über die Beziehung der Drusen zu der arabischen Minderheit zu sagen, die in Isfiya lebt: »Gibt es da

Spannungen zwischen euch und den muslimischen Dorfbewohnern?«

»Das ist wie im Kalten Krieg. Wir mögen sie nicht, aber wir zeigen es nicht offen. Du musst dazu die Geschichte kennen. Muslime missbilligen Minderheiten. Als wir Drusen uns vom Islam abgespalten hatten, wurden wir verfolgt, über Jahrhunderte. Wir haben uns zurückgezogen und lange im Verborgenen gelebt. Vor ein paar Hundert Jahren kamen die ersten Drusen ins Karmel-Gebirge, weil wir vor den Osmanen flohen. Wir lebten in Isfiya autark als Landwirte. Trinkwasser schafften wir mit Eseln aus Quellen in der Umgebung den Berg hinauf. Und trotzdem wurden wir von muslimischen Piraten heimgesucht. Sie raubten uns aus und vergewaltigten unsere Frauen. Es sind auch Menschen lebendig begraben worden, nicht oft, aber ab und zu. Du wirst das nicht von vielen hier hören, weil auch wir ein stolzes Volk sind, aber wir haben sehr gelitten unter muslimischem Terror.«

Da Amir an die Wiedergeburt glaubte, war es nur folgerichtig, dass er bei seinem Exkurs in die Geschichte die ganze Zeit von »wir« sprach.

»Der Terror hörte erst auf, als in den Zwanzigerjahren die Briten kamen. Die wussten in ihrer Weisheit zwischen Drusen und Muslimen zu unterscheiden, und wir stellten uns auf ihre Seite. Wir Drusen dienten in ihrer Armee, dafür gaben sie uns Waffen und Schutz. Mein Großvater war achtundzwanzig Jahre in der britischen Armee, drei Jahre davon in Italien und Indien. Von seinem Sold kaufte er Land in Isfiya. Als die Engländer wieder abzogen und der Staat Israel gegründet wurde, galt unsere Loyalität Israel. Ich habe vier Brüder, wir alle dienten in der Armee. Israel ist mein Staat, und dem fühle ich mich auch sehr verbunden. Das ist der Grund, warum uns die Araber nicht mögen. Die wenigsten von ihnen wissen, dass wir in der Vergangenheit von ihnen verfolgt wurden. Für sie sind wir Verräter. Wenn der Staat Israel heute nicht wäre ...« Amir hörte auf zu sprechen, führte seine

EINE VERSCHWORENE GEMEINSCHAFT

Hand an die Kehle und durchschnitt die Luft. Dazu pfiff er kurz und leise.

»Und die Juden?«, fragte ich. »Seid ihr dann beste Freunde?«

»Wir kommen im Großen und Ganzen gut miteinander klar. Ich wundere mich nur manchmal, dass viele nichts über uns Drusen wissen. In der Armee fragten sie mich allen Ernstes, ob ich im Zelt wohne und ob ich überhaupt eine Waschmaschine habe. Dabei fahre ich Motorrad und spiele Playstation, wie sie auch. Keine Ahnung, was das sollte, vielleicht verwechselten sie mich mit einem Beduinen. Wir müssen geduldig mit den Juden sein. Vor allem im Süden Israels kennen sie die Drusen noch nicht. Wenn sie meine Frau sehen, die dunkle Haare, aber hellgrüne Augen hat, wundern sie sich: Wie kann das sein?«

Je länger ich durch Israel wanderte, desto komplexer erschien mir das Land. Nicht nur liegen Welten zwischen säkularen und streng gläubigen Juden. Auch Drusen und Muslime, beide Teil der Arabisch sprechenden Minderheit, sind einander in herzlicher Abneigung verbunden. Ganz zu schweigen von den Muslimen in Jisr az-Zarqa, die wiederum von anderen Muslimen geschnitten werden, weil sie vor Jahrzehnten Juden halfen, die Sümpfe trockenzulegen. Und die Drusen wollen keinesfalls mit den Beduinen verwechselt werden. In so einem Land wird es nie langweilig.

Der Konflikt zwischen jüdischen und arabischen Israelis ist nur ein Teil dieser Gemengelage. Man spürt ihn mal mehr, mal weniger stark. Es kommt darauf an, wo man ist und mit wem man redet. Auf meiner nächsten Etappe begegnete ich einem jungen *shvilist,* der allein unterwegs war und den Trail in umgekehrter Richtung lief, nach Süden. Er saß unter einer frei stehenden Eiche und rastete. Ich setzte mich kurz zu ihm, wir kamen ins Plaudern, und ich fragte ihn nach Einkaufsmöglichkeiten in Ka'abiya, einem der nächsten Orte auf meinem Weg, den er ein paar Stunden zuvor durchwandert hatte. Da gebe es wohl ein Lebensmittelgeschäft, sagte er zögerlich. Aber das sei ein arabisches Dorf, und er habe zugesehen, dass er dort so schnell wie möglich wieder wegkomme.

»Warum denn?«, wollte ich wissen.

»Es sind halt Araber, die hassen uns Juden.«

Das ist eine verbreitete Wahrnehmung. Aber zum Glück nicht die einzige. Noch am selben Abend war ich bei einer jüdischen Familie in Tabash zu Gast. Der arabische Ort liegt gleich neben Ka'abiya. Als wir beim Abendessen zusammensaßen, erzählte Sharon, die Mutter, dass sie mit ihrer Familie schon lange unter Muslimen lebe, und zwar gern. »Wir haben hier jede Menge Platz, die Bauvorschriften sind nicht so streng wie in jüdischen Gemeinden, und das Leben ist günstig«, sagte Sharon. Der Muchtar, das Gemeindeoberhaupt von Tabash, habe sie vor achtzehn Jahren ins Dorf eingeladen. »Wenn der Muchtar sagt, es sei okay, dass wir als Juden hier wohnen, dann gilt das für alle Muslime im Dorf, und jeder hält sich daran. Heute gibt es keinen Muchtar mehr, aber wir haben trotzdem keine Probleme hier.«

Schabbat Schalom!

Hoshaya sah auf der Landkarte aus wie ein gewöhnliches Dorf auf einem Hügel in Galiläa. Die Karte verriet nicht, dass Hoshaya eine religiöse Gemeinde ist. Gleich mehrere Familien hatten sich auf der *Trail-angel*-Liste eintragen lassen. Ich wählte willkürlich eine der Nummern aus – und erhielt prompt eine Einladung, den nächsten Schabbat mit der Familie von Zehavit und Moshe zu verbringen. Es sollte mein erster echter Schabbat werden, und ich nahm mir vor, alle Regeln zu befolgen. Interessanterweise haben selbst viele säkulare Israelis noch nie einen Schabbat gefeiert, ohne eine der Regeln zu brechen. Dafür würde schon ein Griff zum Smartphone genügen, um mal eben Mails zu checken.

Mir war ein bisschen unwohl, als ich am frühen Nachmittag Hoshaya erreichte. Ich fragte mich, wie die Religiösen wohl auf mich, den Agnostiker aus Deutschland, reagieren würden. Ich erinnerte mich beklemmender Momente einer Begegnung mit einem überaus religiösen Juden, den ich auf meiner ersten Israelreise in Hebron besucht hatte. Er stellte mir seine Frau weder vor, noch bekam ich sie überhaupt zu Gesicht, obwohl sie nur Meter entfernt in der winzigen Küche arbeitete. Sie bereitete den Tee zu, aber er holte ihn an den Tisch. Ich hatte das Gefühl, es gehe darum, eine Begegnung seiner Frau mit einem fremden Mann zu vermeiden. Auch wenn das wohl untypisch war, so ist es doch üblich, dass religiöse Frauen fremden Männern nicht einmal die Hand geben.

Zehavit hatte mir am Telefon den Weg beschrieben, aber die Verbindungsqualität war schlecht, und ich hatte nicht alles verstanden. Ein freundlicher Nachbar, der mich durch die Straßen irren sah, führte mich zum richtigen Haus. Ich traf Moshe auf der Terrasse an. Er hatte soeben die Markise repariert und packte sein Werkzeug zusammen. Zehavit kam aus der Küche, wo sie mit den letzten Vorbereitungen für den Schabbat beschäftigt war. Ohne in dem Moment nachzudenken, reichte ich ihr zur Begrüßung die Hand – ups! Aber sie nahm sie und ließ sich nichts anmerken. Zehavit war zwar religiös, aber nicht verbissen. Sie lachte viel und war überaus herzlich. Meine Sorgen zerstreuten sich schnell.

Das Haus der Familie war geräumig, und wie in jedem religiösen Haushalt gab es eine Stelle, die bewusst unfertig belassen wurde. Diese Stelle erinnert an den zerstörten Tempel in Jerusalem. In Moshes Haus fehlte eine Fliese an der Treppe. Es war nur eine kleine Kachel, aber weil die Treppe gegenüber dem Eingang lag, konnte das einem Besucher durchaus auffallen.

Zehavit und Moshe hatten fünf Kinder: drei Söhne und zwei Töchter. Das Haus war an diesem Wochenende voll, denn der jüngste Sohn Adam hatte vier Kameraden aus dem Militär zum Schabbat eingeladen. Einer von ihnen hatte seine Frau mitge-

bracht. Adam, vierundzwanzig Jahre alt, war Pilot bei der Luftwaffe, er flog Blackhawks, Transporthubschrauber. Vor dem
Schabbat ließ er sich von einem seiner Kumpel im Garten noch
die Haare scheren. Büschelweise fielen die schwarzen Locken ins
Gras.

Ich bekam ein eigenes kleines Gästezimmer im Erdgeschoss.
Zehavit empfahl mir, vor dem Schabbat noch das Licht anzuknip-
sen und es brennen zu lassen. »Um Mitternacht schaltet es sich
automatisch ab«, erklärte sie. Die Zeitschaltuhr, die die Beleuchtung im ganzen Haus regelte, befand sich im Sicherungskasten vor
der Eingangstür. Ich folgte Zehavits Rat. Zudem schaltete ich das
Handy und meinen Kindle aus, duschte mich und setzte mir die
gehäkelte Kippa auf, die ich bekommen hatte. Eine Metallklammer hielt sie in meinem Haar auf dem Hinterkopf in Position. Im
Spiegel war von der Kippa nur der vordere Rand zu erkennen. Ich
war vorbereitet, der Schabbat konnte kommen.

Als es zu dämmern begann, zog die ganze Gemeinde zur Synagoge, einem nüchternen weißen Gebäude am Kreisverkehr in der
Mitte des Ortes. Während die Frauen die Treppe in den ersten
Stock nahmen und den Gottesdienst von einer Galerie aus verfolgten, blieb das Erdgeschoss den Männern vorbehalten. Fast
alle von ihnen trugen schwarze Stoffhosen und weiße Hemden. So
etwas hatte ich natürlich nicht im Gepäck. Notgedrungen lief ich
in meiner Wanderhose auf. Niemand störte sich daran.

Auch innen war die Synagoge bescheiden, sie hatte anders als
viele katholische Kirchen nichts Pompöses, und vor allem gab es
nirgends Darstellungen von Figuren aus der Tora. Im Judentum
gilt, wie im Islam, ein weitreichendes Bilderverbot. Irritiert war
ich, weil sich das Geschehen in der Synagoge nicht, wie ich es aus
der Kirche kannte, vorn abspielte, sondern in der Mitte des Raumes. Dort stand ein Junge und sang. Ich vermutete, dass er erst
vor Kurzem seine Bar-Mizwa gefeiert hatte. Das ist der Zeitpunkt, an dem ein jüdischer Junge die religiöse Mündigkeit er-

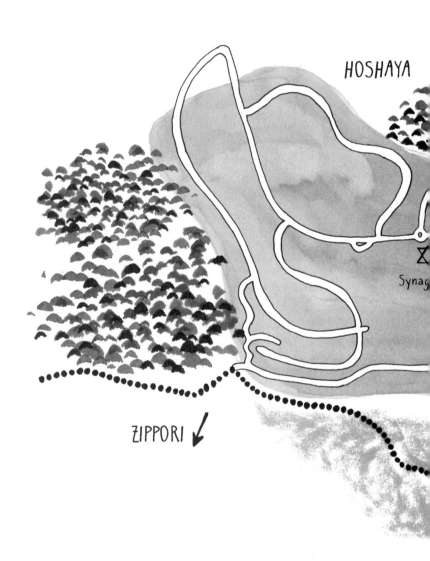

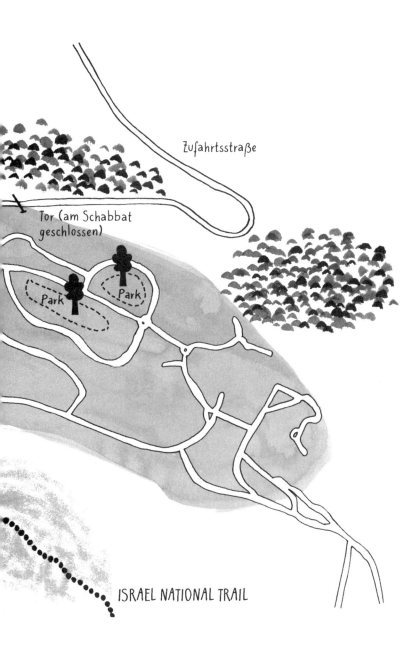

langt und von dem an er alle Ge- und Verbote einhalten muss. Er ist dann dreizehn Jahre alt.

Moshe drückte mir ein Gebetsbuch in die Hand, den Siddur. Er war natürlich auf Hebräisch, wurde von hinten nach vorn und von rechts nach links gelesen. Ich hatte keine Chance. Moshe erklärte, dass die Gemeinde nun den Schabbat einlade, sie zu besuchen, als sei der Feiertag ein Gast. Die Männer beteten stehend, sie wippten mit dem Oberkörper dauernd vor und zurück. Ich sah einen einzigen Ultraorthodoxen im Saal. Er stand etwas abseits am rechten Rand. Vielleicht war er zu Besuch in Hoshaya. Er schien besonders eifrig zu sein, bewegte seinen Oberkörper stärker und zackiger als die anderen. Nur den Rabbi sah ich nicht.

Nach dem Gottesdienst traf sich die Nachbarschaft vor der Synagoge. Draußen war es mittlerweile richtig dunkel. Man begrüßte einander mit »Schabbat Schalom!« und plauderte ein wenig. Niemand schien es eilig zu haben.

Zurück im Haus, wuschen wir uns die Hände mit Wasser aus der Natla, der Kanne für die rituelle Reinigung. Sie stand neben den Küchenspülen, von denen es zwei gab: eine Spüle für Geschirr und Besteck, das mit Fleisch in Berührung kam, und eine für alles, was mit Milch in Berührung kam. Dann setzten wir uns an die festlich gedeckte Tafel. Wir waren zwölf Personen. Weil ich ein besonderer Gast war, platzierte man mich nahe dem Kopfende neben Moshe, dem Familienoberhaupt.

Ein Schabbatmahl beginnt mit dem Kiddusch, dem bekanntesten Schabbat-Gebet. Man ehrt darin »den Herrn, unseren Gott, den König des Universums, den Schöpfer der Trauben«. Wir standen auf, als Moshe den Kiddusch über einem Silberbecher mit Wein sprach. Eher klang es wie ein Gesang. Anschließend tranken wir alle von dem – sehr süßen – Wein und setzten uns. Moshe nahm das Seidendeckchen beiseite, mit dem der Brotkorb zugedeckt war, und sprach den Segen über das Brot. Dann zerschnitt er es, tunkte die Stücke in Salz und legte sie in den

SCHABBAT SCHALOM! 237

Korb zurück. Brot und Salz symbolisieren Leben und Wohlstand,
der Korb machte die Runde.

Die Familie war nicht komplett. Zwei der drei Söhne fehlten.
Aber die älteste Tochter Michal war mit ihrem Mann aus Tel
Aviv angereist. Sie war Ärztin in einem Krankenhaus, er Pilot bei
der Luftwaffe. Beide waren nicht oder nicht mehr religiös und
wollten noch in der Nacht zurückfahren. Sie hatten ihren Wagen
draußen vor dem Tor geparkt, denn das Tor von Hoshaya bleibt
am Schabbat verschlossen.

Moshe sprach nun den Segen für seine Familie. Er begann mit
der ältesten Tochter. Sie stand vor ihm, legte ihre Handflächen
auf seine Brust. Moshe nahm ihren Kopf in seine Hände und
sprach den Segen ganz leise, sein Mund war nur Zentimeter von
ihrem Haar entfernt. Danach umarmten sie einander.

Nach den Segenssprüchen konnte das Schabbatmahl beginnen. Es gab zarten Lachs mit eingedickter Sojasoße, Hühnchen,
Salat, Kartoffeln und glasierte Möhren. Gerade als ich dachte,
nun bin ich aber wirklich satt, wurde der nächste Gang aufge-
tischt. Zwischendurch hielt Zehavit ein kurzes Referat, das sie
vorbereitet hatte. Sie sprach über den jüdischen Kalender und die
regelmäßige Wiederkehr der Feiertage. Durch Fragen bezog sie
alle am Tisch ein und begann eine Diskussion. Im Laufe des
Abends wurde noch mehrmals gesungen. Adam stimmte ein Lied
an, die anderen fielen ein. Dieser Schabbat war so feierlich wie ein
Weihnachtsfest.

Mein Tischgespräch mit Moshe kam auf die Politik. Moshe war
bereit, Land für Frieden abzugeben. Er sprach vom Westjordanland. »Aber es muss klar sein, dass es unser Land ist. Gott hat es
uns gegeben. Wenn wir es an die Palästinenser abtreten, dann aus
freien Stücken. Und sie müssen garantieren, dass es dann endlich
Frieden gibt.«

»Wie könnte so eine Garantie aussehen?«, fragte ich.

»Sie könnten zum Beispiel auf eine Armee verzichten und nur eine Polizei für die innere Sicherheit unterhalten.«

»Könnten die Palästinenser dann auch Ostjerusalem behalten?«

»Für mich ist Jerusalem die Altstadt, also der Osten. Die Araber können meinetwegen dort wohnen bleiben, aber Ostjerusalem muss unter jüdischer Kontrolle stehen. Alles andere um die Altstadt herum ist praktisch wertlos.«

Am Morgen schlief ich länger als geplant. Ich konnte ja den Wecker an meinem Handy nicht benutzen. Um halb neun wollten wir zur Synagoge gehen. Aber im Haus war es still, auch die anderen schliefen noch. Mir kam plötzlich die Frage in den Sinn, was wohl mit der Lampe im Kühlschrank sei. Würde sie angehen, wenn man die Tür öffnete? Wäre das dann nicht ein Verstoß gegen die Schabbatgesetze? Sofort kam mir dieser Gedanke furchtbar deutsch vor. Ist es denn nicht egal, was sich am Schabbat im Kühlschrank abspielt? Andererseits: Gerade das orthodoxe Judentum nimmt doch alles so genau. Man beschäftigt sich sogar mit der Frage, ob es erlaubt sei, am Schabbat Toilettenpapier abzureißen (es ist verboten, man benutzt Papiertücher). Deutsche Gründlichkeit ist nichts dagegen. Ich ging also zum Kühlschrank und öffnete ihn. Drinnen blieb es dunkel. Zehavit hatte sogar daran gedacht, die Beleuchtung vor dem Schabbat abzuschalten.

Moshe kam die Treppe herunter. Er sah verschlafen aus. Wir machten uns auf in die Synagoge. In den Straßen von Hoshaya waren auch einige Frauen unterwegs. »Wenn die Frauen schon zur Synagoge laufen«, sagte Moshe, »bedeutet das, dass wir spät dran sind.«

Als wir die Synagoge betraten, waren die Männer der Gemeinde schon versammelt. Sie hatten sich einen weißen Gebetsumhang über die Schultern gelegt, den Tallit, und beteten. Manche hatten sich den Tallit sogar über den Kopf gezogen. So wippten

SCHABBAT SCHALOM!

sie wieder rhythmisch vor und zurück. Das sah ein bisschen aus wie Blindekuh.

Das kostbarste Stück einer Synagoge sind die Torarollen. Alle fünf Bücher Mose sind auf Pergament geschrieben, mit Tinte und von Hand. Wenn der speziell dafür ausgebildete Schreiber auch nur einen Fehler macht oder mit der Tinte kleckert, muss er von vorn anfangen. Deshalb sind Torarollen teuer. Sie werden in einem speziellen Schrank aufbewahrt, dem Toraschrein. In der Synagoge von Hoshaya ist er in die Wand eingelassen, die Jerusalem zugewandt ist.

Zwei Männer zogen den Vorhang beiseite, öffneten die Schiebetür des Schreins und holten eine der Rollen heraus. Sie war groß und schwer. Die Gemeinde sang jetzt lauter als zuvor. Die Rolle war in ein buntes besticktes Tuch gehüllt. Auf den Enden der beiden Stäbe steckte jeweils ein silbernes Endstück mit kleinen Glöckchen daran. Einer der Männer trug die Torarolle in die Mitte des Raumes, und die Männer entlang des Weges berührten oder küssten sie. Auf einem großen Tisch in der Mitte der Synagoge wurden die Endstücke und das Tuch entfernt, die Rolle wurde ausgebreitet. Wie an jedem Schabbat wurde auch heute eine Passage vorgelesen, eigentlich sogar vorgesungen. Die Melodie für diesen Sprechgesang musste der Vorleser auswendig kennen. Noten gab es nicht.

Ebenso feierlich, wie die Torarolle dem Schrein entnommen wurde, wurde sie auch wieder dort verstaut. Diesmal erhielten die Männer auf der anderen Seite des Raumes die Gelegenheit, die Rolle zu berühren und zu küssen. Nur die Frauen, die ja auf der Empore saßen, gingen leer aus.

Endlich trat jemand vor, der anders aussah als alle anderen. Er trug einen dunkelgrauen Anzug, eine rote Krawatte und dezente schwarze Turnschuhe. Er hielt eine Ansprache an die Gemeinde, und ich vermutete, dass es sich um den Rabbi handeln müsste. Ich irrte mich. Der Mann habe zwar die Rabbiner-Prüfung abgelegt, aber das sei Zufall, flüsterte Moshe mir zu. Der Mann im Anzug sprach als einfaches Gemeindemitglied. Der echte Rabbi von Hoshaya hatte seinen Auftritt erst am Schluss. Und zu meiner Verwunderung verließen, als er zu reden begann, etwa drei Viertel der Gemeindemitglieder die Synagoge. Von den oberen Rängen kamen Frauen herunter und mischten sich unter die Männer. So bekam das Ganze nun die Atmosphäre eines lockeren Beisammensitzens, eines Chill-out nach dem eigentlichen Gottesdienst.

Hoshaya ist eine moderne orthodoxe Gemeinschaft. Da nimmt man manche Dinge etwas lockerer. Die Menschen hingen nicht an den Lippen ihres Rabbiners wie in ultraorthodoxen Gemeinden. Und ihr Rabbi unterschied sich auch optisch kaum von den einfachen Mitgliedern. Er hatte einen langen weißen Bart, ein kurzärmeliges weißes Hemd zur schwarzen Hose und trug Sandalen. Der Rabbi sprach darüber, wie Gott die Welt erschaffen habe und dass der Mensch die Technologie verantwortungsvoll nutzen müsse. Seine Ansprache dauerte kaum länger als zwanzig Minuten.

Auf dem Rückweg sprach ich Moshe auf die Ultraorthodoxen an. Ich wusste, dass religiöse Zionisten wie er und *haredim* einander nicht besonders grün sind. Moshe hielt die Ultraorthodoxen dennoch für wichtig. »Ich bin mir sicher, dass das Judentum bis in alle Ewigkeit Bestand haben wird«, sagte er. »Und das nicht, weil meine Frau oder ich so religiös sind. Stell dir das Judentum wie eine Zwiebel vor. Wir sitzen irgendwo auf einer der äußeren Schalen. Aber der Kern, das sind die *haredim*.«

Zu Hause setzten wir uns alle in den Garten unter eine Rotunde mit Zeltdach und unterhielten uns. Auf dem flachen Tisch in der Mitte standen Kekse, Chips und süßer Kuchen. Das war das Frühstück. Moshe bot mir einen Schnaps an, aber ich lehnte ab.

Die Ruhe war wunderbar. Kein Auto fuhr in den Straßen. Niemand war durch sein Handy abgelenkt, niemand musste Mails checken oder telefonieren oder war in Gedanken bei seiner Arbeit. Ich lernte, dass ein Schabbat nicht nur Verzicht bedeutet. Es geht nicht bloß darum, all die Verbote zu befolgen. Der Schabbat ist auch ein Gewinn. Er fördert den Austausch, das Gespräch. Er bringt die Menschen zusammen, die Familie, die Nachbarn.

Zum Mittagessen tauchte der älteste Sohn der Familie auf. Gad war mit dem Motorrad aus Tel Aviv gekommen, und auch er hatte seine Maschine vor dem Tor geparkt. Er trug zwar eine Kippa, aber mehr aus Tradition und aus Respekt vor seinen religiösen Eltern als aus eigenem Glauben. Den hatte Gad längst an den Nagel gehängt: »Mit dreizehn habe ich gespürt, dass ich einfach nicht religiös bin. Das war nach der Bar-Mizwa. Es hat noch ein paar Jahre gedauert, bis ich das auch offen zugeben konnte, vor der Familie und allen anderen. Eines Tages habe ich mir die Kippa vom Kopf gezogen und gesagt: Das war's dann!«

»Wie haben die anderen darauf reagiert?«, wollte ich wissen.

»Die anderen haben gedacht: Na gut, er ist siebzehn, das ist ein schwieriges Alter, da will man rebellieren. Er weiß gar nicht, was er tut. Aber ich wusste genau, was ich tat.«

Es bedrückte Moshe, dass seine älteste Tochter und sein ältester Sohn der Religion den Rücken gekehrt hatten. Aber er liebe sie trotzdem, sagte er. Moshe akzeptierte ihren Lebenswandel – was sollte er auch sonst tun?

Nach dem Essen war Zeit für Ruhe, Erholung und innere Einkehr. Man nahm sich ein Buch, gern ein religiöses, und zog sich zurück. Ich gönnte mir einen Mittagsschlaf, das war auch regelkonform.

Mit dem Besuch in der Synagoge am späten Nachmittag, dem dritten innerhalb von vierundzwanzig Stunden, endete mein erster echter Schabbat. Bei Moshe und Zehavit gab es danach Hausmusik, das war schon eine Art Tradition, wenn Adams Kameraden kamen. Adam spielte Querflöte, einer seiner Kumpel setzte sich ans Klavier, einer nahm die Gitarre. Zehavit stand neben mir, schaute zu und lauschte, sie war ganz ergriffen.

Es gibt neununddreißig Kategorien von Tätigkeiten, die am Schabbat verboten sind: die Melachot. Wo es schwierig ist, die religiösen Gesetze mit den Zwängen des Alltags übereinzubringen, helfen Produkte wie Zeitschaltuhren, Wärmeplatten oder die ›Schabbat-Schaltung‹ am Hotelfahrstuhl: Der kann so eingestellt werden, dass der Aufzug unablässig hoch und runter fährt und in jedem Stockwerk hält. Dann muss niemand mehr eine Taste drücken. Eine Firma im Westjordanland stellt eine Lampe her, die sich durch Abschatten des Lichts ›ausschalten‹ lässt, ohne tatsächlich einen Schalter zu betätigen. Und einen Metalldetektor für Sicherheitspersonal, der so konzipiert ist, dass bei seinem Betrieb kein Stromkreis geschlossen wird. Dieselbe Firma produziert den ›Schabbat-Stift‹, der in Krankenhäusern oder beim Militär eingesetzt wird. Denn dort müssen auch am heiligen Samstag Notizen gemacht werden, was nach den religiösen Gesetzen ebenfalls verboten ist. Deshalb verwendet der ›Schabbat-Stift‹ Tinte, die nach ein paar Tagen von allein und spurlos verschwindet. Das soll seinem Benutzer Zeit verschaffen, um das Blatt gleich nach dem Ende des Schabbats zu fotokopieren und so die Notizen zu bewahren. Das Ganze ist natürlich nur wieder eine Krücke, und nur einige, nicht alle Rabbiner erlauben, sie zu benutzen.

Ich verbrachte eine zweite Nacht in Hoshaya und suchte am frühen Morgen meine Sachen zusammen. Moshe schlief noch, aber Zehavit war schon auf den Beinen. Wir verabschiedeten uns herzlich – und ohne Händedruck.

Angriff im Morgengrauen

Ich verließ Hoshaya auf der Südseite, wo ich direkt auf den Shvil traf. Ich folgte ihm wie einem Vertrauten. Er schlängelte sich den benachbarten Hügel hinauf, auf dessen Kuppe der Zippori-Nationalpark liegt. Zippori war einst die Hauptstadt von Galiläa. Die meisten heute noch erhaltenen Reste stammen aus römischer oder byzantinischer Zeit. Unter ihnen sind prächtige Mosaike. Nach und nach entdeckten Archäologen auch ein ausgeklügeltes Bewässerungssystem. Das Reservoir fasste viertausenddreihundert Kubikmeter – genug, um zwei Wochen lang den Bedarf von achtzehntausend Menschen zu decken. Ein Tunnel von zweihundertfünfunddreißig Metern Länge mit einem Gefälle von nur fünfzig Zentimetern auf der ganzen Strecke leitete das Wasser in die Stadt. Dieser Tunnel ist heute in Teilen begehbar. An seiner dünnsten Stelle musste ich mich durch ein achtzig Zentimeter breites und nur einen Meter hohes Loch zwängen. Ich konnte mir kaum vorstellen, wie lange es gedauert hatte, diese Leitungen mit einfachen Werkzeugen in das Kreidegestein zu hauen.

Mehr als die Hälfte der Einwohner der israelischen Provinz Galiläa sind arabische Israelis, vor allem Muslime und Christen. Schon kurz nach Zippori querte der Shvil einen weiteren arabischen Ort: Mash'had vor den Toren Nazareths. Der Trail führte mich im Zickzack durch die Straßen. Wieder erregte ich mit meinem Rucksack Aufmerksamkeit. Kinder riefen »Shalom!« oder »Hello, Mister«, wenn sie mich entdeckten. In einem kleinen Lebensmittelgeschäft, in dem ich eine Dose Brause kaufte, wurde ich zum Tee eingeladen.

Nazareth ließ der Shvil rechts liegen, aber da ich schon einmal hier war, entschied ich mich für einen Abstecher. Die Straße ins Zentrum führte bergauf und bergab, wand sich über Hügel und immer wieder durch Kreisverkehre. Die Hänge ringsherum waren dicht bebaut. Reisebusse und Autos drängelten sich durch ein Nadelöhr nach dem anderen. Nazareth ist nicht für Autofahrer gemacht. Für Fußgänger auch nicht. Der Weg ins Zentrum war lang und beschwerlich. Zur Zeit Jesu hatte Nazareth gerade mal ein paar Hundert Einwohner: ein Kaff. Heute zählt es mehr als achtzigtausend und zusammen mit der Nachbarstadt Nazareth Illit sogar mehr als hundertzwanzigtausend Bewohner. In Nazareth leben Christen und Muslime, Nazareth Illit ist jüdisch.

Ohne Stadtplan und nur meiner Nase nach fand ich schließlich in die Altstadt. Die Weihnachtsbeleuchtung hing auch jetzt im Frühling noch, sie hing vielleicht das ganze Jahr über, sodass man im Advent praktischerweise nur einen Schalter umlegen musste. »Merry Christmas« war über der Straße zu lesen.

In der Verkündigungskirche war ein Kommen und Gehen. Franzosen, Deutsche und Inder fielen nacheinander in großen Trauben ein. Dann kamen die Russen, gut vierzig an der Zahl, san-

ANGRIFF IM MORGENGRAUEN 245

ken auf die Knie und beteten das Vaterunser. Ein iPhone klingelte, es gehörte – ausgerechnet – der Reiseleiterin. Sie kramte hastig in ihrem Rucksack, und als sie das Telefon endlich in den Fingern hatte, drückte sie das Gespräch weg. Den Touristen war das egal, sie waren mit sich selbst beschäftigt, aber ein Franziskanermönch trat heran und ermahnte die Anwesenden: »Ruhe bitte!«

Sekunden später klingelte schon wieder ein iPhone. Es war dasselbe.

Das Herzstück der Basilika ist eine Grotte. In dieser Höhle soll die Jungfrau Maria gelebt haben, und hier soll ihr auch der Erzengel Gabriel erschienen sein. Er kündigte die Geburt Jesu an: »Du wirst schwanger werden und einen Sohn gebären, und du sollst ihn Jesus nennen. Dieser wird groß sein und Sohn des Höchsten genannt werden, und der Herr, Gott, wird ihm den Thron seines Vaters David geben. Und er wird über das Haus Jakobs herrschen in Ewigkeit und seines Königreichs wird kein Ende sein.« (Lukas 1,26–33). Die Reiseleiterin ermahnte ihre Gruppe, geordnet in einer Schlange an der Grotte vorbeizuziehen und ja nicht zu lange stehen zu bleiben.

In Nazareth wollte ich nicht übernachten, dafür schien es mir noch zu früh zu sein. Aber in den nächsten Ort würde ich es heute auch nicht mehr schaffen, dafür hatte ich zu lange herumgetrödelt. Ich nahm mir vor, unterwegs ein schönes Plätzchen zu suchen und im Wald zu schlafen. Es war warm genug. Meine Karte zeigte östlich von Nazareth einige Picknickplätze. Einer von denen sollte es sein. Aber bis ich aus der Stadt herausgefunden hatte, verging mehr Zeit als geplant, und als ich endlich am ersten angeblichen Picknickplatz stand, konnte ich ihn nicht finden. Der Himmel war wolkenverhangen und schluckte das Mondlicht. Ich holte die Stirnlampe aus dem Rucksack und lief weiter in den Wald hinein.

Unterwegs wurde ich auf einem breiten Waldweg von einem Auto überholt. Es fuhr sehr langsam und merkwürdigerweise ohne Licht. Waren die Scheinwerfer defekt, oder wollte der Fahrer nicht gesehen werden? Mein Gefühl sagte mir, dass da etwas nicht stimmte. Ich trat zur Seite und ließ den Wagen passieren. Durch die geöffnete Fensterscheibe sah ich zwei Männer in dem Auto sitzen. Wir schauten einander an, keiner sagte was.

An der nächsten Weggabelung bog der Wagen links ab, ich rechts. Ob es eine gute Idee war, die Nacht allein im Wald zu verbringen? Hatte ich jetzt überhaupt noch eine Wahl? Ich schaltete die Stirnlampe aus, auch wenn ich ohne sie nur wenig erkennen konnte. Aber ich wollte ungern von irgendwem gesehen werden, bevor ich auch ihn sehen konnte.

Den zweiten Picknickplatz fand ich zwar an der eingezeichneten Stelle. Doch die erschien mir nun zu exponiert. Wenn hier nachts mehr von diesen mysteriösen Typen unterwegs waren, wollte ich mich nicht auf den Präsentierteller legen. Also lief ich weiter. Der Wald wurde dichter. In der Ferne hörte ich zwei Hunde bellen, und das waren keine Pudel, so viel stand fest. Da ich keine Lust auf eine nächtliche Begegnung mit herrenlosen Kötern hatte, verließ ich den Weg und schlug mich etwa dreißig Meter tief in den Wald hinein. Ich richtete mein Nachtlager her und schloss den Schlafsack.

Aus dem nahe gelegenen Ort Ein Mahil war eine Hochzeit zu hören mit arabischer Tanzmusik und einem aufgedrehten DJ. Es muss gegen neun Uhr abends gewesen sein, als die Party so richtig Fahrt aufnahm. Ich bekam kein Auge zu. Mir schwante, wie dämlich ich gewesen war, so spät noch loszulaufen, ohne Plan, ohne Ziel.

Nach Mitternacht war die Musik verstummt – und das Gebell wieder da. Die Hunde bellten nun aus voller Kehle, und es klang, als hätten sie schon Schaum vor dem Mund. Beunruhigt registrierte ich, dass das Gebell zwischendurch lauter wurde. Ich lag wie versteinert in meinem Schlafsack und lauschte in die Dunkelheit. Aus der Lautstärke des Gebells versuchte ich auf die Entfernung zu schließen. Waren die Hunde überhaupt angeleint oder

streunten sie umher? Hatten sie womöglich längst Witterung aufgenommen? Ein kalter Schauer fuhr mir über den Rücken. Was
sollte ich tun?

Ohne Not hatte ich mich in eine verfahrene Lage gebracht.
Wäre ich bloß in einem Hostel in Nazareth geblieben und hätte
mir einen schönen Nachmittag gemacht!

Das Gebell wurde wieder leiser, und ich entspannte mich, aber
an Schlaf war trotzdem nicht zu denken. Vorsorglich holte ich
mein Taschenmesser aus dem Rucksack, klappte es auf und arre-
tierte die Klinge. Dann legte ich es in Griffweite bereit. Es dauerte bestimmt noch eine halbe Stunde, in der ich jede Veränderung
in der Lautstärke des Hundegebells registrierte, bevor ich schließlich doch einschlief.

Als die Sonne herauskam, hielt mich nichts mehr an meinem
Schlafplatz. Ich raffte meine Sachen zusammen und verschob das
Frühstück. Da war es wieder, das Gebell. Jetzt wurde es richtig
laut. Ich griff das Taschenmesser, richtete mich auf und hörte auch
schon, wie es im Wald raschelte. Zwei große Kläffer sprangen aus
dem Gebüsch und stürzten auf mich zu. Einer hatte helles, der andere schwarzes Fell. Ich bekam es mit der Angst zu tun, riss beide
Arme hoch, um mich größer zu machen, und schrie sie an: »Haut ab!
Haut ab!« Kaum hatte ich das gerufen, machten die Hunde auf der
Stelle kehrt und verschwanden genauso plötzlich, wie sie gekommen waren. Ich blieb verwundert zurück, mein Puls raste. Ich atme-
te tief durch, steckte das Messer weg und schulterte den Rucksack.

Am frühen Morgen war ich noch vom Muezzin geweckt worden,
Stunden später hörte ich Kirchenglocken läuten. Das war ein in
Israel bislang gänzlich ungewohntes Geräusch. Die Glocken gehörten zur Basilika auf dem Berg Tabor. Der steht frei und erhebt
sich majestätisch aus der Ebene, die ihn umgibt. Der Shvil schlängelte sich auf einem steilen Pfad durch den Wald zum Gipfel und
schloss sich auf den letzten Metern einer schmalen Straße an.

Während ich auf dem Fußweg allein gewesen war, herrschte auf
der Straße reger Betrieb. Kleinbusse kutschierten Touristen auf
den Berg. Die Fahrer hatten anscheinend ihren Spaß daran, mit
hoher Geschwindigkeit und nur wenigen Zentimetern Abstand
an mir vorbeizubrettern.

Der Tabor ist nach christlicher Überlieferung der Berg der
Verklärung Jesu. Demnach führte Jesus drei seiner Jünger – Pe-
trus, Johannes und Jakobus – auf den Gipfel. »Und während er be-
tete, veränderte sich das Aussehen seines Gesichtes, und sein Gewand wurde leuchtend weiß« (Lukas, 9,28–36). Jesus wurde von
göttlichem Licht überstrahlt, »verklärt«. Deshalb besuchen heute
Christen aus aller Welt den Berg Tabor.

Am Kiosk hinter dem Eingangstor holte ich mir einen Becher
Kaffee und schlenderte über das Gelände. Ich genoss die Sonne
und versuchte, die Erlebnisse der letzten Nacht zu vergessen.
Eine riesige Gruppe aus Indien beendete gerade ihren Besuch.
Der Reiseleiter verteilte die Inder auf verschiedene Busse, er
zählte sie ab wie Vieh auf der Weide. In seiner Stimme lag Unge-
duld: »Los, Freunde, beeilt euch!«

Dann rückten auch schon Brasilianer an. Sie trugen grün-gelbe
Halstücher. Eine Gruppe aus Deutschland, ausweislich der runden
Anstecker, die sie an der Kleidung trugen, bayerische Pilger, hatte
Bänke vor der Kirche in Beschlag genommen und lauschte einem
Vortrag über das Wirken Jesu. Später begannen die Pilger zu sin-
gen. Dann kamen – mit großem Hallo – etwa dreißig Afrikanerin-
nen in bunten langen Kleidern auf das Gelände. Nachdem sie zur
Kirche weitergezogen waren, erschien eine Kleingruppe aus Ame-
rika in kurzärmeligen Hemden und Flipflops. Einer schob eine Vi-
deokamera vor sich her, sich selbst filmend, wie er langsam den
Kiesweg zur Kirche beschritt. Der Tabor bot großes Kino.

Nach Kfar Kish waren es nur ein paar Kilometer. Den Ort erreichte ich am frühen Nachmittag. Die Straßen waren leer, nie-

mand zeigte sich, die Schilder sprachen nur Hebräisch. Keekale's Hut, eine kostenlose Unterkunft für *shvilistim,* fand ich durch Zufall. Sie war an drei Seiten offen und nur an einer Seite mit Brettern und Wellblech abgedichtet. Auf einem Betonfundament standen Plastikstühle, Sessel, ein niedriger runder Tisch und drei Betten. Außerdem lagen einige alte Matratzen auf dem Boden. Keekales Hütte war zugleich ein Lagerplatz für alte Kühlschränke, Farbtöpfe und leere Bienenkästen. Die Dusche bestand aus einem Verschlag mit Vorhang, aber das Wasser war warm. Es gab auch eine Küchenzeile. Über dem Waschbecken hing ein Hahn an einem schwarzen Schlauch, der aus der Erde kam. Der Abflussschlauch war gerissen. Es gab Steckdosen, um das Handy zu laden, und einen Wasserkocher. In dieser nicht gerade luxuriösen, aber kostenlosen Unterkunft traf ich ein Paar aus Polen.

Piotr und Katarzyna wanderten den Israel National Trail von Norden nach Süden. Die beiden hatten gebrauchte Bücher über das Internet verkauft und damit viel Geld verdient, sodass sie sich zwei Wohnungen in Łódź leisten konnten, die sie jetzt vermieteten. Das warf jeden Monat Geld ab, mit dem sie die Welt bereisten. Ihr Ziel war es, sechs Monate im Jahr zu arbeiten und die anderen sechs unterwegs zu sein. Das ging allerdings nur, wenn sie sparsam reisten. Deshalb hatten sie sich das Wandern ausgesucht. Bislang waren sie jedes Jahr in die Ukraine gefahren, denn dort war alles noch günstiger als in Polen. Aber seit Kurzem bot eine Billig-Airline Flüge nach Tel Aviv an. Die Tickets kosteten nur knapp über fünfzig Euro. Einen Rückflug hatten sie noch nicht gebucht, sie hatten ja viel Zeit.

Piotr hatte noch ein anderes Hobby: Er sammelte Stempel. Und das ist untertrieben. Er war verrückt nach Stempeln. Am Beginn des Shvil hatte sich Piotr ein Stempelheft mit festem Pappeinband besorgt und sich in den Kopf gesetzt, entlang des Trails alle Stempel einzuheimsen, die es gab. Dafür nahm er Umwege von mehreren Kilometern in Kauf. »Bei uns in Polen sind die

Stempel in Holzkästen aufgehängt und rund um die Uhr zugänglich«, sagte Piotr. »Hier in Israel muss man erst die Leute ausfindig machen, die die Stempel verteilen.« Am Abend war er deshalb noch mit einer Frau aus Kfar Kish verabredet, deren Name im *Trail-angel*-Verzeichnis mit dem Zusatz »Stamp« versehen war. »Ich könnte mir auch andere Hobbys vorstellen«, sagte Piotr. »Aber Stempel zu sammeln ist nun mal das billigste von allen. Nur einmal habe ich dafür bezahlen müssen. Das war am Checkpoint Charlie in Berlin. Die wollten je Stempel einen Euro haben.«

Am nächsten Morgen liefen wir das erste Stück gemeinsam. Nach zwei Kilometern trennten sich unsere Wege. Sie zogen nach Süden, ich lief nach Norden. Fünf Motorradfahrer überholten mich. Stehend durchfuhren sie eine Spitzkehre und nahmen im Anschluss souverän eine Steilpassage. Sie zogen eine lange Staubfahne hinter sich her. Das Geknatter der Maschinen war noch zu hören, als sie bestimmt schon einen Kilometer entfernt waren.

Ich wanderte durch ausgedehnte Weizenfelder. Der Eilot-Beobachtungspunkt sah aus, als wäre ein Raumschiff gelandet. Dreihundertsechzig Meter über null hatte ich erreicht und vom Berg Yavne'el zum ersten Mal freien Blick auf den See Genezareth. Er versteckte sich unter einem züchtigen Schleier aus Dunst. Der Kinneret, wie der See im Alten Testament und auf Hebräisch heißt, ist für Christen eine bedeutende Wirkungsstätte Jesu. Hier rekrutierte er vier seiner Jünger, hier vollbrachte er Wunder: Er ging übers Wasser, er bändigte den Sturm, er speiste fünftausend Mann nebst Frauen und Kindern mit nur fünf Broten und zwei Fischen. Er hatte es gut, brauchte keinen Rucksack mit Wasser und Lebensmitteln zu schleppen.

Auf dem Weg in die Jordan-Senke musste ich an einem kräftigen, stolzen Bullen vorbei, der mitten auf dem Weg stand, mich regungslos anglotzte und keine Anstalten machte, zur Seite zu treten. Rechts und links war der Weg von Zäunen eingefasst, es gab keine Möglichkeit auszuweichen. Als ich stoppte und mich fragte, wie der Kerl wohl heute drauf sei und was er von *shvilistim* im Allgemeinen und mir im Besonderen halte, fing er plötzlich an zu pinkeln. Das wertete ich als gutes Zeichen. Offenbar sah der Bulle meiner Passage durch sein Territorium ganz entspannt entgegen. Ich lief direkt an ihm vorbei.

Am Ende des Abstiegs erreichte ich den Jordan. Ein kleines, trübes, milchiges Flüsschen lag vor meinen Füßen. Sein Wasser stand auf der Stelle. Das sollte also der biblische Jordan sein, in dem Jesus sich von Johannes dem Täufer taufen ließ?

Der untere Jordan entspringt dem See Genezareth und müsste eigentlich bis zum Toten Meer fließen. Aber an dieser Stelle staut sich das Wasser vor dem Alumot-Damm. Der Kinneret ist Israels größter Süßwassersee und das wichtigste Reservoir für die Versorgung des Landes. Der National Water Carrier, ein weit verzweigtes Kanalsystem, transportiert sein Wasser bis in den Negev. Mittlerweile wird dem See Genezareth so viel entnommen, dass für den Jordan nichts mehr übrig bleibt. Am Alumot-Damm wird auch der letzte Tropfen noch abgepumpt. Gleichzeitig leitet man aus Quellen Salzwasser in den Fluss, das vom See Genezareth ferngehalten werden soll. In seinem weiteren Verlauf muss der Jordan noch an mehreren Stellen Abwasser schlucken. Nichts von dem Wasser, das er nach einer langen Reise am Toten Meer abliefert, stammt tatsächlich aus dem See Genezareth.

Die Kanuvermietung Rob Roy Canoes war nicht zu übersehen. An der Einfahrt, die von zwei meterhohen Schnitzfiguren im Totempfahl-Stil begrenzt wurde, lehnte ein großes rotes Kanu. Hier hatte man ein Herz für *shvilistim* und ließ mich meine Isomatte ausrollen. Zu meiner Überraschung war Rob nicht der Besitzer der Bootsvermietung. Robert Roy MacGregor alias Rob Roy war im frühen 18. Jahrhundert eine Art schottischer Robin Hood. Der Besitzer hingegen hieß Gai. Er chillte mit Freunden auf einer

Holzterrasse im Schatten. Durch die Ritzen zwischen den Bodenbrettern war der Jordan zu sehen. Auf dem Tisch: Zigaretten, Tabak, Feuerzeuge, Teegläser. Auf einer Feuerstelle stand ein großer Teekessel, Gai schenkte mir ein Glas ein. Das Ganze hatte was von einem Beachclub, wären da nicht die Hühner gewesen, die frei herumliefen.

Mit am Tisch saß Yitzhak. Er war zweiundsechzig Jahre alt, Hausmeister und Nachtwächter in einem. Yitzhak war rund um die Uhr da. Er wohnte auf dem Gelände der Kanuvermietung in einem winzigen giftgrünen Wohnwagen, der ein paar Meter neben dem Ufer des Jordan parkte. Sechzehn Jahre zuvor hatte Yitzhak den nur ein paar Hundert Meter entfernten Kibbuz Kinneret verlassen. Er suchte die Freiheit. Das Leben im Kibbuz habe einfach nicht mehr zu ihm gepasst, erzählte er mir. Also habe er sich damals auszahlen lassen und sei gegangen.

Wer Mitglied eines Kibbuz ist, stellt seine Arbeitskraft der Gemeinschaft zur Verfügung. Über die Jahre erwirbt er damit den Anspruch, auch im Alter dort wohnen zu dürfen und verpflegt zu werden. Im Ergebnis kommt das etwa unserem Rentensystem gleich. Wer den Kibbuz freiwillig verlässt und auf seinen Anspruch verzichtet, kann sich eine Abfindung auszahlen lassen. Üppig ist die nicht. Yitzhak ging nach Indien, sein Geld reichte für fünf Jahre. Er lernte dort eine Französin kennen, und von den letzten Schekeln kauften die beiden Flugtickets nach Peru. Sie nahmen an einer Schamanen-Zeremonie teil, tranken Schamanen-Tee. Irgendwann, sagte Yitzhak, sei er aufgewacht und habe gemerkt, wie frei er sich fühle, »frei von all diesen menschengemachten, angeblich Sinn stiftenden Konzepten«. Er sei erlöst gewesen, er habe den Materialismus überwunden. Also gerade noch rechtzeitig. Denn jetzt war das Geld ja auch weg.

Es war Abend geworden am Jordan, die anderen waren längst nach Hause gegangen. Ich saß mit Yitzhak beim Tee zusammen und bekam eine Einführung in – ja, in was eigentlich? Ein bisschen

ANGRIFF IM MORGENGRAUEN
253

Zen-Buddhismus war dabei, viel Kapitalismuskritik, und neben Buddha wurde auch Jesus Christus zitiert. Die Zusammenhänge blieben mir am Ende unklar. Vielleicht lag das, wie damals im Wüsten-Ashram in Shitim, daran, dass mich die Erleuchtung immer noch nicht geküsst hatte. Andererseits beklagte Yitzhak auch: »Die Welt leidet an zu vielen Erleuchteten. Die heiligen Kühe im Himmel scheißen auf uns herab.«

Als Yitzhak sich in seinen Wohnwagen zurückgezogen hatte, breitete ich meinen Schlafsack unter einem Schilfdach aus. Statt heiliger Kühe plagten mich hibbelige Hähne. Die fetten Tiere stolzierten ohne Unterlass um mein Lager herum, sie krähten schon eine Stunde nach Mitternacht, dann wieder um halb drei am Morgen und danach fast stündlich. Jedes Mal rissen sie mich aus dem Schlaf. Am Morgen war ich wie gerädert.

Yitzhak entließ mich mit einer Mahnung in den neuen Tag. Als Journalist solle ich von meiner Reise durch Israel nichts als meine eigene Erfahrung berichten. Ich dürfe nicht zwischen Gut und Böse unterscheiden. Denn: »Wo Gutes ist, ist auch Böses. Hinter jeder Mutter Teresa steht ein Hitler, und hinter jedem Hitler steht eine Mutter Teresa. Gott ist zugleich der Teufel – und umgekehrt.« Die Medien würden manipuliert von dunklen Kräften, wusste Yitzhak, die Journalisten wie mich mit dem kleinen Finger steuerten. Nicht einmal den Zeigefinger brauchten sie dazu.

Manipulation? Das klang böse. Oder war das jetzt gut? Ich war verwirrt. Aber das machte nichts. Yitzhak hatte seine ganz persönliche Erlösung gefunden, irgendwo zwischen Indien und Peru, und das freute mich für ihn. Ich sagte: »Tschüss«, und hob die Hand zum Gruß. Er sagte: »Namaste«, und legte die Handflächen vor der Brust aneinander.

Von Täufern und Verkäufern

Nur etwa hundertfünfzig Meter von der Kanu-vermietung entfernt liegt der Ort, an dem der untere Jordan den See Genezareth verlässt. Als ich ihn erreichte, entließ ein klimatisierter Fünf-Sterne-Luxusbus gerade eine Gruppe amerikanischer Christen gesetzten Alters. Über eine mit Palmen gesäumte Allee liefen sie zum Eingang eines Flachbaus. Über dem stand in großen Lettern:»Willkommen in Yardenit, der Taufstelle am Jordan.«

Im Foyer hingen gefühlige Schwarz-Weiß-Fotos. Eines zeigte eine glücklich Getaufte, die soeben mit nassem Haar aus dem Jordan aufgetaucht war. Ein gelöstes Lächeln lag auf ihrem Gesicht, ein Bündel Sonnenstrahlen hellte es auf und setzte es gegen den dunklen Hintergrund in Szene. Eine englische Informationstafel klärte mich auf: Nach dem Johannesevangelium sei Jesus in diesem Teil des Jordan getauft worden. Das hätten Archäologen bestätigt. Nur wenige Meter entfernt liege ein Hügel, von dem viele glaubten, dort habe einmal das von Johannes erwähnte Dorf Bethanien gestanden. »Es ist egal, wo wir getauft werden«, fuhr der Text auf der Tafel fort, um sich im nächsten Halbsatz zu widersprechen, »aber die Ermunterung durch eine Taufe nahe dem Ort, an dem Christus getauft wurde, ist unbeschreiblich.« Schwülstig ging es weiter: »Wenn Sie heute hier getauft werden, vertrauen Sie auf die Kraft Gottes, sodass der Heilige Geist in Ihnen wirken wird.«

Praktischerweise konnte man sich in dem Souvenirshop nebenan auch gleich mit der nötigen Taufausrüstung eindecken. Die Preise waren in Dollar ausgezeichnet. Das in Aussicht gestellte Taufbad war zwar kostenlos, aber wer wollte schon ohne passendes Equipment in den Jordan steigen? Ein weißer Taufkittel mit Bibelmotiv ging für fünfundzwanzig Dollar über die Ladentheke. Zusatzleistungen wurden nach Bedarf abgerechnet. Die Dusche danach sollte einen Dollar fünfzig kosten. Und wie wäre es mit einer individuellen Video-Dokumentation der kompletten Taufe auf DVD? Das Geld fließt in die Kasse des Kibbuz Kinneret, der die Taufstelle betreibt.

Ich ging hinunter zum Fluss. Das Ufer war mit Beton und Steinen befestigt, eine weitläufige Treppe führte ins Wasser. Stahlgeländer sollten den Besucherstrom in Bahnen lenken. Die Taufstelle war gut frequentiert. Eine Reisegruppe gab sich an einheitlichen hellblauen Käppis zu erkennen. Überall standen Menschen in weißen Kitteln, manche noch trocken, andere schon nass. Vom Ufer aus wurde geknipst, gefilmt und gepostet. Vor mir tauchte ein Einarmiger im Jordan unter. Als er wieder nach oben kam, applaudierten die Umstehenden. Eine Gruppe begann zu singen. Andere Getaufte kreischten. Das Wasser schien ziemlich kalt zu sein.

Wussten die Besucher eigentlich, dass es keineswegs ausgemacht ist, dass Jesus ebenhier getauft wurde? Es gibt nämlich noch eine andere Taufstelle knapp hundert Kilometer weiter im Süden, kurz vor dem Toten Meer. Sie liegt am östlichen Ufer des Flusses, im heutigen Jordanien. Der Ort nennt sich »Bethanien jenseits des Jordan« und greift damit direkt die entsprechende Bibelstelle auf: Johannes 1,28. Und auch die Website dieser Taufstätte behauptet: »Überwältigende biblische, archäologische und historische Belege haben viele religiöse Führer in aller Welt dazu bewogen, diese Stelle als den wirklichen Ort von Jesu Taufe anzuerkennen.« Als Beweise werden »Beglaubigungsbriefe höchster religiöser Führer und Archäologen« aufgeboten. So will halt jeder sein Geschäft mit Jesus machen, die Israelis hier, die Jordanier dort.

Der See Genezareth liegt gut zweihundertzehn Meter unter dem Meeresspiegel. In der Senke staut sich die Hitze – ein exzellentes Klima für Bananenstauden, die rings um den See gepflanzt wurden. Ich arbeitete mich auf dem Shvil den Hang auf der Westseite hinauf. Der Weg lief schnurstracks auf eine Beduinenhütte zu. Ich musste damit rechnen, dass Hunde in der Nähe waren. Meine nächtliche Begegnung im Wald bei Nazareth hatte mich für solche Situationen sensibilisiert. Ich hob ein paar kleine Steine auf und hielt sie bereit. Aber ich brauchte sie nicht. Der Weg knickte rechtzeitig wieder ab.

Verwesungsgeruch lag in der Luft. Ich schaute mich um und sah unterhalb des Weges den Kadaver eines Bullen. Kopf und Hinterbeine waren noch mit Haut bedeckt, der Brustkorb war geöffnet und ausgeweidet. Nur noch die Rippen waren zu sehen. Hier hatte sich jemand satt gegessen. Es stank so bestialisch, dass ich sofort weiterlief.

Über Wirtschaftswege und Wiesen näherte ich mich den Klippen von Arbel. Der Berg ist lediglich 181 Meter hoch – wenn man von Meereshöhe misst. Aber weil der See Genezareth 210 Meter unter dem Meeresspiegel liegt, wirkt der Arbel, als sei er

VON TÄUFERN UND VERKÄUFERN 257

390 Meter hoch. Da ich von oben kam, lag ein steiler Abstieg vor mir. Der Ausblick war grandios, die Felswände waren mit Höhlen durchsetzt.

Der Arbel-Berg ist Teil der großen Erzählung vom jüdischen Volk und bekannt als ein Ort des Widerstands. Im Jahr 37 vor unserer Zeitrechnung kämpften jüdische Zeloten gegen Herodes, der sich anschickte, Galiläa für die Römer zu erobern. Der Historiker Josephus Flavius beschrieb, wie sich die Zeloten in den Höhlen verschanzten, die so hoch in den senkrechten Klippen lagen, dass sie nur über steile Pfade erreicht werden konnten. Für die Römer schienen sie uneinnehmbar. Aber Herodes war nicht dumm. Er ließ seine besten Kämpfer von oben abseilen. Käfige schützten sie vor Gegenangriffen, während die Zeloten ihnen ausgeliefert waren. Sie sollen bis zum Letzten gekämpft und sich dann, als sie die Ausweglosigkeit erkannt hatten, selbst getötet haben – um sich nicht ergeben zu müssen. Josephus Flavius schrieb über einen alten Mann, der seine Frau und seine sieben Söhne den Abhang hinunterwarf und schließlich selbst in die Tiefe sprang.

Nicht weit vom Fuß der Klippen am See Genezareth liegt Migdal, ein Städtchen mit tausendachthundert Einwohnern. Migdal will einmal ganz groß rauskommen. Mit einer zwei Kilometer langen Promenade am See, mit Boutiquen, Hotels, Restaurants – und mit einem Pilgerzentrum, denn Migdal (Aramäisch: Magdala) gilt als Geburtsort Maria Magdalenas. Das Pilgerzentrum befand sich bei meinem Besuch noch in Bau. Eine kleine Shoppingmall aber gab es schon. Der großzügig dimensionierte Busparkplatz vor ihr kündete ebenso von ambitionierten Plänen wie die von Palmen und Laternen gesäumte Fußgängerzone, die von dort zum Ufer des Sees führte. Allein es fehlten die Fußgänger. Durch das Pflaster wuchs schon Gras, die Allee endete im Schilfgürtel des Sees.

An der Einfahrt zum Busparkplatz stand einsam eine elektronische Infosäule. Ich drückte einen Knopf und hörte eine Frauenstimme. »Diese Region hat in den letzten Jahren eine boomende Entwicklung gesehen«, behauptete die Frau. Ob der Boom allerdings anhalten würde, das stand in den Sternen. Einige der Läden, die in dem neuen Einkaufszentrum eröffnet worden waren, hatte man inzwischen schon wieder dichtgemacht.

Auf dem Parkplatz zwischen den Geschäften wartete ein blitzblanker weißer Toyota Land Cruiser. Auf der Motorhaube, dem Dach und an den Türen stand in großen schwarzen Buchstaben »UN«. Hinten links war eine hellblaue Flagge der Vereinten Nationen befestigt. Es war ein Fahrzeug der UNDOF, der Blauhelmmission auf den Golanhöhen. Ein italienischer Soldat kam aus dem Supermarkt und schob einen Einkaufswagen vor sich her, bis zum Rand gefüllt mit Cola, Chips und Keksen. Verpflegung für die Truppe.

Israels Norden war nach der Staatsgründung immer wieder von den damals syrischen Golanhöhen aus beschossen worden. Israel besetzte deshalb das Gebiet im Sechstagekrieg 1967, aber die Situation blieb instabil. Nach einem Überraschungsangriff der syrischen Armee im Oktober 1973, durch den Israel große Verluste erlitt, wurde die UN-Mission eingesetzt. Blauhelme kontrollieren heute eine schmale Zone zwischen Syrien und dem von Israel mittlerweile annektierten Territorium. Syrien fordert es zurück, aber wer einmal dort oben gestanden und gesehen hat, wie schutzlos und verwundbar Israel vor einem liegt, der kann sich ausmalen, dass die Regierung das um jeden Preis verhindern wird.

Ich wollte ein Arrangement für die morgige Etappe nach Zefat (Safed) treffen und rief im Hostel Ascent (Aufstieg) an. Das Hostel war ein religiöses Haus. Es bot Seminare und Workshops in jüdischem Mystizismus an, als dessen Zentrum Zefat gilt. Auf der *Trail-angel*-Liste stand: »Jungen und Mädchen schlafen nicht zusammen.« Und:

VON TÄUFERN UND VERKÄUFERN   259

»Drei Stunden freiwilliger Gemeinschaftsarbeit sind erforderlich.«
Das würde ich sogar gerne tun.

Ungewöhnlich für ein Hostel dieser Größe war, dass ich erst
einmal in einer Warteschleife landete. Ich drückte »2« für Englisch und wählte dann »Reservation«. Schließlich hatte ich eine
junge Frau in der Leitung, die meine Reservierung für den nächsten Tag aufnehmen wollte. Als *shvilist* müsse ich nur vierzig Schekel (knapp neun Euro) zahlen, sagte sie, dafür sei das Zimmer allerdings nicht blitzsauber. Ich war einverstanden. Jetzt musste die
Frau nur noch meinen Namen notieren, den ich ihr bereitwillig
buchstabierte. Sie stutzte.

»Darf ich dich was fragen?«, fragte sie. »Bist du jüdisch?«

Jetzt stutzte ich. »Äh, nein.«

»Dann kannst du hier leider nicht übernachten. Wir sind ein
jüdisches Haus.«

Mir war eine Visitenkarte des Hostels in die Hände gefallen.
»Triff Leute aus aller Welt«, stand darauf. Das hatte interessant
geklungen. Aber jetzt wurde mir klar: Gemeint waren Juden aus
aller Welt. Im Ascent wollte man unter sich bleiben.

Ich betrat eines der beiden Restaurants im Einkaufszentrum von
Migdal. Nach dem anstrengenden Abstieg über die Arbel-Klip-
pen wollte ich mir etwas Gutes tun. Es gab im Restaurant zwei
Bereiche: einen mit Selbstbedienung, in dem die Tische enger
beieinander standen, und einen mit Bewirtung, der großzügiger
und gemütlicher eingerichtet war. Der Kellner versuchte, mich in
den Selbstbedienungsbereich abzuschieben. Vielleicht sortierte
er mich in die Schublade ›Mittelloser Landstreicher‹. Aber als ihm
klar wurde, dass ich tatsächlich à la carte zu essen gedachte, bot er
mir einen schöneren Tisch am Fenster an, brachte zwei Beilagen
»aufs Haus«, sprach mich immerzu mit »my friend« an und verabschiedete sich auch noch mit Handschlag. Kein Zweifel: Da war
plötzlich jemand auf Trinkgeld aus.

Der Supermarkt nebenan war bis zehn Uhr abends geöffnet. Ich machte ein paar Besorgungen für den nächsten Tag und lief zum See. Aus der Erfahrung bei Nazareth hatte ich gelernt und dieses Mal schon bei Tageslicht einen Zeltplatz ausgeguckt. Dort hatte ich Äste beiseite geschoben und Steine zum Abspannen bereitgelegt. Jetzt konnte ich mein Zelt im Mondschein aufstellen. Ich wollte niemanden auf mich aufmerksam machen. Auf nächtliche Überraschungen hatte ich keine Lust. Die Frösche im Schilf quakten mich in den Schlaf.

Vom See Genezareth kletterte der Shvil nach Norden in die Berge. Ich durchquerte den Nahal Amud, ein schroffes, wildes, manchmal sehr enges Tal, in dem der Amud als Bächlein floss. Es war dicht bewaldet und verengte sich zu einer Schlucht. Auf einer Entfernung von nur fünfundzwanzig Kilometern stieg der Shvil um tausendzweihundert Höhenmeter. Ich kraxelte über Wurzeln und Felsabsätze. Hinter einer unübersichtlichen Stelle lag mitten auf dem Trail der Kadaver eines Wildschweins.

Der Himmel hatte sich verdunkelt. Zum ersten Mal auf meinem Weg durch den Norden Israels waren Regenwolken aufgezogen. Das Wetter spielte Katz und Maus mit mir. Ein knackiger Schauer ging nieder. Als ich gerade die Regenjacke herausgeholt hatte, hörte es auf einen Schlag wieder auf. Als ich sie eingepackt hatte, fing es wieder an. Dabei war die Regenjacke gar keine große Hilfe. Denn es waren immer noch über fünfundzwanzig Grad. Da verwandelt sich selbst die beste Gore-Tex-Jacke durch Kondensation des Schwitzwassers in einen Nasstauchanzug. Meinen Rucksack wollte ich mit einer Regenhülle schützen. Aber das dichte Gebüsch mit Dornen und spitzen Ästen drohte sie zu zerreißen.

Im 15. Jahrhundert war die Wollindustrie ins Amud-Tal gekommen. Walkmühlen machten die Verarbeitung von Schafwolle effizienter und wurden mit dem Flusswasser angetrieben. Die noch relativ neue Technik führten Juden ein, nachdem sie aus

Spanien vertrieben worden waren. Die fertigen Produkte wurden wiederum nach Europa exportiert. Von dem Aufschwung profitierte die Stadt Zefat. Dort, am Rand des Tales, wollte ich übernachten. An einer Abzweigung, an der nur ein hebräischer Wegweiser stand, folgte ich einem blau markierten Weg. Der Anstieg hatte es in sich. Außerdem war ich hungrig, weil mein Nahrungsmittelvorrat aufgebraucht war. Die Hoffnung, in Zefat etwas essen zu können, trieb mich an.

Die Altstadt liegt auf einem Berg. Ich vertraute mich der Straße an, wand mich mit ihr in unzähligen Serpentinen hinauf, nahm eine um die andere Spitzkehre, und es war kein Ende in Sicht. Ich sah die erste Tankstelle – geschlossen. Ein Supermarkt – geschlossen. Ich hatte die Rechnung ohne den Schabbat gemacht. In Zefat nahm man ihn besonders ernst. Die Restaurants – verwaist. Sogar ein Geldautomat war abgeschaltet worden. Auf den Straßen sah ich kein Auto, keinen Bus und auch kein Taxi. Ich hatte mittlerweile einen Höllenhunger, aber nirgendwo war etwas Essbares aufzutreiben. Ich setzte mich auf eine Bank und wartete ungeduldig auf den Sonnenuntergang.

Von Zefat hatte ich noch nie gehört. Dabei ist es neben Hebron, Jerusalem und Tiberias eine der vier heiligen Städte des Judentums. Zefat ist ein zutiefst religiöser Ort. Etwa die Hälfte der Einwohner sind Ultraorthodoxe. Die andere Hälfte besteht zu einem großen Teil aus religiösen Zionisten. Die Stadt gilt als Zentrum der Kabbala, einer mystischen Tradition des Judentums. Kabbalisten suchen die unmittelbare Begegnung mit Gott. Auch Madonna pilgerte schon mehrfach nach Zefat, obwohl sie gar nicht jüdisch ist.

In den Straßen sah ich viele *haredim* zu Fuß auf dem Weg zur Synagoge oder zurück. Nur einmal durchbrach ein Auto die Stille des Schabbats, und das wirkte schon wie ein Affront. Zwei junge Männer saßen in einem Sportwagen, der mit quietschenden Reifen und lauter Musik um die Ecke bog. Das war wohl ihre Art zu sagen: Ihr könnt uns mal mit eurem religiösen Quatsch! Der Wagen hielt vor einem Haus in der Nähe meiner Bank, die beiden Männer trugen Tüten von Burger King hinein. Wahrscheinlich hatten sie das Essen von einer Tankstelle weit außerhalb von Zefat geholt. Ach, wenn ich jetzt doch bloß ein Auto hätte!

Ich lief weiter in die Altstadt. An ihrem höchsten Punkt huldigen die Bewohner von Zefat einer Waffe, der *davidka* (kleiner David). Ihre Konstruktion war simpel: Ein schwarzes Eisenrohr wurde im vorderen Teil verstärkt und auf zwei Stützen aufgebockt. Dieser selbst gebastelte Granatwerfer wurde 1948 vor der Synagoge aufgestellt und soll den Juden zum Sieg über die Araber verholfen haben. Man muss dazu wissen, dass Zefat lange Zeit muslimisch-jüdisch war und dass die Religionsgruppen trotz einzelner Rückschläge ganz gut miteinander konnten. Aber die Araber-Aufstände von 1929 in Hebron und Jerusalem erreichten auch Zefat. Zwanzig Juden wurden damals getötet. Als 1947 der Teilungsplan der Vereinten Nationen bestimmte, dass Zefat zum jüdischen Staat gehören sollte, begannen die Juden zu tanzen, die Muslime waren am Boden zerstört. Im Februar 1948 griffen Araber einen Bus an, der Zefat erreichen wollte, und belagerten das jüdische Viertel. Die Lage wurde immer schwieriger. Im April wollten die Briten die Juden aus der Stadt bringen, zumindest Frauen und Kinder. Der Rabbiner lehnte das ab. Mit Hilfe der paramilitärischen Organisationen Hagana und Palmach schalteten die Juden von Verteidigung auf Angriff.

Dazu erzählen Juden in Zefat diese Geschichte: Unter den Arabern hatte sich damals das Gerücht verbreitet, dass die Juden über eine Atombombe verfügten. Und man hatte gehört, dass nach dem Einsatz einer Atombombe radioaktiver Regen falle. In einer Nacht Anfang Mai 1948 feuerten Juden die *davidka* ab. Sie war überhaupt keine gute Waffe, die Zielgenauigkeit miserabel. Aber die *davidka* machte einen Höllenkrach. Und am nächsten

VON TÄUFERN UND VERKÄUFERN

Morgen regnete es. Regen im Mai ist in Zefat selten. Die Araber
gerieten in Panik und rannten davon. Ob es wirklich so war?

Heute leben in Zefat keine Araber mehr. Und sie sind nicht
willkommen. Unter den Flüchtlingen von 1948 war die Familie
des späteren (und heutigen) Palästinenserpräsidenten Mahmud
Abbas. Er war damals dreizehn Jahre alt. Als Abbas 2012 sein frü-
heres Haus besuchen wollte, kam es zu heftigen Demonstratio-
nen. Schließlich sah er sich gezwungen, die Reise abzusagen. Dabei hatte Abbas im israelischen Fernsehen zugestanden, dass er
kein Recht habe, in Zefat zu leben. Nur besuchen wolle er es. Die
Äußerung, die die Israelis wohl beruhigen sollte, das aber keineswegs erreichte, brachte wiederum Leute im eigenen Lager gegen
Abbas auf. Wie konnte der Palästinenserpräsident nur auf das
Rückkehrrecht verzichten?

Ich hatte mich rechtzeitig vor dem Schabbat bei religiösen *trail
angels* angekündigt. Wir hatten vereinbart, dass ich mich wieder
melde, sobald ich in Zefat und der Schabbat vorbei sei. Zur Sicherheit hatte mir Shulamit sogar die exakte Uhrzeit genannt und
mir das Versprechen abgenommen, keinesfalls vorher anzurufen.
Man kann die minutengenauen Zeiten vom Anfang und Ende des
Schabbats im Internet nachsehen. Dabei ergeben sich zwischen
dem Norden und dem Süden Israels immer ein paar Minuten Unterschied. Ich wartete noch eine Viertelstunde länger, um ja
nichts falsch zu machen.

Der Weg zum Haus der Familie führte mich wieder bergab. Jonathan, einer der Söhne, empfing mich an der Tür. Ich wollte meine dreckigen Wanderstiefel ausziehen, aber Jonathan sagte: »Wir
sind Israelis. Wir nehmen das nicht so genau.«

Jakob, der Familienvater, trug eine Kippa, eine schwarze Hose
und ein weißes Polohemd, darunter schauten die vier Fadenbündel des Tallit hervor. Er schob einen stattlichen Bauch vor sich
her. Jakob war ein religiöser Zionist und nochmals eine Umdre-

hung zionistischer als Moshe aus Hoshaya. Der Staat Israel war für Jakob von allergrößter religiöser Bedeutung. Er konnte sich gar nicht vorstellen, woanders zu leben als im Heiligen Land. Er sagte: »Ein Leben außerhalb Israels wäre ein unerfülltes Leben.«

Am Morgen wurde ich durch Donner und Blitze geweckt. Draußen schüttete es, als stünde eine neue Sintflut bevor. »Im Nahal Amud ist es zu gefährlich«, beschwor mich Jakob. »Die Steine sind extrem rutschig. Niemand wird heute dort unterwegs sein. Wenn du dir ein Bein brichst, was machst du dann?« Er musste mich nicht überzeugen, ein Blick aus dem Fenster hatte das längst getan. Ich entschied mich, zwei Tage in Haifa zu verbringen und auf besseres Wetter zu warten. Jakob fuhr mich zum Busbahnhof.

Eine feministisch-orthodoxe Hochzeit

Haifa ist ein Gegenpol zu Zefat. Die meisten Einwohner sind nicht religiös, Busse und Bahnen fahren auch am Schabbat. Die Stadt gilt als Beispiel dafür, dass Juden und Araber trotz einer nicht immer friedlichen Geschichte heute einigermaßen friedlich zusammenleben können. Oder besser: nebeneinanderher leben. Denn die arabischen und die jüdischen Wohnviertel sind ziemlich sauber voneinander getrennt. Ein christliches gibt es auch. Der Tiefseehafen, eine große Raffinerie und viele Unternehmen der IT-Branche machen Haifa zu einer modernen Industriestadt, deren Platz im Land Israelis so beschreiben: »In Jerusalem wird gebetet, in Haifa gearbeitet und in Tel Aviv gefeiert.«

Meine *trail angels* wohnten in Carmeliya, einem vornehmen Stadtteil weit oberhalb von Hafen und Industriegebiet. Moran und Atalya, beide sechsundzwanzig Jahre, lebten in einem hellen,

modernen Apartment. Ein monströser Flachbildfernseher domi-
nierte das Wohnzimmer. Eine große Fensterfront öffnete den
Blick auf die Stadt und das Meer. Auf der anderen Seite sah man
die bewaldeten Karmel-Berge. Moran und Atalya studierten
noch, hatten aber beide Nebenjobs. Was die Kosten der Wohnung betraf, griff ihnen die Familie unter die Arme.

Moran und Atalya planten in diesen Tagen ihre Hochzeit für
den Spätsommer. Das war gar nicht so einfach. Aus religiösen
Gründen darf zwischen Pessach und Schawuot, dem Wochenfest,
nicht geheiratet werden. Dadurch fallen sieben Wochen im Frühling weg. Also drängen sich alle Hochzeitspaare an bestimmten
Terminen, besonders beliebt sind Juni und September. Das wiederum führt zu Komplikationen. Caterer und DJs müssen lange
im Voraus gebucht werden. Aber das war bei Weitem nicht die
größte Hürde für die Hochzeit der beiden.

Man kann in Israel nicht einfach zum Standesamt spazieren
und sich trauen lassen. Es gibt keine Zivilehe. Zwar könnte man
nach der jüdischen Religion eine Ehe allein mit Zeugen und ohne
Rabbiner schließen, aber der Staat würde diese Ehe nicht aner-
kennen. Das hätte praktische Probleme zur Folge, zum Beispiel
bei der Anerkennung einer Vaterschaft. Der Familienstand wird
im Personalausweis eingetragen, und ein »verheiratet« bekommt
man nur, wenn ein orthodoxer Rabbiner die Ehe bezeugt hat. Das
verleiht dem orthodoxen Rabbinat viel Macht. Aber Moran und
Atalya waren nicht gläubig, und sie haderten mit der Aussicht,
sich jahrtausendealten Regeln unterwerfen zu müssen. »Ich weiß
nicht, ob ich diese Leute wirklich in mein Leben lassen möchte«,
sagte Moran.

Hinzu kam, dass Atalya eine Feministin war. Sie hielt viele religiöse Regeln über die Ehe für frauenfeindlich. Zum Beispiel die:
Sollte sie sich irgendwann scheiden lassen wollen, müsste ihr
Mann sie erst schriftlich aus der Ehe entlassen. Sollte ihr Mann
sterben, müsste dessen Bruder zustimmen, dass sie wieder heira-

ten darf. Und dann gibt es noch eine ganze Reihe von Regeln für die Hochzeit selbst, die Männer anders als Frauen behandeln.

Die Menstruation gilt als rituell unrein. Deshalb muss die Braut ein paar Tage vor der Hochzeit in einem Tauchbad, der Mikwe, gereinigt werden. Sie muss dreimal untertauchen und ein Gebet aufsagen. Eine Balanit, die Mikwefrau, eine Helferin des Rabbiners, beaufsichtigt die Prozedur und stellt ein Zertifikat aus, das sich der Rabbi vorlegen lässt. Für die Braut ist es die erste Mikwe ihres Lebens. Nach dem Religionsgesetz müsste sie fortan jeden Monat eine Mikwe besuchen, nämlich sieben Tage nach der Menstruation. Es gibt öffentliche Tauchbäder, die manchmal dreckig sind, und private, die eher einem Spa ähneln. »Ich mag es durchaus, mich auf die Hochzeit vorzubereiten«, sagte Atalya. »Aber es passt mir nicht, dass ich in meiner Religion als unheilig gelte, nur weil ich eine Frau bin und deshalb vor der Hochzeit erst gereinigt werden muss.« Auch Moran wollte einigen Traditionen folgen, aber nicht allen: »Wir würden gern einen Rabbi finden, der ein bisschen lockerer ist und unsere persönlichen Wünsche berücksichtigt.«

Als ich Haifa wieder verließ, war noch völlig offen, wie die Hochzeit der beiden aussehen würde. Aber als ich ein halbes Jahr später wieder zu Besuch kam, waren sie verheiratet und mit ihrem Fest überaus glücklich. »Wir haben einen richtig coolen Rabbi gefunden«, erzählte mir Atalya und strahlte. »Der war so cool, dass uns manche Gäste gefragt haben, ob er wirklich ein orthodoxer Rabbi sei.«

Morans Mutter kannte den Mann und hatte ein Treffen der beiden mit ihm arrangiert. Es sollte ein unverbindliches Gespräch über die Bedeutung der Ehe im Judentum werden. Denn zu diesem Zeitpunkt waren sich Moran und Atalya schon sicher, dass sie eine Trauung ohne Rabbi wollten. Das Treffen änderte alles.

Die lästige Sache mit der Mikwe etwa ließ sich regeln. Atalya besuchte zwar die Balanit, verzichtete aber auf das offizielle

Tauchritual. Das klappte, weil ihr Rabbi sie nicht nach dem Zertifikat fragte, das die Balanit gewöhnlich ausstellt. »Viele Frauen finden den Termin mit der Balanit unangenehm«, erzählte Atalya. »Denn sie fragt dich nach sehr privaten Dingen. Ihre Aufgabe ist es, die Braut aufzuklären. Wenn ich religiös wäre, hätte ich noch nie zuvor einen Mann berührt und noch nie Sex gehabt. Also müsste die Balanit mir das erklären. Nicht direkt den Sex, aber alles, was damit zusammenhängt, all die Reinheitsregeln mit ihren vielen Details. Das kann ziemlich lange dauern. Moderne Frauen macht das wütend, denn für sie ist das komplett irrelevant. Die halten sich sowieso nicht an diese Regeln. Aber meine Balanit hat auf die Details verzichtet und mir allgemein erzählt, was das Judentum über Ehe und Partnerschaft zu sagen hat. Das war sehr interessant. Wir haben uns zweieinhalb Stunden unterhalten. Meine Balanit war wunderbar.«

Das Tauchbad nahm Atalya später doch noch – aber auf ihre ganz persönliche Weise. Sie machte einen Ausflug mit ihrer Mutter, ihren beiden Schwestern und ein paar engen Freundinnen. Die Frauen fuhren zu einer Quelle mit einem Pool im Wald nahe Haifa. Im Gepäck: eine Menge Essen, Getränke und was Hochprozentiges. Nachts – viele Frauen besuchen die Mikwe nachts, denn außer ihrem Mann soll niemand etwas davon wissen – begann die ›Zeremonie‹. »Ich hatte etwas aufgeschrieben, was ich meinen Schwestern, meiner Mutter und meinen Freundinnen sagen wollte. Wir alle fanden in dieser Nacht nette Worte füreinander. Meine Mutter sprach den Segen über mich, und ich sagte schließlich: ›Ich werde jetzt untertauchen, wie meine Urgroßmütter es über Generationen getan haben.‹ Ich stieg ins Wasser und tauchte viermal unter. Die anderen machten mit. Wir hatten viel Spaß.«

Hochzeiten sind in Israel immer Großereignisse. »Alles unter zweihundert Gästen ist keine Hochzeitsfeier«, sagte Moran. »Zweihundertfünfzig bis fünfhundert Gäste sind normal, aber es gibt auch Feiern mit achthundert oder mehr.« Die beiden zählten am Vorabend ihres großen Tages vierhundertsechzig Zusagen.

Ihre Feier begann mit einem Empfang. Das bedeutete: zwei Stunden lang Hände schütteln. Viele Paare lassen sich beim Empfang gar nicht blicken, sondern schicken die Eltern vor. Aber Moran und Atalya wollten alle Gäste selbst begrüßen. Manche trafen sie zum ersten Mal. Ihre Eltern hatten sie eingeladen. Arbeitskollegen des Vaters waren darunter und Freunde der Großeltern. »Wir kennen gar nicht vierhundertsechzig Leute«, sagte Moran. »Und wenn es allein nach uns gegangen wäre, hätten wir weniger eingeladen. Aber wir haben eingesehen, dass es nicht nur unsere Party ist. Also haben wir unseren Eltern gesagt, sie könnten so viele Leute einladen, wie sie wollten.«

Der Rabbi erschien im kurzärmeligen weißen Hemd. Als Erstes versammelte er den Bräutigam und den Vater der Braut. Diese beiden schließen vor männlichen Zeugen einen Vertrag, die Ketuba. Darin verpflichtet sich der Bräutigam, für seine Frau zu sorgen, sie zu ernähren, zu kleiden und zu schmücken. Er verpflichtet sich auch, sie sexuell zu befriedigen. Und er legt konkret eine Summe fest, die er der Frau im Falle einer Scheidung zu zahlen hat. »Du machst das zehn Minuten vor der Trauung«, sagte Moran. »Alles ist so romantisch, niemand will geizig sein. Viele Männer schreiben dann eine hohe Summe hinein, eine halbe Million Schekel oder so.«

Die Ketuba ist in Aramäisch abgefasst, einer uralten semitischen Sprache, und rechtlich bindend. Wenn die Frau sich vor einem Religionsgericht scheiden lässt, kann sie die genannte Summe einklagen. Kein schlechter Deal, dachte ich, und nichts, worüber sich Feministinnen ärgern würden. Aber Atalya fand die Sache mit der Ketuba rückwärtsgewandt. Wenn sie sich einmal scheiden lassen wolle, solle Geld ihren Mann nicht davon abhalten, sie gehen zu lassen. Eine Ehe gilt nur dann als aufgelöst, wenn der Mann der Frau vor einem religiösen Gericht den Scheidungsbrief überreicht. Er sitzt also am längeren Hebel. Solange er die

Scheidung verhindert, kann die Frau nicht wieder heiraten. Moran und Atalya beschlossen, dass in der Ketuba keine Summe stehen sollte. Das Feld blieb leer.

Die Ketuba aufzusetzen ist allein Männersache. Aber Atalya wollte unbedingt dabei sein. Sie setzte sich einfach zu der Runde dazu. Der Rabbi hatte nichts dagegen. Auch Atalyas Mutter und Morans Eltern waren dabei. »Plötzlich fiel meiner Mutter auf, dass keine der Frauen eine Kippa trug«, sagte Atalya. »Sie wurde schon panisch, denn sie hatte keine dabei. Ich sagte: ›Warum brauchen wir denn eine? Nur die Männer brauchen eine.‹ Wir fragten den Rabbi, und der sagte bloß: ›Wenn ich zu euch nach Hause komme, würdet ihr mich dann zwingen, meine Kippa abzunehmen? Wohl kaum. Und so zwinge ich euch auch nicht, eine aufzusetzen.‹ Unser Rabbi war einfach großartig.«

Israelis sind nicht besonders pünktlich. Nicht einmal zu Hochzeiten. Und so begann die Zeremonie mit Verspätung. Die Gäste versammelten sich vor der Chuppa, einem Baldachin aus Seide, etwa drei mal fünf Meter groß. Die Chuppa symbolisiert das zukünftige Haus des Ehepaares, sie wird mit vier Bambusstangen aufgespannt, eine in jeder Ecke. Der Bräutigam hat vier Männer auszuwählen, die die Stangen festhalten. Atalya wollte, dass auch eine Frau dabei war. Sie konnte sich aber nicht entscheiden, wer das sein sollte. Moran fand, die Zeremonie müsse nicht auf Teufel komm raus feministisch sein. Es sei schon okay, wenn Männer diese Aufgabe übernähmen. So kam es.

Die Chuppa ist gewöhnlich weiß. Bei Moran und Atalya war sie leicht pink gefärbt. Unter dem Baldachin standen das Brautpaar, Eltern, Großeltern, Geschwister und der Rabbi. Der sprach ein paar einleitende Worte und las den Gästen die Ketuba vor. Er hatte Geduld. Andere Rabbiner halten das Dokument bloß kurz in die Höhe.

Dann wurden die Segenssprüche aufgesagt. Wieder eine Sache, für die nur Männer in Frage kommen, und daran konnte auch der coolste Rabbi nichts ändern. Aber er fand einen Kompromiss: Sieben ausgewählte Männer lasen die sieben vorgeschriebenen Segenssprüche vor, aber dazwischen durften weibliche Verwandte persönliche Segenssprüche einstreuen. So kamen drei Schwestern des Brautpaars, beide Mütter und Atalyas Großmutter zum Zuge. Die Zeremonie verlängerte sich auf eine gute halbe Stunde.

Schließlich steckte Moran seiner Braut einen Ring an. Dass auch der Bräutigam einen Ring bekommt, das sieht die jüdische Tradition nicht vor. Aber genau das wollte das Paar. »Manche Rabbiner erlauben das erst ganz am Ende der Zeremonie«, sagte Atalya und echauffierte sich. »Sie machen dann ganz klar, dass das jetzt nicht mehr dazugehört. Sie sagen etwa, ihr seid jetzt Mann und Frau. Punkt. Und jetzt will auch die Braut ihrem Bräutigam ein Geschenk machen. Und oh Wunder: Es ist ein Ring!«

Der Rabbi kam in die Bredouille. Er hatte seine Vorschriften, und die konnte er nicht unendlich biegen. Also erkundigte er sich im Vorgespräch, ob religiöse Gäste im Publikum sein würden. Denn wenn man ihn anschwärzte, stünde womöglich seine Lizenz auf dem Spiel. Am Ende drückte der Rabbi beide Augen zu. Atalya durfte Moran einen Ring anstecken, und zwar während der Zeremonie.

Aber die Ehe ist erst geschlossen, wenn ein Glas zerbrochen wird – wieder eine Referenz an die Zerstörung des Tempels in Jerusalem. Selbst in Momenten höchsten Glücks sollen Juden sich dieses schmerzlichen Ereignisses erinnern. Das Glas zu zerbrechen ist Aufgabe des Bräutigams. »Es kann ein Trinkglas sein oder irgendetwas anderes«, sagte Moran. »Viele Männer nehmen eine Glühbirne, weil das Glas dünner ist. Unter uns Männern ist die Angst weit verbreitet, dass du dich dabei verletzt oder dass etwas anderes schiefgeht.« Moran lachte. »In israelischen Spielfilmen sieht man immer wieder solche Szenen, und YouTube ist voller peinlicher Videos. Das ist wirklich eine stressige Situation: Du stehst da, alle gucken dich an, und es herrscht absolute Stille. Je-

der wartet auf den entscheidenden Moment.« Auf den hatte sich
Moran minutiös vorbereitet. »Ich habe ein Weinglas genommen
und es in Alufolie gewickelt. Dann habe ich mit einem Stift die
Stelle markiert, auf die ich treten wollte. Ich hatte einfach Schiss,
dass ich zu nervös wäre.«

Atalya sah Moran an. »Das wusste ich ja gar nicht.«

Jüdische Hochzeiten sind teuer. Die Gäste wissen das und schen-
ken großzügig. Meistens Bares. Den passenden Betrag zu finden
ist eine Kunst für sich. »Manche schreiben den Scheck erst aus,
wenn sie auf der Feier sind und sehen, wie groß die Location und
wie üppig das Büfett ist«, erzählte Moran. »Wird man zurück eingeladen, gibt man genauso viel oder etwas mehr, als man bekommen hat.« Deshalb führen viele Brautpaare eine Liste, auf der sie
die Höhe der Geldbeträge eintragen. Auch die Eltern sind neugierig darauf, was ihre Gäste lockergemacht haben. Hat man gar keinen Anhaltspunkt, kann man sich im Internet eine Summe aus
vielen Einzelangaben berechnen lassen. Meistens ist der Betrag
ein Vielfaches von 18. Die gilt als Glückszahl. »Wenn du viele
Freunde in unserem Alter hast, die heiraten, kann es ein teurer
Sommer werden«, sagte Atalya. »Das kann locker ein Monatsge-
halt sein. Ich kenne einige Leute, die nicht auf Hochzeiten gehen,
weil es ihnen zu teuer ist.«

Dass es in Israel keine Zivilehe gibt, bedeutet auch, dass es keine
Ehen zwischen Juden und Muslimen geben kann. Jede Religionsgemeinschaft heiratet nach eigenen Regeln. Kein Rabbiner würde einen Juden mit einer Nichtjüdin verheiraten. Und eine Musli-
min dürfte auch nur einen Muslim heiraten. Sollten sich
tatsächlich mal zwei finden, die unterschiedlichen Religionen angehören, müsste einer von beiden konvertieren. Oder sie müssten
im Ausland heiraten und diese Ehe nachträglich in Israel anerken-
nen lassen.

EINE FEMINISTISCH-ORTHODOXE HOCHZEIT

Um alles noch komplizierter zu machen: Nicht alle Juden sind vor dem Rabbi gleich. Das orthodoxe Judentum unterscheidet drei Gruppen: Leviten, Kohanim und gewöhnliche Juden. Die Leviten stammen von Levi ab, dem dritten Sohn Jakobs. Sie waren früher Tempeldiener, ihnen allein standen die Tempelabgaben zu. Da aber der Tempel in der Jerusalemer Altstadt schon seit Jahrhunderten zerstört ist, hat das heute kaum noch praktische Bedeutung. Man erkennt Leviten oft, aber nicht immer, an ihren Familiennamen. Sie heißen Levi oder Levy, Halevi oder auch Halevy. Der direkte Dienst am Altar des Tempels stand allerdings nur einer Untergruppe der Leviten zu, den Kohanim (Priester). Die stammen nicht nur von Levi, sondern auch von Aaron ab, der von seinem jüngeren Bruder Moses zum ersten Priester geweiht wurde. Bei der Lesung der Tora haben die Kohanim Vorrang vor den anderen Leviten. Heute heißen sie mit Nachnamen oft Kohn, Kahn, Kahane oder Cohen. Und dann gibt es noch die einfachen Israeliten. Sie sind die Nachfahren eines anderen der zwölf Söhne Jakobs. Im Alltag spielt es zwar kaum eine Rolle, wer welcher Gruppe angehört. Aber bei der Frage, wer wen heiraten darf, wird's spannend. Die Kohanim dürfen nämlich keine Konvertitin, keine geschiedene und auch keine verwitwete Frau ehelichen; ihre Braut muss eine jüdisch geborene Jungfrau sein. Wenn die Liebe woanders hinfallen sollte: auf zum Standesamt in Zypern!

Der Regen tanzt Rock 'n' Roll

Nach zwei Tagen in Haifa kehrte ich zurück auf den Shvil. Das Wetter hatte sich allerdings nicht gebessert. Mein Bus erreichte Zefat am Abend. Im Mondschein lief ich vom Busbahnhof all die Serpentinen hinunter und durch den Wald zu einer Wiese oberhalb des Nahal Amud. Ich konnte gerade noch mein Zelt aufstellen, bevor es wieder zu regnen anfing.

In der Nacht wurde es deutlich kälter. Immer wieder gab es heftige Regenschauer. So ein Ultraleichtzelt war ja schön zu tragen. Meines wog nur achthundert Gramm und hatte natürlich ein winziges Packmaß. Aber bei Regen wich das Schwitzwasser nicht aus dem Inneren. Außen- und Innenzelt klebten aneinander und leiteten die Feuchtigkeit direkt in meinen Schlafsack. Ich wachte mit klammen Füßen auf. Das Frühstück verschob ich auf später. Ich knüllte das Zelt zusammen und stopfte den nassen Klumpen in meinen Rucksack. Dann stieg ich in die Amud-Schlucht ab.

Eine große Tafel hielt jede Menge Empfehlungen und Gebote bereit: Jeder Wanderer solle mindestens fünf Liter Wasser tragen. Check! In jeder Wandergruppe müsse mindestens eine Person eine aktuelle Karte im Maßstab 1:50.000 bei sich haben. Check! Empfohlen wurde mir, meine geplante Route und den Zeitplan schriftlich irgendwo zu hinterlegen. Das ignorierte ich ebenso wie die Warnung vor Überschwemmungen bei Regenwetter. Zwei Tage lang hatte ich schon pausiert, noch länger wollte ich nicht auf besseres Wetter warten. Jetzt hieß es: Augen zu und durch. Im Moment regnete es zwar nicht mehr, aber alles war nass, und für den Nachmittag war wieder Regen vorhergesagt. Was dazwischen passieren würde, war ungewiss.

Ich setzte die Füße besonders vorsichtig voreinander. Der Lehmboden war komplett durchgeweicht. Schon nach den ersten Schritten klebte unter jedem Schuh ein zentimeterdicker Klumpen. Die Schuhe wurden wieder einmal so schwer, als hätte mir jemand Gewichte umgeschnallt. Der Lehm krallte sich in jeder Vertiefung der Sohle fest. Die verlor dadurch ihr Profil. Wo ich sie aufsetzte, drohte ich abzurutschen. Ich schlitterte den steilen Weg hinab, meine Hände suchten Halt in Ästen und an Baumstämmen und fanden ihn selten. Den Lehm von den Wanderstiefeln abzuschütteln war aussichtslos, zu sehr hing er an ihnen. Er ließ sich nur mit einem spitzen Stein aus der Sohle kratzen. Das war mühselig und der Erfolg von begrenzter Dauer. Wenige Schritte später klebte neuer Lehm an den Schuhen.

Ich passierte die Ruine einer Walkmühle. Lange Zeit begegnete ich niemandem. Kurz hinter Meron, einem zutiefst religiösen Ort, erfüllten Klarinettenklänge das Tal. Manchmal brach die Melodie ab, dann wurde sie wieder aufgenommen. Jemand hatte sich in den Wald zurückgezogen, um zu üben. Hinter einer Linkskurve sah ich ihn: Ein Ultraorthodoxer stand mitten auf dem

Weg. Er war groß, hatte ein breites Kreuz, darunter aber eine eher schmächtige Figur. Er kehrte mir den Rücken zu. Sein Kopf verschwand unter einem schwarzen Krempenhut, den er sich aus der Stirn weit auf den Hinterkopf geschoben hatte. Dazu trug er den üblichen knöchellangen schwarzen Mantel. Wenn sich Säkulare über die Ultraorthodoxen lustig machen, nennen sie sie Pinguine.

Als ich den Mann überholte, sah ich seine dicken runden Brillengläser. Ich erschreckte ihn, ohne es zu beabsichtigen. Offenbar war er so in sein Spiel vertieft, dass er mich nicht kommen gehört hatte. Mein Gruß blieb unbeantwortet. Nach einer Schrecksekunde spielte er weiter, als sei ich Luft.

Kurz vor dem Berg Meron klaffte ein Loch im Boden. Es war eine senkrechte Höhle, der Boden war nicht zu erkennen. Ich warf einen Stein hinein und hörte ihn erst nach zwei Sekunden aufschlagen. Höhlen wie diese heißen *hota,* Arabisch für Wal. Man nennt die Höhlen so, weil sie dem Maul eines Wals ähneln. Solche Höhlen sind typisch für das Karstgestein der Berge von Galiläa.

Die Wettervorhersage traf zu. Um kurz vor eins begann es wieder zu regnen, genauer: Es hagelte erbsengroße Eisklumpen. Ich stieg auf zum 1208 Meter hohen Berg Meron. Auf dem Gipfel hatte sich die Armee festgesetzt. Hohe Zäune, Sperrgebiet. Lange Antennen ragten in den Nebel. Bei klarer Sicht konnte man von hier angeblich weite Teile Galiläas überblicken, bis auf den Golan und hinein in den Libanon gucken.

Auf der Strecke lernte ich Noam kennen. Er saß an einem Picknickplatz, ich setzte mich zu ihm. Noam war neunzehn Jahre alt, lang und schlaksig. Er war gerade mit der Schule fertig und sollte zwei Monate später als seine Freunde zum Militär eingezogen werden. In dieser Übergangszeit wanderte er den Shvil. Er war, wie ich, allein in Eilat losgelaufen, hatte sich aber nicht so viel Zeit genommen. Jetzt hatte er es besonders eilig, denn es war

DER REGEN TANZT ROCK 'N' ROLL

Mittwoch, und schon am Montagmorgen musste er auf einer Militärbasis bei Tel Aviv erscheinen.

»Einerseits freue ich mich darauf. Man lernt so viele unterschiedliche Leute kennen. Andererseits: Es ist die Armee. Du dienst, wenn du im besten Alter bist, Anfang zwanzig. Das sollten doch eigentlich die schönsten Jahre deines Leben werden, oder? Wie du durch die Zeit beim Militär kommst, hängt davon ab, was sie mit dir machen, wie sie dich einsetzen. Sie können dich an einen gottverlassenen Ort in die Pampa stellen, wo du Wache schiebst und von Palästinensern mit Steinen beworfen wirst. Oder du bist ein Computeranalyst im Zentrum des Landes, machst coole Sachen und bist jeden Abend zu Hause.«

Noam strebte zu den Skyriders, einer Einheit, die mit Drohnen feindliche Gebiete aufklärt. Aber zunächst einmal musste er die Grundausbildung absolvieren. »Der erste Tag ist schrecklich. Das haben mir meine Freunde erzählt. Jeder blafft dich an. Und dann musst du lernen, wie man Schuhe zubindet. Das klingt witzig, ist es aber ganz und gar nicht.«

Noam und ich liefen das letzte Stück an diesem Tag zusammen. Wir hatten dasselbe Ziel: den Kibbuz Sasa nur drei Kilometer vor der libanesischen Grenze. Der Kibbuz hatte wie andere in Galiläa für den jungen Staat Israel strategische Bedeutung besessen. Gleich nach dem Unabhängigkeitskrieg wurde er 1949 auf den Ruinen eines arabischen Dorfes errichtet. Das lag in dem Gebiet, das laut dem Teilungsplan der Vereinten Nationen dem jüdischen Staat zugesprochen worden war. Jetzt mussten schnell Fakten geschaffen werden, bevor die arabischen Einwohner womöglich zurückkehren würden. Sie und ihre Nachkommen leben heute im Libanon, und zwar immer noch in überfüllten und heruntergekommenen Flüchtlingslagern. Die libanesische Regierung hat kein Interesse daran, sie in die Gesellschaft zu integrieren. Im Gegenteil: Sie macht ihnen das so schwer wie möglich.

Der Kibbuz Sasa hatte eine Zweizimmerwohnung für *shvilistim*. Im Wohnzimmer standen ein Tisch, ein Sofa und zwei elektrische Heizkörper, im Schlafzimmer Einzelbetten, Schränke und sogar ein Fernseher mit DVD-Spieler: die luxuriöseste *shvilistim*-Unterkunft, die ich auf meiner Wanderung zu Gesicht bekommen sollte. Direkt über ihr wohnte Yoni. Er lud Noam und mich zum Abendessen ein.

Yoni war allein zu Hause. Er machte Omelett mit Gemüse und Kartoffeln, dazu gab es Salat, Reis und einen guten Rotwein. Yoni war der Generalsekretär des Kibbuz. Es sei ein Job, in dem man überzeugen müsse, sagte er. Denn am Ende entscheide immer die Vollversammlung. »Der Kibbuz ist basisdemokratisch organisiert. Als Generalsekretär habe ich weniger Macht als der Geschäftsführer eines Unternehmens. Jedes Mitglied kann jede meiner Entscheidungen vor die Vollversammlung bringen.«

»Macht dir der Job Spaß?«, wollte ich wissen.

»Zurzeit ist er spannend. Uns stehen große Projekte bevor. Die gesamte Infrastruktur des Kibbuz soll innerhalb von fünf bis sieben Jahren erneuert werden. Gleich in mehreren Gebieten auf dem Gelände entstehen neue Wohnungen. Unser Ziel ist es zu wachsen, auch uns fehlen junge Leute.« Wenn jemand in einen Kibbuz ziehen möchte, ist es üblich, dass er erst einmal eine Probezeit dort verbringt. Die kann ein paar Monate oder länger dauern. Er arbeitet wie alle anderen. Man beschnuppert einander, und am Ende entscheiden die Mitglieder in einer Vollversammlung, ob sie den Bewerber aufnehmen.

In den meisten Kibbuzim war es früher üblich gewesen, dass Kinder von ihren Eltern getrennt aufwuchsen und sie nur ein paar Stunden am Tag sahen. Auch Yoni gehörte zu denen, die noch im Kinderhaus des Kibbuz groß geworden waren. Für ihn sei das normal gewesen, erzählte er, aber andere Kinder hätten traumatische Erlebnisse gehabt. Es sei vorgekommen, dass sie nachts weinten und schrien, dass sich aber niemand um sie kümmerte.

DER REGEN TANZT ROCK 'N' ROLL

Ende der Achtzigerjahre geriet der Kibbuz Sasa in große Schwierigkeiten. Es gab wirtschaftliche Probleme, und die Schulden wuchsen immer weiter. Außerdem waren immer weniger Eltern bereit, ihre Kinder getrennt von sich aufwachsen zu lassen. Der Kibbuz wollte das ändern, aber es fehlte der Raum. Die Wohnungen waren nur zweiundvierzig Quadratmeter groß und hatten nur ein Schlafzimmer. Vierzig Mitglieder verließen den Kibbuz aus diesem Grund. Das traf Sasa hart. Der Kibbuz verlor zwanzig Prozent seiner Einwohner. Auch Yoni und seine Frau zogen weg.

Der Golfkrieg änderte alles. Als die Amerikaner 1991 in den Irak einmarschierten und Saddam Hussein Scud-Raketen nach Israel schickte, wollten alle Eltern ihre Kinder bei sich haben. Der Kibbuz löste das Raumproblem, indem er jeweils zwei Wohnungen zu einer zusammenlegte und schnell neue baute. Seitdem war er von hundertsechzig auf etwa zweihundertzwanzig Mitglieder gewachsen. Auch Yoni und seine Familie waren zurückgekehrt.

Noam war ein lustiger Kerl und eigentlich englischer Muttersprachler. Mit seiner Mutter, die aus New York stammte, sprach er am Telefon einwandfreies Englisch. Aber sobald wir beide uns unterhielten, nahm er einen deutlichen israelischen Akzent an. Ich fragte ihn, warum, aber er konnte es auch nicht erklären. Es geschah unabsichtlich.

Am nächsten Morgen war der Himmel düster und konturlos. Es regnete wieder Bindfäden. Noam musste weiter, sein Einberufungstermin ließ ihm keine Wahl. Ich dagegen genehmigte mir noch einen Ruhetag. Der verging schnell, aber besseres Wetter kam nicht. Stattdessen fegten heftige Windböen über Sasa hinweg. Schon am frühen Nachmittag zog ein Gewitter auf. Es hagelte wieder. Die Temperatur fiel auf neun Grad am Tag und vier Grad in der Nacht. So viel Regen in so kurzer Zeit – das ist auch

im Norden Israels selten. In den Nachrichten war das Wetter ein
großes Thema. Ich verfolgte es im Fernsehen, während ich ganz
entspannt meine Füße auf die Elektroheizung legte.

Das Wachhäuschen am Tor des Kibbuz ist rund um die Uhr be-
setzt. Das ist so vorgeschrieben, weil es in Sasa auch ein Wehr-
technik-Unternehmen gibt. Es produziert Panzerungen für Fahrzeuge. Ich konnte nach einer weiteren Nacht also in aller Frühe
aufbrechen, nickte dem Wachmann zu und lief zurück zum Trail.

Im Nahal Ziv'on versank ich bis zu den Knöcheln im Schlamm.
Riesige Pfützen versperrten den Weg. Auf ihnen tanzte der Regen
Rock 'n' Roll. Im Tal suchte sich das Wasser den Weg des gerings-
ten Widerstands. Das war in diesem Fall auch mein Weg, der Shvil.
Ich lief in einem Rinnsal, dann in einem Bach. Wassereinbruch im
linken Wanderstiefel und Minuten später auch im rechten.

Nach einem Kilometer war ein Draht quer über den Weg gespannt. An ihm hing ein Schild: »No Passage!« Der Weg war wegen Überflutung gesperrt. Ich stieg über den Draht und ging weiter. Umkehren könnte ich immer noch, dachte ich mir.

Der Regen trommelte unablässig. Meine Hose war schon lange durchgeweicht, die Finger wurden kalt und klamm. Ich freute
mich über meine sturmerprobte Regenjacke. An ihr perlten die
Tropfen ab wie an einer Teflon-Pfanne. Wie lange noch?

Die Pfützen wurden immer größer, also mussten auch meine
Sprünge immer größer werden. Ein paar Mal wurde es knapp.
Schließlich stand ich vor einer Pfütze von der Dimension eines
Gartenteichs. Rechts und links war kein Vorbeikommen. Barfuß
durchzuwaten wäre zu gefährlich gewesen. Der darin gelöste
Schlamm hatte das Wasser braun gefärbt. Spitze Steine, Äste
oder andere Gefahren hätte ich nicht erkennen können. Ich such-
te mir einen brusthohen Knüppel und balancierte von Stein zu
Stein. Aber die Dinger waren gefährlich glitschig. Kurz vor dem
Ziel rutschte ich ab und stand im Wasser. Jetzt waren die eben

DER REGEN TANZT ROCK 'N' ROLL

noch feuchten Füße richtig nass. Ich war genervt. Schließlich war
ich zum Wandern gekommen, nicht zum Wassersport!

Im Nahal Dishon war es einsam. Einmal flüchtete eine Horde
Wildschweine vor mir. Immer wieder hörte ich Schakale heulen.
Einer fing an, die anderen stimmten ein. Die Schakale saßen in
der ganzen Schlucht verteilt. Es klang wie Dolby Surround. An
diesem Tag begegnete mir nicht ein einziger anderer Wanderer.
Das war mir selbst im Negev nicht passiert.

Schließlich führte mich der Shvil aus der Schlucht hinaus und
auf ein Plateau. Rinder hatten den Boden zertrampelt. Jeder
Schritt im Schlamm ein Schmatzer. Den Umweg zum Aussichtspunkt über das Hula-Tal ersparte ich mir. Was sollte heute schon
dort zu sehen sein außer dunklen Wolken? Die letzten paar Kilometer nach Ramot Naftali trottete ich durch den Regen am Straßenrand entlang wie ein ausgesetzter Hund. Und ebenso hungrig.

In der Mitte des Ortes fand ich eine Wandererunterkunft in einem ehemaligen Kindergarten. Der große Raum des Flachbaus
war kahl und ungeheizt, die Dusche kalt. Ich hängte meine nassen
Klamotten auf einen alten Wäscheständer und kroch in den
Schlafsack. Es war der einzige warme Ort. Draußen schlug Regen
gegen die Scheiben, drinnen wartete ich darauf, dass der nahe ge-
legene Mini-Supermarkt am Nachmittag wieder öffnen würde.
Ich sah einem tristen, einsamen Abend entgegen.

Ich war kurz davor einzuschlafen, als ich überraschend Besuch
bekam. Lynne, ein Amerikaner aus Pennsylvania, wollte den Shvil
von Norden nach Süden wandern. Er war schon durch ganz Amerika gelaufen, hatte den Appalachian Trail, den Pacific Crest Trail
und den Continental Divide Trail geschafft, jeder von ihnen mehrere Tausend Kilometer lang. Aber das war viele Jahre her.

Lynne trug einen sehr leichten blauen Rucksack. Dessen Gewicht hatte er radikal reduziert. Er war ein Ultralight-Freak, einer
jener Typen, die sogar den Griff ihrer Zahnbürste zur Hälfte absä-

gen, um noch zwei, drei Gramm zu sparen. Über Ultralight Backpacking hatte er lange philosophiert. Seine Erkenntnis war: »Das Gewicht unseres Rucksacks ist direkt proportional zu unseren Ängsten. Damit meine ich die Angst, sich zu verlaufen, Angst vor der Dunkelheit, vor dem Unbekannten. Angst zu verhungern oder verletzt zu werden. Je größer unsere Ängste sind, desto größer ist der Sicherheitspanzer, mit dem wir uns umgeben, wenn wir in die Natur gehen.«

Über seine Website verkaufte Lynne Ultralight-Ausrüstung, selbst gedrehte Filme über Langzeitwanderungen und »Geheimtipps« für die »Ultralight Backpacking Revolution«. Die erfordere »brutale Ehrlichkeit« beim Rucksackpacken, sagte Lynne. In seinem Fall hatte der Gewichtsfetischismus noch einen anderen Grund: Lynne war sechzig und hatte Rücken. Er fragte sich, ob er den Israel-Trail überhaupt noch schaffen würde. Zu den Rückenschmerzen trat ein allgemeines Unbehagen gegenüber der Fremde.

Den ersten Versuch, den Shvil zu wandern, hatte Lynne vor einem Jahr unternommen. Schon am Ben-Gurion-Flughafen kam er sich verloren vor. Nie zuvor war er ins Ausland gereist. Obwohl alles auf Englisch ausgeschildert war, hatte er Schwierigkeiten, sich zu orientieren. Er brauchte Stunden, um nach Tel Aviv zu gelangen. Dort angekommen, setzte er sich sofort in einen Bus nach Kiryat Shmona, einer Stadt nahe dem nördlichen Beginn des Shvil. Lynne erreichte sie mitten in der Nacht und legte sich, da er kein Hotel reserviert hatte, zum Schlafen auf eine Parkbank. Er war noch immer im Jetlag, war vierzig Stunden auf den Beinen gewesen und konnte einfach nicht mehr. Eine Hitzewelle hielt damals Israel im Griff. Lynne wanderte trotzdem los, aber er trank zu wenig. Beinahe wäre er wegen Dehydrierung zusammengebrochen. Nach ein paar Tagen warf er das Handtuch und flog nach Hause.

Doch der Israel-Trail ließ ihn nicht los. Lynne unternahm einen zweiten Anlauf, und wieder spielte ihm das Wetter übel mit. Statt Hitze und Trockenheit setzten ihm diesmal Kälte und Nässe zu. Nach nicht einmal zwei Kilometern beendete er seine erste Tagesetappe und klopfte einfach an eine Haustür in Ramot Naftali. Eine nette Seele brachte ihn in die *shvilistim*-Unterkunft.

»Ich muss den Anfang wiederfinden«, sagte Lynne, während er eine Folie ausbreitete und seinen Rucksack auspackte. »Der Anfang ist wichtig. Wenn ich gleich in den ersten Tagen hinfalle oder stecken bleibe, dann wird das wieder nichts.«

Als der winzige Supermarkt am späten Nachmittag noch einmal öffnete, gingen wir zusammen einkaufen. Lynne lief durch den Laden und schaute missmutig drein. »Was essen die hier so?«, fragte er mich. Ich erzählte ihm von Hummus, dem Brei aus Kichererbsen und Sesammus, der mit Fladenbrot gegessen wird, und von Tahina, einer Paste aus fein gemahlenen Sesamkörnern, die vor allem *shvilistim* schätzen, weil sie so reich an Vitaminen und Kalzium ist. Lynne nahm ein paar Lebensmittel in die Hand, schaute sie an und stellte sie wieder ins Regal zurück. Er konnte sich nicht entscheiden, was er kaufen sollte. Am Ende wählte er eine Banane und ein paar Süßigkeiten. Als Abendessen hatte er eine Tüte Chips vorgesehen. Den Betrag von achtzehn Schekeln – weniger als vier Euro – zahlte er mit seiner Kreditkarte. Auf dem Weg zurück in die Unterkunft machte er seiner Enttäuschung Luft, dass er seine Lieblingseiscreme von Ben & Jerry's nicht gefunden hatte.

In Ramot Naftali hatte sich mittlerweile herumgesprochen, dass ein Schwede – gemeint war ich – und ein Amerikaner in der *shvilistim*-Unterkunft abgestiegen waren. Deshalb platzte plötzlich Bettina herein. Die Nacht werde wieder sehr kalt werden, verkündete sie. Wir sollten unsere Sachen packen, sie werde uns mit zu sich nach Hause nehmen. Das verhieß einen gemütlichen Abend und interessante Gespräche – wer wollte da widersprechen?

Der Geschmack des Krieges

Wir stiegen in Bettinas Auto, obwohl ihr Haus ganz in der Nähe lag. Es war eine Villa. Die hohe, schwere Haustür bestand aus massivem, edlem Holz. Der Eingangsbereich war nach oben hin offen und erstreckte sich über zwei Stockwerke. In ihm stand, eingerahmt von Säulen, ein weißer Flügel. Neben dem Kamin lehnten zwei Gitarren. Wohnzimmer, Essbereich und Küche zierte ein glänzender Steinfußboden. Lynne und ich bezogen jeder ein Gästezimmer im Untergeschoss. Meines hatte ein Bad, eine Tür nach draußen und eine eigene kleine Terrasse mit einem Blick über das Hula-Tal. Am Horizont sah man die Lichter einer Großstadt. »Das ist Damaskus«, sagte Bettina. »Wenn da drüben gekämpft wird, sehen wir die Raketen fliegen.«

Bettina stammte aus Paris, sie war Fotografin, Designerin und bildende Künstlerin. Überall im Haus hingen Bilder, die sie ge-

DER GESCHMACK DES KRIEGES

malt hatte. Dazwischen standen ihre Skulpturen. Ihr Mann Rami
war Filmemacher und Drehbuchautor gewesen, aber jetzt betrieb
er ein kleines Weingut in Ramot Naftali. Es lag gleich nebenan.
Die beiden hatten drei erwachsene Kinder.

Ramis Großmutter war in den Niederlanden verhaftet und in
Auschwitz ermordet worden. Seinen Großvater hatte man an der
französisch-spanischen Grenze aufgegriffen und in ein Internie-
rungslager des Vichy-Regimes nach Toulouse in Südfrankreich
verschleppt. Ramis Vater lebte zu dieser Zeit in Wien und war einer der Führer der jüdischen Studentenbewegung. »Adolf Eich-
mann persönlich hat ihm vierundzwanzig Stunden Zeit gegeben,
um das Land zu verlassen«, erzählte Rami. »Er ging nach Palästina.
Bei seiner Ankunft hieß er Fritz Neumann. Irgendwer sagte ihm,
dass das aber nicht sehr jüdisch klinge, also änderte er seinen Namen in Dan Na'aman.« Rami erzählte das so locker, als wäre es
Nachbarschaftstratsch. Er sagte: »Das ist bloß eine von vielen israelischen Geschichten.«

Rami gab Lynne und mir eine Führung durch den Weinkeller.
Vor zwölf Jahren waren Bettina und er nach Ramot Naftali gezogen und hatten begonnen, das Weingut aufzubauen. Sie produ-
zierten nur zehntausend Flaschen im Jahr, das war wenig. Und das
war gut so. Keinesfalls wollten die beiden in die Massenprodukti-
on einsteigen.

Lynne und ich saßen an der Theke im Verkaufsraum des
Weinguts, der so spät am Abend nur für uns geöffnet war. An der
Wand hingen Auszeichnungen aus dem In- und Ausland. Wir
verkosteten einen Rotwein nach dem anderen. Zu jedem Wein
erzählte Rami eine kurze Geschichte. So erfuhren wir, wie die
tropische Note in den Jahrgang 2010 gelangte. In diesem Jahr hatte das Wetter verrückt gespielt. Es begann mit Hitzewellen und
endete in Überschwemmungen. Zwischen zwei Weinen wandte
sich Lynne mir zu und sagte: »Ist das wirklich wahr? Vor nicht einmal einer Stunde waren wir noch da drüben in diesem feuchten

Loch, jetzt sitzen wir hier und verkosten Spitzenweine. Ist das nicht unglaublich?«

Später zauberte Bettina auch noch ein Abendessen auf den Tisch: Couscous, Hühnchen, Zucchini und Salat. Dazu schenkte Rami einen Cabernet Franc aus. Bettina schwärmte vom Jahrgang 2006. Damals führte Israel Krieg mit dem Libanon, dessen Grenze nur drei Kilometer von Ramot Naftali entfernt ist. Die Artilleriegeschütze der Armee standen in Ramis Weinberg, das Feuer der Raketen verbrannte einen Teil der Reben. »Die Trauben nahmen das Pulver auf, du kannst das schmecken«, sagte Bettina. »Ich finde das sehr bewegend, wenn ein Wein dir eine Geschichte aus einer vergangenen Zeit erzählt.«

Zum Abendessen stieß Gidon zu uns. Er arbeitete für eine amerikanisch-jüdische Organisation, schrieb gerade an einem längeren Aufsatz und hatte sich zu diesem Zweck in einem Zimmer auf dem Weingut eingemietet. Hier konnte er sich bestens konzentrieren. Ich weiß nicht, wie es passierte, aber das Gespräch führte ziemlich schnell wieder auf ein Thema, das mir mittlerweile sehr vertraut war: die *haredim,* die Ultraorthodoxen. »Wir fühlen, dass unser Land abdriftet«, sagte Rami. »Die *haredim* vermehren sich unglaublich schnell, sie bekommen bis zu dreizehn Kinder, und sie werden immer extremer in ihrer Einstellung gegenüber Frauen und dem Staat.« Rami bezog sich auf eine Reihe von Ereignissen in Beit Shemesh, einer Stadt westlich von Jerusalem. Viele ihrer Bewohner sind *haredim.* Die Radikalen unter ihnen machen immer wieder Stress. Sie verlangen, dass Frauen sich von der Synagoge fernhalten und in Bussen hinten sitzen sollen. Sie schrecken auch nicht davor zurück, Frauen zu beleidigen, Steine zu werfen oder Polizisten anzugreifen, die sich ihnen in den Weg stellen. Im Dezember 2011 war ein acht Jahre altes Mädchen auf seinem Schulweg belästigt, bespuckt und als Prostituierte bezeichnet worden. Das hatte zu einem Aufschrei unter säkularen Israelis geführt, der noch immer nachhallte. »Wir dürfen das, was

DER GESCHMACK DES KRIEGES

in Beit Shemesh passiert ist, nicht akzeptieren«, sagte Bettina entschieden.

Gidon nahm die *haredim* in Schutz. Er sei überrascht gewesen, wie gut man mit ihnen reden könne. Er selbst habe einige Zeit unter *haredim* in Jerusalem verbracht. Wenn man sie einmal näher kennenlerne, sehe man sie mit anderen Augen. Die Medien hätten den Vorfall in Beit Shemesh maßlos übertrieben, fand Gidon. »So etwas passiert überall und immer wieder, auch unter Säkularen.« Überhaupt war er auf die Medien nicht gut zu sprechen. Alle Zeitungen in Israel seien linkslastig, behauptete Gidon, und zwar unterschiedslos. Allerdings gab er selbst nur Minuten später Anlass, an seiner Analyse zu zweifeln. Denn da gab er zu, dass er gar keine Zeitungen lese und wenn, dann nur die Überschriften.

Rami ließ sich nicht von seiner Kritik abbringen. Er fand, dass die *haredim* ihrem Rabbi hinterherliefen wie ein Rudel dem Leitwolf, und zwar bis in die Wahlkabine: »Bei den Wahlen stimmen sie immer mit ihrem Rabbi, immer.« Darauf entgegnete Gidon, der die Provokation liebte, die Medien seien die Rabbiner der Säkularen. Denn die Säkularen glaubten bloß, was ihnen die Medien eintrichterten. Aber das nahm er nach heftigem Einspruch von Rami und Bettina wieder zurück.

Lynne hielt sich aus der politischen Debatte weitgehend raus und lenkte das Gespräch in eine eher spirituelle Bahn. Er war evangelikaler Christ und hatte regelmäßig Bibelkreise besucht. »Ich bewundere euch wirklich«, sagte er. »Ihr musstet durch so viel Elend gehen, aber ihr seid einfach das von Gott auserwählte Volk.« Dann griff er eine Formulierung aus dem 5. Buch Mose auf und nannte Israel den »Augapfel Gottes«. »Alte Landkarten zeigen Jerusalem als Mittelpunkt der Welt«, sagte Lynne. »Und das ist wohl korrekt.« Er war überzeugt: »Auch Armageddon wird in Israel stattfinden, das ist schwer zu leugnen.« Den Ort der biblischen Endschlacht Gut gegen Böse vermutete er, wie viele evangelikale Christen, an der Stätte der biblischen Stadt Megiddo, Tel Megiddo, etwa dreißig Kilometer südöstlich von Haifa.

Rami pflegte neben dem Musizieren mit der Gitarre noch ein anderes Hobby: Wetterprognosen. Auf dem Dach der Villa hatte er eine Wetterstation installiert, die laufend Daten über Windrichtung und -stärke, Luftdruck und Niederschlag auf seinen Laptop schickte. Dann wertete er noch Satellitenbilder aus, die er von einem Internetdienst bezog. Bauern aus der Umgebung riefen ihn an, um sich nach den Wetteraussichten zu erkundigen. Lynne und ich erhielten am nächsten Morgen ein exklusives Briefing darüber, was der Tag uns bringen würde. Rami sagte eine Änderung gegen Mittag voraus – diesmal zum Guten.

Lynne wanderte weiter nach Süden. Später erfuhr ich, dass er den Israel National Trail geschafft hatte, und zwar in nur sieben Wochen. Das war ganz schön flott. Offenbar hatte Lynne seinen Tritt wiedergefunden. Er mailte mir: »Gott selbst bestimmte jeden meiner Schritte.«

In Ramot Naftali lebte Carlos Goldberg, ein Ultramarathonläufer wie der Australier Richard Bowles, aber doch ganz anders. Carlos war Amateur, kein Profi. Er hatte erst mit dreißig Jahren überhaupt angefangen zu laufen und war schon dreiundfünfzig, als er den Shvil in voller Länge rannte, von Norden nach Süden, in 12 Tagen, 13 Stunden und 37 Minuten. Keiner war schneller als er, bis heute nicht. Und dabei hatte Carlos mit dem Laufen eigentlich längst aufhören wollen.

»Ich war so um die fünfundzwanzig Marathons gelaufen, als ich begann, mich zu langweilen«, erzählte er mir bei einer Tasse Tee. »Auch meine Familie hatte die Schnauze voll von meiner Lauferei, denn ihretwegen war ich fast nie zu Hause. Also entschied ich mich, einen letzten großen Lauf zu machen und die Schuhe danach an den Nagel zu hängen. Dieser letzte Lauf sollte

DER GESCHMACK DES KRIEGES

etwas Besonderes sein. Ich suchte im Internet nach dem härtesten Rennen der Welt und fand den Sahara-Marathon, eine Art Survivallauf.«

Der Sahara-Marathon ist ein Sechstagerennen, bei dem die Läufer an fünf Tagen je zwanzig bis vierzig Kilometer und an einem Tag einen Ultramarathon von neunzig Kilometern zu absolvieren haben. Ihre Ausrüstung müssen sie selbst schleppen, nur das Wasser wird gestellt, neun Liter je Tag. Die Nächte verbringen sie in Zeltlagern in der Wüste. Carlos trainierte ein Jahr für diesen Lauf. Im April 2007 flog er nach Marokko und ging an den Start. Sein Training zahlte sich aus, er kam durch und landete irgendwo im Mittelfeld. »Ich war nie besonders schnell, aber ich hatte Stehvermögen. All die Jahre zuvor hatte ich an meiner Geschwindigkeit gearbeitet, hatte immer wieder versucht, ein paar Minuten herauszuholen, aber jetzt merkte ich, dass meine Stärke woanders lag. Ich konnte den ganzen Tag lang rennen, ich war ein guter Abenteuerläufer. Ich war glücklich und fühlte mich in Hochform.«

Enthusiasmiert kam Carlos nach Hause. Überflüssig zu sagen, dass er nun überhaupt nicht mehr daran dachte, seine Schuhe an den Nagel zu hängen. Stattdessen schlug er ein neues Kapitel seiner Lauferei auf. »Ich hatte schon die Ultralight-Ausrüstung, ich hatte das Konzept des Abenteuerlaufs verstanden, und ich wusste, was ich mitnehmen musste. Der Shvil Israel führt an meinem Dorf vorbei, aber ich hatte zuvor nie auf ihm trainiert. Jetzt lief ich nach Süden und war neugierig, wohin er mich führen würde. Der Weg von hier bis zum See Genezareth wurde meine Übungsstrecke. Schließlich erklärte ich meiner Familie und meinen Freunden, dass ich den ganzen Shvil rennen wollte. Überraschenderweise hatte das noch niemand geschafft. Im Internet erfuhr ich, dass ein paar Leute es versucht hatten, aber niemand war über Mizpe Ramon hinausgekommen. Das motivierte mich zusätzlich. Irgendjemand erzählte dann der Presse von meinem Plan, und die

Sache bekam eine Eigendynamik. Das ist ein Druck, den du dir wünschst, weil er dich antreibt, und gleichzeitig fragst du dich: Verdammt, was mache ich hier eigentlich? Jetzt erwartete jeder von mir, dass ich wirklich losrannte.«

Carlos trainierte täglich im Fitnessstudio. Zum Laufen packte er sich einen zwölf Kilo schweren Rucksack. Damit lief er auf dem Höhepunkt seiner Vorbereitung vier Tage nacheinander je einen Halbmarathon, dann legte er einen Ruhetag ein und lief tags drauf einen ganzen Marathon. »Über die Geschwindigkeit machte ich mir keine Sorgen. Es ging mir nur darum, meinen Körper an die Belastung zu gewöhnen. Ich machte in dieser Zeit nichts anderes als arbeiten und laufen. Ich hatte kein soziales Leben mehr, nichts dergleichen.« Ende September 2007, gerade einmal fünf Monate nach dem Sahara-Marathon, begann Carlos sein Shvil-Abenteuer.

»Ich hatte nicht die geringste Ahnung, was mich weiter im Süden erwartet. Ich war in meinem Training nie über Nazareth hinausgekommen. Ich startete also um Mitternacht im Kibbuz Dan, und der erste Tag wurde gleich ein Mördertag. Ich versuchte, so weit wie möglich von der Startlinie wegzukommen, um gar nicht erst Zweifel an meinem Vorhaben aufkommen zu lassen. An diesem ersten Tag schaffte ich es bis zum See Genezareth, das sind an die neunzig Kilometer. Ich war völlig zerstört. Ich war immer wieder hingefallen und aufgestanden, war bis in die Nacht hinein gelaufen, hatte blaue Flecken, Schrammen, Wunden.« Trotzdem kam Carlos in den ersten Tagen besser voran, als er es sich hätte träumen lassen. Immer wieder begleiteten ihn Freunde, die sein Vorhaben verfolgten. Das war nicht geplant, aber es half ihm.

Carlos hatte sich vorgenommen, den Trail niemals zu verlassen. »Ich wusste: In dem Moment wirst du schwach. Du fühlst das angenehme Leben um dich herum, und das macht es dir schwer weiterzulaufen. Ich wollte im Survivalmodus bleiben. Ich startete und beendete den Lauf in derselben Hose und demselben T-Shirt.

DER GESCHMACK DES KRIEGES

Ich zog mich nie um und nahm auch keine Dusche. So brauchte ich nicht einmal Sonnencreme. Eine Schicht aus Schweiß und Dreck schützte mich. Am ersten Tag juckt das gewaltig, aber dann gewöhnt man sich dran.« Kein Wunder, dass Carlos den Abschnitt durch Tel Aviv mit seinen Cafés und Restaurants als den psychologisch härtesten empfand. Er hasste ihn.

Die Wüste kam näher, aber die wichtige Frage, wie er an Wasser kommen würde, war immer noch nicht beantwortet. Carlos hatte das Problem unterschätzt. »Ich war mittlerweile in allen Medien, und ich erhielt etliche Nachrichten von Menschen aus dem Süden, die sagten, ich würde ins Verderben laufen ohne eigene Wasserdepots in der Wüste. Ich hatte von Depots gehört, die *trail angels* auffüllten, und die wollte ich finden. Aber die Leute schrieben mir, das sei in der Dunkelheit unmöglich. Im Nachhinein muss ich sagen: Sie hatten recht. Tatsächlich fand ich später kein einziges dieser Depots. Aber ich hatte Glück. Ein Mann aus Eilat rief mich an und sagte: ›Mir gefällt, was du machst. Wenn du einverstanden bist, komme ich zwei- bis dreimal am Tag und bringe dir Wasser. Ich habe einen großen Geländewagen, ich kenne die Wüste und habe gerade Urlaub.‹ Der Mann verlangte nichts dafür. Plötzlich fühlte ich: Das Glück ist mit dir.«

Carlos traf seinen Fan zum ersten Mal hinter Arad und von da an mehrmals täglich. Ohne seine Unterstützung hätte er das Abenteuer wohl abbrechen müssen. »Als ich Mizpe Ramon aus der Ferne sah, war ich voller Adrenalin«, erzählte Carlos weiter. »Ich wusste ja, dass niemand es über Mizpe hinaus geschafft hatte.« Fünfzehn Tage hatte Carlos für den Israel National Trail veranschlagt. Nun zeichnete sich ab, dass er ihn sogar deutlich schneller würde bezwingen können.

In der Wüste stand er morgens um halb fünf auf, machte sich auf seinem kleinen Esbit-Kocher einen Kaffee. Spätestens um halb sechs lief er los. »In den Morgenstunden rannte ich, in der Mittagshitze konnte ich nur gehen, aber das war okay, solange es vorwärtsging. Erst abends konnte ich dann wieder laufen, manchmal bis Mitternacht. Ich hörte auf meinen Körper. Wenn es wirklich nicht mehr weiterging, rollte ich die Isomatte aus und schlief direkt dort auf dem Trail. Ich hatte nur einen dünnen Schlafsack dabei. Wenn es Nachtfrost gab und mir zu kalt wurde, stand ich auf und lief weiter. Ich trank die ganze Zeit Kaffee. Das Pulver schüttete ich direkt ins kalte Wasser, schüttelte die Flasche und trank das Zeug. Gegessen habe ich kaum etwas, obwohl ich die ganze Zeit hungrig war. Essen und verdauen kostet einfach zu viel Kraft. Du kannst in der Wüste nicht laufen mit einem deftigen Mittagessen im Bauch.« In zwölf Tagen nahm Carlos acht Kilo ab.

Gegen Ende seines Höllentrips schlief er nur noch drei, vier Stunden in der Nacht. Die übrige Zeit bewegte er sich langsam, aber konstant vorwärts. Am frühen Nachmittag des 5. Oktober erreichte Carlos Eilat. Seine Frau, die Kinder und Freunde erwarteten ihn. Am Strand hatten sie ein dünnes rotes Band gespannt – wie am Zieleinlauf eines Marathons. Carlos lief die letzten Meter mit erhobenen Händen, beide Zeigefinger gen Himmel gestreckt, und fiel seiner Frau in die Arme. Ein Freund goss ihm eine Flasche Sekt über den Kopf. »Ich hatte nicht gewusst, dass ich in der Lage war, das zu schaffen. Natürlich habe ich geweint wie verrückt.«

Carlos gestand ein, dass seine Lauferei längst zur Sucht geworden war. Sie gab ihm das Gefühl, dass sich die Grenzen auflösten. Dass er jedes Ziel erreichen konnte, auch wenn es noch so verrückt erschien.

Carlos war noch die alte Route des Shvil gerannt. Richard Bowles hatte sich dagegen an der neuen, längeren Route versucht. Ich fragte Carlos, was der Australier seiner Meinung nach falsch gemacht hatte.

»Richards Freundin hatte mich kontaktiert, kurz bevor sie nach Israel kamen. Ich sagte ihr: Wenn Richard den Trail von Süden nach Norden läuft, wird er es nicht in zwölf Tagen schaffen.

DER GESCHMACK DES KRIEGES

Sie haben das wohl nach der Landkarte geplant, auf der sieht alles einigermaßen flach aus. Tatsächlich kannst du die meisten Strecken im Negev nicht rennen, nur gehen – egal, wie fit du bist. Man kommt kaum voran und macht sich trotzdem kaputt. Wenn man dann die Wüste hinter sich hat und die guten Laufstrecken vor einem liegen, ist man längst durch und alle. Richard ist ein viel besserer Läufer als ich, aber er hat den Negev unterschätzt. Er hat einen starken Start hingelegt, aber in der Wüste seine Kraft vergeudet. Ich habe seinen Blog gelesen. Da klagt er schon am ersten Tag über Probleme mit den Füßen. Und dann ließ er sich von seinem Team ständig in irgendwelche Hotels fahren und zu Leuten, die ihn eingeladen hatten. So musste er duschen, sich mit ihnen unterhalten, lächeln und nett sein. Das alles kostet unglaublich viel Kraft und Zeit. Einmal fuhren ihn seine Leute eineinhalb Stunden aus der Wüste raus. Eineinhalb Stunden! Am nächsten Morgen musste er dieselbe Strecke wieder zurückfahren. So ging ihm wichtiger Schlaf verloren. Der Schlaf ist die Zeit, in der du deinen Körper in die Werkstatt bringst.«

Carlos Goldberg und Richard Bowles – das waren zwei ganz verschiedene Typen mit unterschiedlichen Ansätzen. Richard lief mit einer Mannschaft auf, er ließ sich umsorgen, posierte für die Fotografen und ließ einen Film über sich drehen. Carlos machte kein Bohei um seinen Lauf, er trug einen großen Rucksack auf den Schultern und wählte die Einsamkeit des Trails. Die beiden unterschied noch etwas: Richard war ständig auf der Suche nach dem Grund seiner Lauferei. Er traf sich mit einer Reihe von Psychologen und wollte sogar ein ganzes Buch darüber schreiben, warum er solche Ultramarathons auf sich nahm. Carlos dagegen suchte nicht. Fragte man ihn nach dem Warum, sagte er einfach: »Andere sammeln eben Briefmarken.«

Wer Helden sucht, stellt keine Fragen

Der Trail führte mich in eine Schlucht hinein und wieder durch einen Bachlauf. Die Steine waren glitschig, ich musste mehrere Stellen umklettern. Meine Durchschnittsgeschwindigkeit sank rapide. Für den schwierigsten Kilometer brauchte ich eine Dreiviertelstunde. Hunderte Störche ließen sich von der Thermik in den Himmel tragen. Sie waren auf ihrem Weg nach Norden – wie ich.

Im Osten regnete es, die Fallstreifen waren klar zu erkennen. Dunkle Wolken hatten sich dort aufgetürmt. Aber Ramis Wetterprognose traf zu. Mittags klarte es spürbar auf, und manchmal drangen sogar ein paar Sonnenstrahlen durch.

Am Nachmittag passierte es: Plötzlich hörten die Wegmarkierungen auf. Einfach so. Ich war verdutzt, lief zurück zum letzten Zeichen, fand aber keine Abzweigung. Ich musste einfach

WER HELDEN SUCHT, STELLT KEINE FRAGEN

richtig sein, dachte ich. Also wieder vor. Der Pfad schlängelte sich
durch hohe Dornbüsche. Aber auch nach einer Viertelstunde war
noch immer keine Markierung in Sicht – wie konnte das sein? Ich
war genervt, fluchte, drehte um und lief wieder zurück zur letzten
Markierung. Eine Dreiviertelstunde hatte mich die Sucherei nun
schon gekostet. Ich setzte mich hin, trank etwas und dachte noch
einmal nach. Was konnte schiefgelaufen sein?

Mir fiel auf, dass die letzten sichtbaren Markierungen schon
sehr verblasst waren. Was, wenn es sich um eine alte Route handelte? Ich entschied mich, den Weg noch weiter zurückzulaufen,
und nach fünf Minuten erreichte ich eine Abzweigung, die ich zuvor übersehen hatte. An dieser Stelle hätte ich links abbiegen
müssen. Tatsächlich hatte man die Wegführung geändert und die
neue Route markiert, aber die alten Zeichen nicht entfernt. Eine
kurze Unachtsamkeit hatte genügt, um mich in eine lange Sackgasse zu schicken.

Mein Tagesziel hieß Kiryat Shmona. Es liegt weit im Norden Israels in einem Tal, während der Shvil auf einem Höhenzug, dem
Ramim-Kamm, westlich an der Stadt vorbeiführt. Um mein
Nachtquartier zu erreichen, musste ich am Abend also noch einige Hundert Höhenmeter absteigen. Ich lief steil den Berg hinunter. Wieder klebten schwere nasse Lehmklumpen an meinen
Schuhsohlen. Ich stolperte den Hang hinab wie ein Betrunkener,
immer in Gefahr umzuknicken. Was sich dann aber doch vermeiden ließ. Schließlich erreichte ich einen Parkplatz an der Hauptstraße 90 und lief auf direktem Weg in die Stadt hinein. Sosehr
ich den Asphalt hasste, an diesem Tag erschien er mir wie eine
große zivilisatorische Errungenschaft.

Mehr noch als in anderen Städten fielen mir in Kiryat Shmona
die Luftschutzbunker auf. Sie lagen unter der Erde, ich sah nur
ihre Eingänge: Würfel aus Beton mit einer dicken Stahltür darin.
Kiryat Shmona ist besonders verwundbar. Es liegt gerade einmal

zwei Kilometer von der Grenze zum Libanon entfernt. Wenn die Hizbullah Katjuscha-Raketen schickt, schlagen sie binnen Sekunden ein. Allein im Libanon-Krieg 2006 trafen mehr als tausend solcher Raketen die Stadt. Die meisten Einwohner brachten sich damals im Süden Israels in Sicherheit.

Ich wollte noch etwas einkaufen, war aber spät dran. Fast alle Geschäfte hatten schon für Schabbat geschlossen, ein kleiner Eckladen war noch geöffnet. Die Äpfel, die sie hier verkauften, kamen aus Südtirol. Verrückte Welt. Die Verkäuferin telefonierte, während sie mich abkassierte. Sie hatte ihr Handy am Ohr und keine Eile.

Um zu meinem *trail angel* zu kommen, bog ich hinter dem Busbahnhof links ab. Die Straße führte in einem Bogen zurück, ich bog in die zweite rechts ein und lief diese Straße bis zu einer Wohnsiedlung hoch. Die Häuser waren heruntergekommen. Die Farbe blätterte ab, an den Wänden hatte der Regen schwarze Spuren hinterlassen. Aus Versehen nahm ich die erste Tür auf der linken Seite und geriet ins falsche Treppenhaus. Es war eng, dreckig und dunkel. In einer Wohnung brüllte eine Frau, ein Baby schrie, ein Hund bellte, dann knallte eine Tür ins Schloss. Wo war ich denn hier gelandet?

Das zweite Treppenhaus war das richtige, sah aber auch nicht hübscher aus. Tamar öffnete mir die Tür zu ihrer Studenten-WG. Von einem gerahmten Poster an der Wand gegenüber dem Eingang sah mich eine riesige Mona Lisa an. In der rechten Hand hielt sie einen großen Joint.

Tamar führte mich ins Gästezimmer. Es war ein winziges Durchgangszimmer, das fast vollständig von der Matratze beansprucht wurde, die zwischen der Wand und einem Schreibtisch klemmte. Das Bett sei fast frisch bezogen, sagte Tamar, ein Mädchen habe darin schon einmal geschlafen. Der Geruch komme von dem da oben, sagte sie und zeigte an die Zimmerdecke, an der sich ein Wasserschaden offenbarte. Der sei aber schon wieder trocken. Ich solle einfach das Fenster einen Spalt breit geöffnet lassen. Kein Problem. Ich bereiste Israel, nicht die Schweiz.

Zum Abendessen waren wir bei Tavor eingeladen. Er wohnte schräg gegenüber auf der anderen Seite der Straße und studierte Agrarwissenschaften. Außerdem dabei: Maya, eine Fotografiestudentin. Tamar, Tavor und Maya waren Mitte zwanzig bis Anfang dreißig. Sie lebten auch deshalb in Kiryat Shmona und genau in diesem Viertel, weil es dort unglaublich günstig war. Die Wohnblocks befanden sich in öffentlicher Hand, die Mieter zahlten nur neunhundert Schekel im Monat, knapp zweihundert Euro. Trotzdem standen einige Wohnungen leer.

In Kiryat Shmona, einer Arbeiterstadt, leben hauptsächlich sephardische Juden. Als Sepharden bezeichnen sich die Nachfahren jener Juden, die bis zu ihrer Vertreibung im 15./16. Jahrhundert auf der Iberischen Halbinsel lebten. Kiryat Shmona ist nicht sonderlich beliebt. Wer es sich leisten kann, zieht weg. Die Studenten hatten sich noch dazu ein Brennpunktviertel ausgesucht. »Das ist das schlimmste Viertel der Stadt«, sagte Tavor. »Die Mehrheit der Bewohner sind alte, alleinstehende Menschen. Wir haben besonders viele Sozialhilfeempfänger und Russen. Immer wieder gibt es Streit und Geschrei. Der Abfall wird einfach aus dem Fenster geworfen.« Jetzt wusste ich, was Tavor meinte, als er sagte: »Es ist eine interessante Erfahrung, hier zu leben.«

Auch die Verdienstmöglichkeiten sind in Kiryat Shmona begrenzt. »Selbst für einen Studenten ist es schwierig, einen Job zu finden, in dem man mehr verdient als den Mindestlohn«, wusste Tavor. »Im Zentrum des Landes ist es viel, viel einfacher. Als ich noch in Tel Aviv kellnerte, verdiente ich ein Vielfaches. Hinzu kamen hohe Trinkgelder.« Der Mindestlohn liegt bei nur dreiundzwanzig Schekeln (fünf Euro) je Stunde. Davon kann man sich kaum etwas leisten. Nicht einmal Urlaub in Israel. »Es ist billiger, für fünf Tage nach Barcelona zu fliegen, als fünf Tage in Eilat zu verbringen«, sagte Tamar. Selbst ein Bed and Breakfast kann in Israel locker hundert Euro je Nacht kosten. Ist ja toll, dass man dafür meistens sogar ein Jacuzzi geboten bekommt. Aber wer braucht das schon? Klar, dass junge *shvilistim* auf *trail angels* angewiesen sind!

Die drei Studenten praktizierten eine ganz entspannte Form des Schabbat-Rituals. Tavor übernahm die führende Rolle. Er hatte sich eine Strickmütze aufgesetzt, denn es gab nicht für jeden von uns eine Kippa. Wir standen alle um den Tisch, Tavor tunkte ein Stück Brot in Salz, er sprach den Kiddusch, den Segen, oder versuchte es wenigstens. Ganz textsicher war er nicht, die anderen halfen und kicherten. Ein kleiner Fehler schlich sich ins Protokoll: Das Brot hätte abgedeckt sein müssen, das hatten sie vergessen. Tavor nahm schnell ein Küchentuch, warf es über den Brotkorb und zog es gleich wieder weg. Noch lauteres Gekicher. Dann trank er aus einem silbernen Becher einen süßen Schnaps, und der Becher machte die Runde. Wir nahmen jeder einen Happen Brot, streuten Salz darauf und steckten ihn in den Mund. Dann nahm jeder seine Kippa vom Kopf, setzte sich und begann zu essen, als wäre nichts gewesen. Das ganze Schabbat-Ritual hatte drei Minuten gedauert.

Als ich früh am nächsten Morgen aufbrach, schlief Tamar noch. Ich hinterließ ihr meinen Dank auf einem Zettel. Das Wetter hatte sich weiter gebessert, die Sonne schien. Es war nicht zu kalt, nicht zu warm. Ein perfekter Wandertag. Mein letzter.

Um den Trail wiederzufinden, folgte ich den Serpentinen einer kleinen Straße auf den Bergkamm. Nach ein paar Kilometern durch den Wald dirigierte mich der Shvil zu den Ruinen von Tel Hai, einer früheren jüdischen Siedlung in Obergaliläa. Jedes Schulkind in Israel kennt Tel Hai, den ›Hügel des Lebens‹, auf dem ein Held den Tod fand. Er hieß Joseph Trumpeldor, war ein

WER HELDEN SUCHT, STELLT KEINE FRAGEN

russischer Jude und meldete sich 1902 zum Dienst in der russischen Armee. Im Krieg mit Japan verlor Trumpeldor seinen linken Arm. Gegen den Rat der Ärzte soll er weitergekämpft haben. Er geriet in japanische Gefangenschaft und stieg später, ob seiner Tapferkeit ausgezeichnet, zum ersten jüdischen Offizier der russischen Armee auf.

Trumpeldor gehörte einer Gruppe junger Zionisten an, die 1912 nach Palästina auswanderte. Als der Erste Weltkrieg ausbrach, beteiligte er sich an der Gründung eines jüdischen Korps, das an der Seite der Briten gegen die Osmanen kämpfte. Nach dem Krieg organisierte Trumpeldor die Auswanderung russischer Juden nach Palästina. Er hatte nur noch einen Arm, aber jede Menge Kriegserfahrung. In Obergaliläa sollte er für die Sicherheit der jüdischen Siedler sorgen. Nur etwas mehr als hundert von ihnen lebten dort unter Tausenden Arabern.

Obergaliläa war damals eine unangenehme Gegend. Bewaffnete Banden trieben ihr Unwesen. Die Araber kämpften für ein Großarabien und gegen die Franzosen. Es gab nur vier kleine jüdische Bauernsiedlungen, aber für den Jischuw, die jüdische Gemeinde in Palästina, besaßen sie große strategische Bedeutung. Zwar waren die Osmanen geschlagen, aber die zukünftige Zugehörigkeit des Gebietes war noch unklar. Eine provisorische Vereinbarung zwischen Großbritannien und Frankreich sah es bei den Franzosen. Das wollte der Jischuw verhindern. Das nördliche Obergaliläa sollte Teil des britischen Mandatsgebietes bleiben, das nach seiner Vorstellung später in einen jüdischen Staat übergehen würde. Die Siedler auf ihrem Außenposten sollten Flagge zeigen.

Am Morgen des 1. März 1920 kreuzten einige Hundert Araber in Tel Hai auf. Sie hatten französische Soldaten verfolgt und vermuteten, dass die sich in der Siedlung versteckten. Sie bestanden auf einer Durchsuchung, der die Juden sogar zustimmten. Aber die Franzosen waren nicht dort. Später werden jüdische Erzähler der Geschichte vermuten, dass das nur eine Finte der Araber war, um Tel Hai auszukundschaften und die Juden umzubringen.

Jedenfalls schoss einer der Siedler in die Luft, um Verstärkung aus dem nahen Kfar Giladi anzufordern. Zehn Mann eilten herbei, Josef Trumpeldor führte das Kommando. In Tel Hai kam es wohl zu einer verbalen Auseinandersetzung, die in eine Schießerei mündete. In deren Verlauf wurden fünf Araber und sechs Juden getötet, unter ihnen Joseph Trumpeldor, der am Abend seinen Verletzungen erlag. Er wurde neununddreißig Jahre alt. Ein wahrer Held gibt aber nicht einfach den Löffel ab, er hinterlässt der Nachwelt noch eine Botschaft. Trumpeldors letzte Worte waren angeblich: »Macht nichts, es ist gut, für unser Land zu sterben.« Das klingt verdächtig nach: »Dulce et decorum est pro patria mori« – Horaz lässt grüßen.

Wie es zu der tödlichen Schießerei kam, ist nie völlig aufgeklärt worden. Der Historiker Tom Segev schreibt: »Vielleicht eröffnete er (Trumpeldor) das Feuer, und vielleicht tat er dies zu früh. Vielleicht wäre es gar nicht nötig gewesen, überhaupt zu schießen. In einem ersten Bericht aus Tel Hai ist von ›Missverständnissen auf beiden Seiten‹ die Rede.« Aber wer Helden sucht, stellt keine Fragen. Aus dem Vorfall in Tel Hai wurde eine nationale Legende gestrickt, »bei der wie so oft die Macht des Mythos die Stärke seiner Helden bei Weitem übertraf«, schreibt Segev. »Die zionistische Bewegung brauchte Helden und Märtyrer, und sie brauchte sie genau zu dem Zeitpunkt, als der Traum der jüdischen Unabhängigkeit allmählich in die Tat umgesetzt wurde. Wäre der Vorfall bei Tel Hai nicht geschehen, hätten ihn die Zionisten erfinden müssen.«

Die überlebenden Juden mussten Tel Hai aufgeben, die Araber brannten es nieder. Die Franzosen schlugen die Araber und einigten sich mit den Briten auf einen Grenzverlauf. Das nördliche Obergaliläa kam unter britische Kontrolle. Tel Hai wurde 1921 wieder besiedelt und beherbergt heute ein Museum.

Trumpeldor wurde ein Denkmal gesetzt: ein brüllender Löwe aus Stein.

Der Shvil hatte jetzt nichts Großes mehr mit mir vor. Er führte mich am Kibbuz Kfar Giladi vorbei, über Wiesen, Feldwege und kleine Straßen. Ein Autofahrer hatte einen einsamen Hund aufgegriffen, hielt neben mir und fragte durchs Fenster, ob es meiner sei. Der Hund hockte auf dem Beifahrersitz und schaute mich erwartungsvoll an. Leider nein.

Auf einer von Vieh zertrampelten Wiese legte sich mir ein Bach in den Weg. Ich musste die Schuhe ausziehen und barfuß hindurchwaten. Meine Wanderung, die mit einer spektakulären Wüstenetappe durch den Negev begonnen hatte, sollte mit einer Bachdurchquerung auf einer lächerlichen Viehweide enden? Das erschien mir nicht standesgemäß. Aber der Shvil war auf den letzten Kilometern müde und zahm geworden. Er gab mir Zeit zum Nachdenken.

Gut tausend Kilometer war ich gelaufen und hatte locker über drei Millionen Schritte gemacht. Dreimal war ich schwach geworden und getrampt, zweimal hatte ich den Bus genommen. Ich hatte eine Wanderhose zerschlissen, neun Blasen an meinen Füßen aufgestochen, zwei Hunde in die Flucht geschlagen und dreizehn Stechfliegen erledigt. Fünfundzwanzig Nächte hatte ich im Zelt oder unter freiem Himmel geschlafen, und siebenundzwanzigmal war ich von *trail angels* aufgenommen worden. Es war nur leicht übertrieben zu sagen, dass ich mich wochenlang durch Israel geschnorrt hatte, ohne das so geplant oder beabsichtigt zu haben. Allerdings auch, ohne nennenswerten Widerstand zu leisten.

Die *trail angels* ließen mich nicht nur bei sich übernachten. Sie öffneten mir die Tür zu ihrem Leben. Was ich durch sie über Israel lernte, steht in keinem Reiseführer. Ohne sie hätte ich niemals von der feministisch-orthodoxen Hochzeit erfahren oder von den Kameras im Kuhstall. Als ich in Eilat gestartet war, wusste ich, dass Israel ein, sagen wir mal, komplexes Land ist. Aber was ich auf dem Shvil erlebte, sprengte meine Vorstellung.

Vielleicht ist es dieses Gefühl, das manche Besucher so elektrisiert, dass sie für immer bleiben. Wie Shuval, der Deutsche, der hier ein neues Leben begann. In etwa so, wie Lea, die Anhalterin aus dem ersten Kapitel, es beschrieben hatte. Auch ich war elektrisiert worden, und wenn ich auch nicht daran denke auszuwandern, steht doch fest, dass ich wiederkommen werde.

Ein gelbes Tor gestattete mir den Zutritt zum Kibbuz Dan. Ein Steinbogen mit eingelassenen Kacheln in den Farben des Shvil – Blau, Orange und Weiß – begrüßte mich: Ich hatte das nördliche Ende des Israel National Trail erreicht. Es war früher Nachmittag, niemand beachtete mich. Kinder spielten auf einem alten, ausgedienten Panzer. Ein ganz normaler Tag in Israel. Nicht ganz: Das Purim-Fest stand bevor.

An Purim feiern Juden die wundersame Rettung ihres Volkes aus drohender Lebensgefahr. Die Esther-Rolle, die erst spät den heiligen Schriften zugerechnet wurde, erzählt die Geschichte: Haman, der höchste Regierungsbeamte des persischen Königs Ahasveros (485–465 vor unserer Zeitrechnung), plant die Ermordung aller Juden im Reich, weil sein jüdischer Diener Mordechai sich als Einziger seinen Schikanen widersetzt. Mordechai erfährt den Tag des bevorstehenden Blutbads und weiht seine Adoptivtochter Esther ein, die Frau von König Ahasveros. Esther ist selbst Jüdin, hat das aber bislang geheim gehalten. Sie arrangiert einen Showdown im Palast, gibt sich als Jüdin zu erkennen und lässt Hamans Plan auffliegen. Der König ist außer sich und lässt ihn aufknöpfen.

Purim ist kein Feiertag wie die anderen, es ist ein Festtag, an dem durchgefeiert und gezecht wird. Der gläubige Jude muss an diesem Tag trinken, bis er, wie es der Talmud formuliert, »verflucht sei Haman« nicht von »gesegnet sei Mordechai« unterscheiden kann. Mit anderen Worten: bis er sternhagelvoll ist. Wie verrückt ist das denn – eine Religion, die ihre Anhänger einmal im Jahr zum Trinken auffordert! Ich bin ja nicht religiös, aber so kann man durchaus ins Geschäft kommen. Ich hatte schließlich auch etwas zu feiern.

Literatur

Die Zitate im letzten Kapitel und die Schilderung der Ereignisse in Tel Hai stammen aus: Tom Segev, Es war einmal ein Palästina. Juden und Araber vor der Staatsgründung Israels, München 2005, Seite 137 ff.

Den jüdischen Glauben erklärt mit viel Humor ein Buch des früheren Zentralratsvorsitzenden der Juden in Deutschland: Paul Spiegel, Was ist koscher? Jüdischer Glaube – jüdisches Leben, Berlin 2005.

Einen guten Überblick über die moderne israelische Gesellschaft vermittelt: Michael Borgstede, Leben in Israel. Alltag im Ausnahmezustand, München 2008.

Noch tiefgründiger seziert die Gesellschaft: Donna Rosenthal, Die Israelis. Leben in einem außergewöhnlichen Land, München 2007.

Die wechselvolle Geschichte Jerusalems beschreibt im Detail: Gil Yaron, Jerusalem. Ein historisch-politischer Stadtführer, Bonn 2012.

Die Zahlen zu Verteidigungsausgaben im Kapitel »Ein Schokopudding bewegt das Land« entstammen: CIA, The World Factbook, www.cia.gov/library/publications/the-world-factbook/.

Weitere Informationen

Bilder von der Wanderung sowie weitere Informationen zum Israel National Trail finden Sie auf der Website des Autors:

www.israeltrail.de

Dank

Viele Freunde und Bekannte haben geholfen, damit dieses Buch entstehen konnte. Sie haben mich beherbergt, mir Tipps gegeben, Informationen für mich recherchiert, übersetzt, erklärt oder das Manuskript gegengelesen. Besonders dankbar bin ich Sharon Schwab dafür, dass er sein Insiderwissen über die Israelis mit mir geteilt hat. Großer Dank gebührt auch Lior Abramson, Philip Eppelsheim, Katrin Hummel, Saskia Ramming, Hans-Christian Rößler, Jörg Thomann, Georg Trettin und Shai Weisman. Und allen *trail angels,* die mir auf meinen Reisen Gutes getan haben.

Anmerkung

Der Autor ist den Israel National Trail in zwei Teilen innerhalb von insgesamt zehn Wochen gewandert: im April und Mai 2013 von Eilat bis zum Berg Tabor und im März 2014 von dort bis zum Kibbuz Dan. Außerdem wurden Recherchen einer dritten Israelreise einbezogen. Aus Rücksicht auf betroffene Personen sind einige Namen geändert und einige Textstellen leicht angepasst worden.

Weitere Reiseabenteuer bei DuMont ...

PAPERBACK, 256 SEITEN
ISBN 978-3-7701-8253-4
PREIS 14,99 € [D]/15,50 € [A]
AUCH ALS E-BOOK ERHÄLTLICH

Das verlorene Paradies
Eine Reise durch Haiti und die Dominikanische Republik
von Philipp Lichterbeck

Was tut man, wenn man während eines Vodou-Rituals in Haiti plötzlich zum Objekt der Zeremonie auserkoren wird? Was haben Touristen in der Dominikanischen Republik mit Kolumbus gemein? Warum ist Haiti eines der ärmsten Länder der Welt, obwohl Milliarden von Dollars in die winzige Nation gepumpt werden? Philipp Lichterbeck ist mehrere Monate durch die Dominikanische Republik und das erdbebenversehrte Haiti gereist. In Sosúa traf er einen Aussteiger, der die Menschheit mit seinen Raumschiffen retten will, in den dominikanischen Zentralkordilleren den Hexenjäger Bernardo Távarez und in Port-au-Prince zwei Bildhauer, die aus Schrott und Menschenschädeln Weltkunst montieren. Er war auf seiner Reise ganz unten: bei den Minenarbeitern, die den Halbedelstein Larimar schürfen. Und er war ganz oben: auf der Citadelle La Ferrière, dem »Machu Picchu Haitis«. Philipp Lichterbecks einundzwanzig Stories sind mal witzig, mal abenteuerlich, mal tragisch. Zusammengesetzt ergeben sie das Porträt einer Insel, auf der Schönheit, Kreativität und Witz neben Korruption, Gewalt und Ausbeutung existieren.

PAPERBACK, 336 SEITEN
ISBN 978-3-7701-8263-3
PREIS 14,99 € [D]/15,50 € [A]
AUCH ALS E-BOOK ERHÄLTLICH

Schwarzer Tee und blaue Augen

Meine Reise durch Anatolien von Istanbul zum Berg Ararat

von Gerald Drißner

Das Land zwischen dem Bosporus und der iranischen Grenze, in dem man Sesamkringel zum Frühstück isst und Joghurt in Kübeln kauft, ist uns vertraut und zugleich fremd. Gerald Drißner reist durch Anatolien, wo das Abend- ins Morgenland übergeht und trifft zwischen Istanbul und den kalten Bergregionen des Ostens, zwischen Mittelmeer und Schwarzmeerküste auf ein Gewirr aus Kulturen und Sprachen. Der Autor erlebt eine Gesellschaft, die tief gespalten ist und ihren Platz in der Welt sucht. Mit Augenmaß und Offenheit nimmt er unterwegs wahr, wie die derzeitige Regierung das Land religiöser macht und sich mit der säkularen Jugend anlegt. Wie Naturschutz auf Politik und Geld prallt und wie Kurden sich dagegen wehren, Türken zu werden. Auf seinen Reisen sucht er das Gespräch mit den einfachen Menschen. So lernt er beim Teetrinken, was der ›Tiefe Staat‹ ist, warum der Regierungschef Zigaretten hasst, was Schnurrbärte über Männer verraten und wie blaue Glasaugen vor Unglück schützen. Er besucht ein abgeschiedenes Tal, in dem die besten Schachspieler leben sollen, fährt bis zu dem Berg nahe der armenischen Grenze, an dem die Arche Noah gestrandet sein soll, und in ein Dorf, das sich heute – im wahrsten Sinne des Wortes – gegen seinen Untergang wehrt.

PAPERBACK, 248 SEITEN
ISBN 978-3-7701-8261-9
PREIS 14,99 € [D]/15,50 € [A]
AUCH ALS E-BOOK ERHÄLTLICH

»*Eine kühne und mutige Reise, ein elegisches Buch von einem Meister der Prosa auf der Höhe seines Könnens*«
Evening Standard

Ein Berg in Tibet

Zu Fuß durch den Himalaya zum heiligen Berg Kailash

von Colin Thubron

Übersetzt von Werner Löcher-Lawrence

Der Kailash ist für ein Fünftel der Weltbevölkerung der heilige Berg dieser Welt. Isoliert hinter dem Zentral-Himalaya liegend, ist er nie bestiegen worden, wird aber seit Jahrhunderten von hinduistischen und buddhistischen Pilgern rituell umkreist. Colin Thubron unternimmt eine mühevolle Fußreise aus Nepal über die Pässe Tibets zu den magischen Seen unter dem heiligen Berg und mischt sich dort unter die Pilger. Er spricht mit den Bewohnern abgelegener Dörfer, mit Mönchen in verfallenden Klöstern und erzählt die Geschichte Vertriebener und exzentrischer Entdecker aus dem Westen. Und dabei ist er auch selbst auf Pilgerschaft. Nachdem erst kürzlich das letzte Mitglied seiner Familie gestorben ist, erweckt seine Umrundung des heiligen Bergs eine eigene Landschaft aus Liebe und Trauer zum Leben und setzt kostbare Fragmente seiner Vergangenheit zusammen.

»'Ein Berg in Tibet' ist nicht einfach nur ein Reisebericht, sondern ein tief empfundenes Hosianna auf die Mühen des sich die Welt Erwanderns ... «, sagt die Irish Times über dieses Buch.

PAPERBACK, 312 SEITEN
ISBN 978-3-7701-8254-1
PREIS 14,99 € [D]/15,50 € [A]
AUCH ALS E-BOOK ERHÄLTLICH

»*Im wahrsten Sinne eine Reise der Extreme*«
Axel Lischke, Tontechniker

Über die Anden bis ans Ende der Welt

8000 Kilometer Motorrad extrem

von Thomas Aders

»Ich segne die Motorräder mit den amtlichen Kennzeichen NG 71981 und 71988«. Der wettergegerbte Priester Julio Mamani gießt hochprozentigen Schnaps über die staubigen Straßenmaschinen des Fernsehteams, in der anderen Hand schwenkt er den getrockneten Fötus eines Lamas. Schnellsegen auf 4300 Metern Höhe, in der Nähe eines Andenpasses in Bolivien. Gleich werden ARD-Südamerikakorrespondent Thomas Aders und sein Kollege den »Camino de la muerte« hinunterfahren, eine halsbrecherische Route, die über 3000 Höhenmeter hinunter ins tropische Tal der Yungas führt. Eine enge Schlaglochpiste, glitschig wie Schmierseife, extremes Gefälle, keine Leitplanken, kein Warnschild. Nebenan geht es senkrecht in die Tiefe. Hunderte Menschen sind hier zu Tode gekommen. Der »Weg des Todes« ist die gefährlichste Straße der Welt. Eine Episode aus der fast siebenwöchigen Tour, die das Team um den Journalisten Thomas Aders von Peru über Bolivien bis nach Feuerland bringt. Spannungsgeladen und dramatisch, witzig und hautnah schildert der Autor seine Erlebnisse in Südamerika. Sie sind extrem für Technik und Team, bis hin zu Höhenkrankheit, Lungenentzündung, vollkommener Erschöpfung und mehreren Beinahe-Katastrophen.